LE
MISTÉRE
DU
VIEL TESTAMENT,

PUBLIÉ,

AVEC INTRODUCTION, NOTES ET GLOSSAIRE,

PAR

LE BARON JAMES DE ROTHSCHILD.

PARIS,
LIBRAIRIE DE FIRMIN DIDOT ET Cⁱᵉ,
RUE JACOB, 56.

M DCCC LXXVIII

//
LE MISTÉRE,

DU

VIEL TESTAMENT.

I

Cet ouvrage a été imprimé aux frais du baron James de Rothschild, pour être offert aux membres de la Société des Anciens Textes français.

Le Puy, imprimerie de Marchessou fils, boulevard Saint-Laurent, 23

INTRODUCTION

L A plupart des écrivains qui se sont occupés, dans ces derniers temps, de l'histoire de la littérature dramatique en Europe, ont cru retrouver dans les anciennes cérémonies ecclésiastiques, dans la liturgie figurée du moyen âge, les origines du théâtre moderne. Cette opinion ne saurait être mise en doute quant aux mystères et aux miracles, qui constituent le théâtre religieux, mais les canons des conciles [1] démontrent jusqu'à l'évidence qu'il y a eu dans tous les temps des histrions, des chanteurs, des acrobates, c'est-à-dire un théâtre profane. La chaîne n'a donc pas été interrompue entre les représentations de l'antiquité classique et nos représentations modernes. L'art n'a fait que subir les vicissitudes de la civilisation ou de la barbarie; la religion n'y a introduit qu'un élément nouveau.

Les données que la critique a réunies sur la formation et le développement du drame religieux permettent de penser que les premiers sujets transportés sur

---

1. Voy. les textes réunis par M. de Douhet dans le *Dictionnaire des Mystères*, 15-32.

la scène pour l'édification des spectateurs furent tirés de la vie du Christ. Les plus anciens offices présentant un caractère dramatique, qui aient été publiés jusqu'ici, ne remontent guère au delà du XIIe ou du XIIIe siècle [1], mais ils se rattachent à une transformation de la liturgie que M. Léon Gautier [2] croit pouvoir placer vers la fin du Xe siècle. Ce qui est certain, c'est que, dès le XIIe, il existait des mystères scéniques, et que déjà les auteurs de ces pièces naïves allaient puiser des inspirations dans la *Bible;* nous en avons la preuve dans la représentation d'*Adam,* sur laquelle nous aurons plus loin l'occasion de revenir, et dans l'*Historia de Daniel representanda* dont on possède deux rédactions du même temps [3].

M. Sepet nous paraît avoir heureusement expliqué le développement du drame religieux au moyen âge. Les clercs qui avaient, dès l'abord, figuré dans les églises ou joué sur la scène les mystères qui faisaient l'objet de la vénération des fidèles aux fêtes de Noël, de l'Épiphanie, de Pâques et de l'Ascension, eurent l'idée de grouper et de faire passer successivement sous les yeux des spectateurs tous les personnages qui étaient censés avoir prédit la venue du Christ. On vit alors

---

1. Voy. Mone, *Schauspiele des Mittelalters* (Karlsruhe, 1846, 2 vol. in-8); Edélestand du Méril, *Origines latines du théâtre moderne* (Paris, 1840, in-8); Coussemaker, *Drames liturgiques* (Rennes, 1860, in-4).

2. Ap. Sepet, *Les Prophètes du Christ* (Paris, 1878, in-8), 13.

3. Champollion-Figeac, *Hilarii Versus et Ludi* (Lutetiae Parisiorum, 1838, in-16), 43; Du Méril, *Origines,* 241; Coussemaker, *Drames liturgiques,* 49.

Isaïe, Jérémie, Daniel, Moïse, David, Abachuch, etc., venir réciter des couplets en l'honneur du Sauveur futur. Cette représentation n'était pas tout entière tirée de la Bible; les sibylles y jouaient un rôle aussi important que celui des prophètes de l'Ancien Testament. Ainsi que l'a montré M. Sepet, un sermon apocryphe de saint Augustin, qui, dans plusieurs diocèses, faisait partie de la liturgie de Noël, fut le point de départ de tous les mystères relatifs aux prophètes du Christ. Les auteurs dramatiques ont conservé l'ordre assigné dans le sermon aux personnages bibliques ou légendaires qu'ils mettent en scène; ils ne font qu'ajouter certains développements scéniques aux données fournies par le rédacteur apocryphe.

Dès que les prophètes et les patriarches eurent paru sur le théâtre, la pensée vint naturellement de représenter leur histoire. Telle fut l'origine d'un cycle dramatique presque aussi vaste que celui de la vie du Christ. Ces deux cycles restèrent d'ailleurs dans une étroite dépendance l'un de l'autre. L'idée du Sauveur qui devait racheter l'humanité continua d'intervenir dans tous les mystères empruntés à la Bible.

Nous n'avons pas à donner ici une liste des épisodes tirés de l'Ancien Testament qui ont été mis sur la scène pendant le cours du moyen âge; les renseignements que nous avons recueillis sur ce point trouveront leur place dans les notices spéciales où nous examinerons le contenu de chacun de nos volumes; nous nous bornerons, quant à présent, à quelques considérations générales sur le texte dont nous avons entrepris la publication. Nous examinerons successivement la question de savoir à quelle époque le *Mistére du Viel Testament* a dû être composé et s'il a jamais été représenté dans son ensemble; nous en rechercherons les sources et nous efforcerons de montrer l'intérêt qu'il présente; nous ferons connaître ensuite les éditions qui sont parvenues jusqu'à nous et nous exposerons la méthode que nous avons suivie dans notre publication; enfin nous ajouterons quelques notes sur les divers chapitres renfermés dans ce premier volume.

I

Le *Mistére du Viel Testament* n'est pas une œuvre personnelle dont il y ait lieu de rechercher l'auteur; c'est une œuvre collective, qui a dû s'élaborer lentement pendant le cours du xve siècle. L'examen le plus superficiel du texte suffit pour justifier cette assertion; il est aisé de voir que les diverses parties qui le composent ne sont pas de la même main et n'ont pas été écrites dans le même temps. Le titre de l'édition imprimée par Pierre le Dru vers 1500 ne présente, du reste, le *Viel Testament* que comme une simple collection de pièces. *Le Mistére du Viel Testament par personnages...... auquel sont contenus* LES MISTÉRES *cy après declairez*, etc.

Les diverses parties du *Mistére* ayant été écrites

par des auteurs différents, on s'explique sans peine le manque de proportions qu'on y remarque. Tels épisodes, la vie d'Abraham et la vie de Joseph notamment, sont très-développés, tandis que certains autres, l'histoire de Moïse, celle de Samson et celle de David sont traitées beaucoup plus brièvement. Il y a même de graves lacunes dans le livre des Juges. Notre drame passe directement de l'histoire de Balaam à celle de Samson et omet, par conséquent, la fin de Moïse, Josué, l'asservissement du peuple par Othoniel, Aod et Samgar, l'histoire de Débora, de Gédéon, d'Abimélech, de Jephté et de Ruth ; enfin, il n'est pas non plus question d'Héli, qui devrait trouver sa place entre Samson et Samuel. Après Salomon, dont l'histoire n'est pas terminée, le *Mistére* n'offre plus qu'un choix d'épisodes empruntés à la Bible ou aux livres apocryphes, les histoires de Job, de Thobie, de Daniel et de Susanne, de Judith et d'Hester, puis la légende d'Octovien et des sibylles, qui relie le *Viel Testament* aux mystères de la *Nativité* et de la *Passion*.

Un auteur unique, un poète original, faisant œuvre personnelle, qui aurait entrepris de découper toute la Bible en scènes dramatiques, se fût astreint, sans nul doute, à suivre pas à pas les livres saints et ne se fût pas rendu coupable d'omissions aussi graves. Le compilateur au contraire, qui, vers le milieu du xve siècle, a réuni en corps les mystères bibliques que l'on représentait de son temps, s'est borné à les transcrire tels qu'il les a trouvés, en leur laissant l'étendue que les auteurs leur avaient primitivement assignée. Il n'a fait que rattacher les épisodes entre eux par quelques vers de sa composition. C'est au compilateur encore que nous attribuons les scènes du *Procès de Paradis,* qui se reproduisent périodiquement dans divers endroits de notre grand drame et en constituent en quelque sorte le lien et l'unité.

Non seulement cette suite de tableaux dramatiques n'est pas l'œuvre d'un auteur unique, mais il ne semble pas que l'histoire d'un même personnage soit toujours sortie d'une même plume. L'histoire d'Abraham, par exemple, dont on trouvera le début à la fin de notre premier volume, n'a certainement pas été composée par un seul auteur. On peut affirmer que l'expédition du patriarche en Égypte (n° XIV) et sa victoire sur les Sodomites (n° XV) n'ont pas été écrites par le poète à qui nous devons l'histoire d'Agar (n° XVI) et celle d'Isaac (n° XVII). Abraham s'appelait primitivement Abram; l'auteur du chapitre XVI n'a pas manqué de nous représenter l'ange ordonnant au patriarche de changer son nom (v. 8661-8663). L'auteur du chapitre XIII avait bien observé ce détail et n'emploie que la forme *Abram* (v. 6965, 7089, 7123, 7136)[1]; au contraire, l'auteur des chapitres XIV et XV n'a pas pris garde à ce changement de nom. Les v. 7339, 7645, 7652, 7982, 8003, 8019, 8037, 8182, 8185, 8187, 8203, 8221, 8252, 8290, 8341, 8348, n'ont le nombre de syllabes exigé par la mesure qu'à la condition de lire partout *Abraham.* Deux de nos éditions écrivent *Abram,* mais cette correction

---

[1]. On ne peut imputer à l'auteur les rubriques inexactes des pp. 275 et 276, où quelque copiste ou quelque imprimeur maladroit a, par avance, intercalé le nom d'Abraham.

rend les vers faux. La même observation peut être faite pour le nom de la femme d'Abraham, qui ne devrait être appelée *Sarra* qu'après le v. 8687.

On ne comprend pas comment M. Sepet a soutenu que « toute la partie du *Vieux Testament* qui va de la création à Salomon inclusivement forme un seul drame, que l'on a pu sans doute jouer par parties successives, d'où l'on a pu même détacher telle ou telle partie pour la représenter séparément, mais dont la trame est continue. » Il est évident, au contraire, que cette partie de notre texte est une véritable mosaïque, dont les morceaux ne sont pas toujours réunis très-habilement entre eux.

Nous plaçons, avons-nous dit, le groupement des mystères du *Viel Testament* vers le milieu du xv° siècle ; il nous paraît fort probable qu'il a dû suivre de près l'apparition des grandes œuvres dramatiques des frères Gréban. Une hypothèse, qui s'appuie sur l'autorité de M. Gaston Paris et que nous aurons à examiner plus loin, nous porte à croire que la Création, qui forme le début de notre mystère, est précisément l'œuvre des auteurs de la *Passion* et des *Actes des Apostres*. Le compilateur, qui a réuni des morceaux jusque là dispersés, a bien pu faire entrer dans l'ensemble de l'œuvre des pièces plus anciennes, mais il a eu soin d'en rajeunir la langue pour la mettre en harmonie avec celle des mystères de composition plus récente. Les variantes que nous avons relevées permettent çà et là de suivre ce travail de rajeunissement [1].

---

1. Voy. v. 4216, 6525, 7819, 7869, 7954.

Certains mystères contenus dans le *Viel Testament,* sinon le drame tout entier, furent, dès le milieu du xve siècle, reproduits par un assez grand nombre de manuscrits pour qu'ils aient été connus en Angleterre. La collection de *pageants,* connue sous le nom de *Chester Plays,* collection qui a dû être formée vers cette époque, contient divers passages traduits presque littéralement du texte français. MM. Collier [1] et Thomas Wright [2] ont signalé eux-mêmes ces emprunts et ont rapproché les scènes imitées en anglais des passages correspondants de l'original français. MM. Collier et Wright n'hésitent même pas à attribuer au *Viel Testament* une origine beaucoup plus ancienne que celle que nous lui assignons, puisqu'ils ne croient pas impossible que le ms. de Chester remonte jusqu'au xive siècle, mais cette dernière opinion ne nous paraît guère admissible [3]. Les grandes compilations dramatiques, en Angleterre comme en France, doivent être l'œuvre du xve siècle.

Quoiqu'il en soit, il est certain que, vers 1480, le *Viel Testament* était une œuvre fort répandue, puisque nous en avons trouvé des traces dans le préambule des mystères de la *Passion* mis sur la scène

---

[1]. *History of English Dramatic Poetry* (London, 1831, in-8), II, 132.

[2]. *The Chester Plays, a Collection of Mysteries founded upon Scriptural subjects;* London, 1843, 2 vol. in-8.

[3]. M. Ward *(History of English Dramatic Literature;* London, 1875, in-8, I, 45) se prononce pour le commencement du xve siècle, ou tout au plus pour la fin du xive.

vers cette époque à la fois à Troyes et à Valenciennes [1].

II

Il y a lieu maintenant de rechercher à quelle source les auteurs du *Viel Testament* ont puisé le fond et les développements de leur drame poétique. On connaîtrait mal l'esprit du moyen âge en supposant que nos auteurs anonymes se sont inspirés directement du texte sacré. Les versions de la Bible en latin et en langue vulgaire étaient réservées aux docteurs et aux théologiens de profession ; la masse des fidèles ne connaissait les Écritures que par la liturgie et par un certain nombre d'ouvrages populaires, qui offraient l'avantage de présenter une narration suivie des histoires de la Bible sans soulever de controverses sur le dogme ou le fond même de la religion.

Les ouvrages dont nous parlons ne dérivaient pas eux-mêmes uniquement de la Bible. Les légendes empruntées à la Pénitence d'Adam, à l'Évangile de Nicodème et aux autres apocryphes y figuraient au même titre que les épisodes tirés des livres orthodoxes ; bien plus, les traditions talmudiques y occupaient aussi une certaine place. On connaît bien aujourd'hui l'influence exercée par Raschi sur Nicolas de

---

[1]. Voy. ci-après nos notes sur les chapitres I et III.

Lire [1], mais il y a dans notre mystère, nous aurons plus loin l'occasion d'en donner des exemples, diverses allusions à des légendes juives, dont Nicolas de Lire n'a pas parlé, et nous ignorons par quelle voie elles ont été connues des auteurs chrétiens.

Il serait intéressant d'étudier en détail ces Histoires de la Bible. On n'a publié jusqu'ici que des textes écrits en catalan [2], en béarnais [3] et en provençal [4], qui paraissent être la traduction d'un original français resté inconnu, mais ces récits fort abrégés n'ont pas de relations directes avec notre mystère. Les histoires françaises plus développées n'ont encore fait l'objet d'aucun travail critique. Il ne nous appartient pas de combler cette lacune ni de rechercher à quelle époque ces compilations ont été faites, ni quelles en sont les sources immédiates. Une semblable étude, pour laquelle nous

---

1. Voy. Soury, *Des études hébraïques et exégétiques au moyen âge chez les chrétiens d'Occident* (Paris, 1867, in-8), 12, et surtout Siegfried, *Raschi's Einfluss auf Nicolaus von Lira und Luther*, dans l'*Archiv für wissenschaftliche Erforschung des alten Testamentes, hrsgg. von Adalbert Merx*, IV. Heft (Halle, 1869, in-8).

2. *Genesi de scriptura trelladat del provençal a la llengua catalana per Mossen Guillem Serra en l'any* MCCCCLI, *y que per primera vegada ha fet estampar En Miquel Victoria Amer*; Barcelona, 1873, in-8. Voy. *Romania*, IV, 481.

3. *Récits d'histoire sainte en béarnais, traduits et publiés pour la première fois sur le manuscrit du xv*[e] *siècle par V. Lespy et P. Raymond*; Pau, 1876-1877, 2 vol. p. in-8 carré.

Le texte paraît être du xive siècle.

4. Biblioth. Sainte-Geneviève, ms. Af. 4; Biblioth. nat., ms. fr. n° 6261. MM. Lespy et Raymond ont reproduit les passages du premier de ces mss. qui correspondent à la partie conservée de la rédaction béarnaise.

ne possédons pas, du reste, la compétence nécessaire, excéderait de beaucoup les limites que nous nous sommes imposées. Nous nous bornerons donc à citer un ms. du xve siècle qui suffit pour donner une idée du genre de compositions dont nous parlons.

Le ms. que nous avons en vue [1] porte un titre qui rappelle celui de notre mystère ; on lit en tête du prologue : *Cy commence le Prologue de ce present livre qui se nomme le Viel Testament, lequel traicte les histoires de la Bible, que aucuns appellent les histoires des Hebrieux ou des Juifs;* cependant, malgré cette similitude de titre, et bien que l'on retrouve dans le ms., à peu près sans exception, les épisodes sacrés ou légendaires qui ont été transportés sur la scène, les deux textes présentent des différences sur un certain nombre de points. Ainsi la mort d'Adam précède la mort d'Ève dans le récit en prose, au lieu de lui être postérieure comme dans notre texte. Çà et là le compilateur du premier croit utile d'indiquer ses autorités et cite le nom de Josèphe ; parfois même il accompagne les légendes empruntées aux apocryphes de ces mots, qui contiennent à eux seuls une restriction critique : « Aulcunes histoires dient », « aulcuns ajoutent » [2], etc.

Ces divergences suffisent pour prouver que ce n'est pas la rédaction même conservée dans notre ms. que les auteurs du mystère ont eue entre les mains, mais bien

---

1. Biblioth. nat., fonds franc. n° 9563.
2. Voy. notamment l'histoire du voyage de Seth et celle de la poutre que Salomon voulut placer dans le Temple.

une rédaction plus ancienne et plus simple, qui n'admettait aucune distinction entre les livres orthodoxes et les apocryphes. Ce texte, que l'on retrouvera peut-être un jour, a dû leur fournir encore les rapprochements mystiques entre la Bible et l'Évangile, qui étaient le fond même de l'exégèse au moyen âge.

Pour résumer notre pensée, nous croyons que les mystères dont la réunion forme le *Viel Testament* ne sont que l'amplification dramatique des Histoires de la Bible et que, si les mêmes proportions n'ont pas toujours été observées par les auteurs qui les ont écrits, le point de départ a été le même pour tous. Ils n'ont voulu que mettre « par personnages » les récits populaires, à peu près comme Jacques Milet arrangea en scènes dramatiques le roman de la *Destruction de Troye*.

III

Le mode de composition du *Mistére du Viel Testament* et l'étendue de ce drame cyclique qui compte plus de quarante-neuf mille vers, ne permettent pas de penser qu'il ait été souvent joué dans son ensemble. C'était une mine féconde d'où les confrères de la Passion et les membres des autres associations du même genre venaient extraire un ou plusieurs épisodes qui devenaient le sujet de leurs représentations. Ils se bornaient à faire de simples coupures dans ce vaste répertoire, dont ils tiraient à volonté un *Mistére de la Creacion,* un *Mistére d'Abraham,* un *Mistére de Joseph,* etc. Ils supprimaient, au besoin, les passages qu'ils jugeaient trop longs ou en introduisaient d'autres de leur composition. C'est ainsi que des morceaux coupés dans le *Viel Testament* ont été imprimés séparément sous de nouveaux titres, que nous indiquerons plus loin.

Nous n'avons trouvé la trace que de deux représentations du poëme entier. Le titre même des deux premières éditions du *Viel Testament* nous apprend qu'il fut joué à Paris vers 1500 : *Le Mistére du Viel Testament par personnages, joué à Paris.* Il est même très-probable que l'ouvrage ne fut imprimé qu'en raison du succès qu'il avait obtenu à la scène. On peut, en effet, considérer comme une règle à peu près générale que les grands mystères, publiés à la fin du XVe siècle ou dans la première moitié du XVIe, ne durent les honneurs de l'impression qu'à des représentations solennelles qui avaient eu lieu dans le même temps. La première édition du *Mistére de la Passion* remanié par Jehan Michel suivit de près la représention donnée à Angers en 1486 [1]; *l'Omme pecheur* fut imprimé, un peu plus tard, après une représentation donnée à Tours [2]; les *Actes des Apostres* [3] ne virent le jour qu'après les fêtes célébrées à

---

1. Voy. Brunet, *Manuel,* III.

2. *L'Omme pecheur par personnages,* JOUÉ EN LA VILLE DE TOURS; Paris, 1508, in-fol.

3. La première édition fut imprimée, par Nicolas Cousteau, à Paris, au mois de mars 1538, pour Guillaume Alabat, bourgeois de Bourges.

Bourges en 1536; enfin le *Viel Testament* lui-même fut réimprimé en 1542, lors d'une reprise sur laquelle nous possédons quelques détails.

La reprise de 1542 fut l'œuvre des confrères de la Passion. Le parlement avait cru devoir interdire le spectacle, mais les confrères s'étaient adressés au roi et avaient obtenu de lui des lettres-patentes qui leur donnaient gain de cause, tout en prescrivant certaines mesures de police. C'est ce que nous apprend l'extrait suivant des registres du parlement daté du 27 janvier 1541 [1542] :

« Sur lettres patentes portans permission à Char-
« les le Royer et consorts, maistres et entrepreneurs
« du *Jeu et Mistére de l'Ancien Testament,* faire
« jouer et representer en l'année prochaine ledit jeu et
« mystére, suivant lesdites lettres, leur a esté permis
« par la cour a la charge d'en user bien et duement
« sans y user d'aulcunes fraudes ny interposer choses
« prophanes, lascives ou ridiculles; que pour l'entrée
« du theatre ilz ne prendront que deux solz de cha-
« cune personne, pour le louage de chascune loge
« durant ledict mystére, que trente escus; n'y sera
« procedé qu'a jours de festes non solennelles; com-
« menceront a [une] heure après midy, finiront a
« cinq; feront en sorte qu'il n'ensuive scandalle ou
« tumulte; et, a cause que le peuple sera distraict du
« service divin et que cela diminuera les aulmosnes,
« ilz bailleront aux pauvres la somme de mil livres,
« sauf a ordonner de plus grande somme [1]. »

---

1. *Les Confrères de la Passion*, article de M. Taillandier dans la *Revue retrospective,* IV, 341.

Evidemment ce mystère devait occuper un grand nombre de représentations [1]; ainsi s'explique que les entrepreneurs aient pu être taxés à une somme aussi élevée. Le spectacle eut d'ailleurs une grande vogue ; nous en trouvons la preuve dans un fait curieux [2]. Antoine de Vendôme, père d'Henri IV, étant de passage à Paris, désira voir le mystère joué par les confrères; ne pouvant attendre un des jours fixés pour la représentation, il obtint que les acteurs joueraient exceptionnellement en son honneur. On lit, en effet, dans les registres du parlement, à la date du 13 juin 1542 :

« Cejourd'huy le duc de Vendosme est venu en la
« cour luy faire la reverence et s'est offert a luy faire
« tous les services a luy possibles et a esté remercié
« (*et hic nota* qu'il est entré sans espée); et sur ce
« qu'il a requis qu'il fust permis aux maistres entre-
« preneurs du *Mistére du Viel Testament* jouer ce-
« jourd'huy après disner, parce qu'il avoit desir voir
« le jeu et qu'il estoit pressé se retirer ou il estoit en-
« voyé par le roy, ladicte cour a non seulement per-
« mis mais a ordonné en faveur dudict sieur duc
« auxdicts maistres entrepreneurs faire jouer ceste
« après disnée, et a esté enjoint à l'huyssier Delaul-
« nay le faire sçavoir auxdicts maistres entrepre-
« neurs. »

---

1. En prenant comme point de comparaison les éditions séparées du *sacrifice d'Abraham*, qui comptent 1698 vers, on peut supposer que le *Mistére du Viel Testament*, devait occuper environ 25 journées.

2. Bibl. nat., mss. fr. Parl., 67, fol. 467 *b*; Taillandier, *loc. cit.*, 342.

Le P. Colonia [1] prétend que le *Mistére du Viel Testament* fut représenté à Lyon sur le théâtre que Jean Neyron y avait établi vers 1540, mais il ne donne aucune preuve à l'appui de son assertion. Il a probablement inféré de l'existence d'une édition du *Mistére* à la date de 1542 que le drame avait été représenté vers 1540 ? Or cette édition ne fut pas exécutée à Lyon, mais à Paris; on vient de voir dans quelles circonstances. La supposition du P. Colonia n'est donc pas mieux justifiée que l'attribution qu'il fait du poëme à Louis Choquet, l'auteur de *l'Apocalypse;* cependant, comme il est difficile de détruire les erreurs propagées par les bibliographes, ceux qui s'occupent aujourd'hui de l'ancien théâtre lyonnais ne manquent pas de reproduire l'opinion émise par l'auteur de l'*Histoire littéraire* et de s'y associer [2].

IV

Ce n'est pas sans hésitation que nous avons entrepris de publier le *Mistére du Viel Testament*. La collation des textes, la comparaison des éditions, l'annotation et l'explication des passages difficiles ou

---

1. *Histoire littéraire de Lyon,* II, 430.
2. Voy. Brouchoud, *Origines du Théâtre de Lyon* (Lyon, Scheuring, 1865, in-8), 22. — Le titre d'une des éditions séparées du *Sacrifice d'Abraham* porte, il est vrai, la mention d'une représentation donnée à Lyon peu de temps après celle qui avait eu lieu à Paris.

obscurs étaient de nature à nous préoccuper, mais ce qui nous inquiétait plus vivement encore, c'était de savoir si les résultats obtenus seraient en rapport avec la somme de travail imposée à l'éditeur et surtout si la patience du public trouverait une compensation à la lecture de cinquante mille vers. Notre *Mistére* offre-t-il un plus sérieux intérêt qu'un grand nombre de textes de la même époque, que l'on n'étudie guère qu'au point de vue philologique ? Nous l'avons pensé et nous n'avons pas craint de consacrer cinq ou six volumes à la reproduction d'un des monuments dramatiques les plus étendus que nous ait légués le XVe siècle.

Considéré comme œuvre historique, le *Viel Testament* nous montre ce qu'étaient ces histoires de la Bible rédigées au moyen âge d'après toutes les sources orthodoxes ou apocryphes, et forme une vaste encyclopédie des connaissances sacrées, des traditions et des légendes en honneur à cette époque. Singulier mélange de textes approuvés par l'église et d'anecdotes empruntées à des livres condamnés, il est d'autant plus digne d'être conservé que les histoires dont il procède ne sont guères connues jusqu'ici que par des rédactions abrégées ou remaniées et peut-être même postérieures au mystère.

Est-ce là le seul côté curieux que présente le *Viel Testament ?* Faut-il, comme M. Sainte-Beuve [1], contester à nos anciennes compositions dramatiques

---

1. *Tableau historique et critique de la Poésie française et du Théâtre français au* XVIe *siècle*, éd. de 1869, in-12, 182.

tout mérite et tout intérêt ? Nous avouons que les appréciations auxquelles se livre l'éminent critique ne nous ont pas convaincu; nous trouvons aux mystères un grand charme et nous sommes persuadé que ceux qui en ont fait une lecture assidue seront de notre avis. Sans parler des ressources offertes au poète par la grandeur des sujets, l'étendue de la scène, la variété des tableaux et le nombre des personnages, nous rencontrons dans notre vieux drame de rares qualités. A défaut des péripéties inattendues, que sait ménager un art plus raffiné, nous y trouvons une sincérité d'expression qui nous séduit, des caractères toujours vivants, empruntés au monde réel. Les héros des mystères ne sont pas, comme les héros de nos tragédies classiques, des figures de convention qui s'agitent dans une autre sphère que la nôtre; ils pensent et agissent comme nous; Dieu et les saints ont leurs passions comme les hommes.

Tous les mystères, il est vrai, sont loin d'offrir le même intérêt; à côté des compositions magistrales des frères Greban, les platitudes abondent, mais il serait injuste de condamner le genre même à cause des faiblesses que l'on peut reprocher à ceux qui l'ont cultivé. On ne doit pas oublier que Shakspere appartient bien plus par la forme de ses pièces au théâtre du moyen âge qu'au théâtre moderne.

La qualité principale de nos vieux auteurs dramatiques est d'animer les personnages et de leur faire parler une langue simple et naturelle; aussi les scènes populaires occupent-elles chez eux le premier rang. Peu soucieux de la recherche archéologique, nos faiseurs de mystères s'inspirent du spectacle qu'ils ont sous les yeux, ils prennent leurs exemples autour d'eux et cherchent à saisir la nature sur le fait. L'histoire de la tour de Babel, que l'on trouvera dans notre premier volume (n° XII), nous offre un de ces tableaux populaires si curieux pour nous. Casse Tuileau, Pille Mortier et Gaste Bois « ont l'air, dit M. Sainte-Beuve [1], de loger rue de la Mortellerie. » Cette peinture de mœurs, que le même auteur appelle « la vulgarité la plus basse, la trivialité la plus minutieuse, » donne, au contraire, un grand attrait à notre ancien théâtre. Il nous est impossible de considérer comme un progrès l'œuvre des écrivains dramatiques de la Renaissance. L'étude de l'antiquité est indispensable sans doute pour former le goût et l'esprit, mais il est certain que l'imitation servile et exclusive des Grecs et des Latins, intronisée par les poètes de la pléiade, a frappé pendant un temps notre littérature nationale d'une véritable stérilité.

Si les scènes dont nous venons de parler ont le don de nous intéresser plus particulièrement, ce n'est pas à dire que les mystères ne nous attirent pas par d'autres côtés. M. Sainte-Beuve pouvait bien en 1828, à une époque où notre histoire littéraire en était encore à son début, jeter en passant quelques paroles dédaigneuses sur les premiers monuments de notre théâtre et faire dater l'art dramatique français de la Renaissance; ce point de vue étroit est abandonné aujourd'hui. Plusieurs auteurs, M. Onésime Le Roy entre autres, ont vengé les mystères d'un in-

---

[1]. *Loc. cit.*, 180.

juste dédain. Grâce à un certain nombre de publications et de réimpressions récentes, les critiques ont pu se prononcer en connaissance de cause, tandis que la difficulté d'étudier des manuscrits ou des imprimés presque introuvables les portait trop souvent à condamner ce qu'ils ignoraient. Tout le monde convient de nos jours que les mystères renferment de réelles beautés. Il y a dans le *Viel Testament* des morceaux dignes d'être cités comme des modèles. Rien de plus touchant, par exemple, que les adieux suprêmes adressés par Ève à son mari et à ses enfants. L'expression naïve de sentiments vrais, sans ampoules et sans emphase, est d'un grand effet; elle contraste singulièrement avec la rhétorique pédantesque, avec l'émotion artificielle et calculée, que les poètes du xvie siècle ont trop souvent confondue avec le pathétique. Dans le *Sacrifice d'Abraham,* que le lecteur trouvera en tête de notre tome II, nos vieux auteurs 'ont touché la véritable fibre dramatique. On sent qu'ils possédaient un réel talent quand on compare les discours si simples et si émouvants qu'ils prêtent à Abraham et à son fils avec le dialogue tout académique de Théodore de Bèze [1].

V

Nous n'avons découvert aucun ms. donnant un texte complet du *Mistére du Viel Testament ;* sauf

---

1. Voy. nos notes sur le chapitre xvii.

quelques fragments cités plus loin, il ne nous est connu que par les éditions suivantes, d'après lesquelles a été faite notre publication :

A. Le mistere du viel testa ǁ mēt par persōnages ioue ǁ a paris hystorie Et impri ǁ me nouuellement audit ǁ lieu auquel sont cōtenus ǁ les misteres cy apres de ǁ clairez — ¶ *Cy finist le viel testamēt per* [sic] *personnaiges ioue* ǁ *a paris Et imprime nouuellement audit lieu Par* ǁ *maistre Pierre le dru pour Iehan petit libraire iu-* ǁ *re de luniuersite de paris demourant en la rue saīct* ǁ *iaques a lenseigne du lion dargent*; [ou *pour Geoffray de marnef li-* ǁ *braire iure de luniuersite de paris demourant en la* ǁ *rue sainct iaques a lenseigne du pellican*]. S. d. [vers 1500], in-fol. goth. de 336 ff. chiffrés de 50 lignes à la page, non compris le titre courant, impr. à 2 col., sign. A-₵ A-S par 8, figg. sur bois.

Le titre, imprimé en rouge et en noir, porte la marque de *Jehan Petit* (Silvestre, n° 25), ou la marque suivante de *Geoffray de Marnef*[1] :

1. Lottin *(Catalogue chronologique des Libraires et des Li-*

Au verso du titre se trouve la *Tabula*.

Voici le placement et la description sommaire des figures qui ornent le volume.

1. Fol. 2 *a* : Dieu crée le globe du monde ;
2. Fol. 2 *c* : Dieu crée les anges ;
3. Fol. 6 *a* : Dieu crée les astres et les végétaux ;
4. Fol. 6 *c* : Dieu crée les oiseaux et les poissons ;
5. Fol. 7 *c d* : Dieu crée Adam et Ève (ce bois, très-large, empiète sur les deux marges latérales et ne laisse dans chaque colonne que cinq lignes de texte) ;
6. Fol. 10 *a* : Ève et le serpent à la figure de pucelle ;
7. Fol. 10 *c d* : Tentation d'Adam et d'Ève ; la scène est représentée dans une sphère surmontée des racines d'une arbre puissant (ce bois, d'un beau style et d'une habile exécution, est plus grand que la justification du volume et ne laisse plus de marge extérieure, la planche paraît avoir été un peu fatiguée par le tirage) ;
8. Fol. 12 *a b* : Dieu le Père dans sa gloire, adoré par les anges et assisté de Sapience, Vérité, Justice, Miséricorde et Paix (la planche est signée du monogramme de *G. de Marnef* ; ce monogramme, qui représente un I et un X montés sur une espèce de piédestal, manque au recueil de Nagler) ;
9. Fol. 14 *c* : Adam et Ève chassés du paradis terrestre ;
10. Fol. 15 *c* : Adam travaille la terre ; près de lui Ève allaite un enfant, tout en tirant le fil d'une quenouille ;
11. Fol. 39 *b* : La colombe rapporte à Noé un rameau d'olivier ;
12. Fol. 42 *c* : Sacrifice de Noé ;
13. Fol. 45 *c* : La tour de Babel ;
14. Fol. 86 *c* : L'échelle de Jacob ;
15. Fol. 124 *c* : Le songe du bouteiller de Pharaon ;

braires-Imprimeurs de Paris ; Paris, 1789, in-8) cite *Pierre le Dru* sous les dates de 1494 à 1509 ; *Geoffray de Marnef* sous les dates de 1491 à 1526, et *Jehan Petit* sous les dates de 1493 à 1541.

16. Fol. 152 a : Le buisson ardent (ce bois, fort grossier, est placé en travers);
17. Fol. 157 a b : Pharaon et ses gens se noient dans la mer Rouge;
18. Fol. 162 a b : Scène de bataille;
19. Fol. 170 c d : La grappe de raisin trouvée par les enfants d'Israël;
20. Fol. 177 d : Samson combat un lion;
21. Fol. 179 d : Samson tue les Philistins avec une machoire d'âne;
22. Fol. 180 d : Samson enlève les portes de Gaza;
23. Fol. 185 c : Samson abat une maison;
24. Fol. 189 c d : Scène de bataille (même bois que le N° 18);
25. Fol. 198 c : David tue le géant Goliath;
26. Fol. 203 d : Saül assassiné par son écuyer;
27. Fol. 213 d : Mort d'Absalon;
28. Fol. 327 d : La sibylle montre à Octavien dans le ciel une vierge qui tient un enfant;
29. Fol. 333 [coté par erreur 328] c : Sibilla Persica;
30. Même fol. d : Sibilla Libica;
31. Fol. 334 [coté 328] a : Sibille Erithea [sic];
32. Même fol. b : Sibille Cumena [sic];
33. Même fol. c : Sibille Sanne [sic];
34. Même fol. d : Sibille Cyemeria [sic];
35. Même fol. 335 [coté 328] a : Sibille Europa;
36, 37. Même fol. b : Sibille Tiburtine; — Sibille Agripe;
38. Même fol. c : Sibille Delphica;
39, 40. Même fol. d : Sibille Eleponcia; — Sibille Frigea.

Le dernier f. contient, au r°, 9 lignes de texte à 2 col. (non compris le titre courant), la souscription et une répétition de la marque *J. Petit* ou de *G. de Marnef;* le verso est blanc.

Biblioth. cantonale de Berne : Inc. 133 a (exempl. au nom de *J. Petit*). — Biblioth. nat. : Y. 4347, Rés. (exempl. au nom de *G. de Marnef*). — Biblioth. de M. le comte de Lignerolles (*id.*)

Un exemplaire au nom de *J. Petit*, incomplet d'un grand nombre de ff., a figuré à la vente M[orice] (Paris, 1876).

B. Sensuit le mistere || du viel Testament || Par personnaiges || Hystorie/ ioue a pa || ris Et imprime Nouuel || lement audit lieu. Auquel sont contenus les || misteres Comment les enfans disrael parti || rent degipte Et passerent par la mer Rouge || et conquirent la terre saincte Auec plusieurs || autres belles hystoires. Cõme il est cy apres || Declaire En la table de ce present liure. — *Cy finist le p̃mier volume du viel* || *testamẽt Par persõnaiges Ioue a* || *Paris Et imprime audit lieu. Par la veufue* || *feu iehan trepperel. Et iehan iehãnot Librai* || *re et imprimeur. Demourant En la rue neuf* || *ue nostre dame A lenseigne de lescu de France.*

Sensuit le second vo || lume du viel Testa || mẽt par Personnai || ges Cõtenant huyt hystoi || res de la bible/ || cest assauoir || Lhystoire de iob Lhystoi/ || re de thobie Lhystoire de daniel Lhystoire de || susanne Lhystoire de iudich Lhystoire de he || ster Lhystoire de Octouien ẽpereur Et la sibil || le thiburtine Et les p̃phecies des douze sibil || les Et plusieurs aultres matieres Cõme il ap || pert par la table sequente. — [La souscription de la 2ᵉ partie manque aux deux exemplaires que nous avons eus sous les yeux]. *S. d.* [*vers* 1520], 2 vol. pet. in-4 goth. imp. à 2 col., figg. sur bois.

Premier Volume : Titre, imprimé en rouge et en noir, au verso duquel commence *la Table;* 1 f. contenant la fin de la *Table* et le titre de départ; 294 ff. inexactement chiffr., de 40 lignes à la page (non compris le titre courant), sign. *a, c, e, g, i, l, n, p, r, t, x, ?, 9,* B, D, F, H, K, M, O, Q, S, V, AA, CC, DD, par 4; *b, d, f, h, k, m, o, q, s, v, y,* ꝯ, A, C, E, G, I, L, N, P, R, T, X, BB par 8.

Au titre, un bois de Dieu dans sa gloire.

Au verso du 2ᵉ f. non chiff., un bois de la création du monde.

Le volume contient onze autres bois ainsi placés :
1. Fol. 1 *c d* : La création des anges ;
2. Fol. 6 *a b* : La création du soleil et des étoiles ;
3. Même fol. *c d* : La création des oiseaux et des poissons ;
4. Fol. 8 *a b* : La création d'Ève ;
5. Fol. 12 *c d* : Dieu dans sa gloire (même bois qu'au titre) ;
6. Fol. 15 *c d* : Adam et Ève chassés du paradis ;
7. Fol. 31 *c d* : Le chérubin sur la porte du paradis terrestre ;
8. Fol. 38 *a b* : La mort de Caïn ;
9. Fol. 46 *a b* : Noé dans l'arche ;
10. Fol. 123 *a* : La naissance de Benjamin ;
11. Même fol. *b* : La mort de Rachel.

Il y a, dans les premiers ff. une erreur de chiffre : le f. qui suit le titre est coté *i* par erreur ; en sorte qu'il y a deux ff. cotés *iiij*. Le second de ces ff. chiffrés *iiij (bij)* présente de plus cette particularité que l'ordre des colonnes du texte est inverti. — Plus loin, la foliation saute de 149 à 160 et l'erreur se continue jusqu'au dernier f. coté 304.

Second Volume : Titre noir, avec un bois qui représente un personnage assis dans une chaise et écrivant sur une pancarte, tandis qu'un enfant lui présente une écritoire et une bourse ; 115 ff. chiff., dont la justification est la même que celle du tome Ier, sign. A, C, E, G, I, L, M, O, Q, R, T par 4, B, D, F, H, K, N, P, S, V par 8.

Outre le bois du titre, le volume, incomplet des deux derniers ff., renferme 8 petits bois représentant l'histoire d'Esther et les Sibilles, ff. 104 *d*, 112 *a d*.

Bibl. nat., Y. 4348.— Cet exemplaire, incomplet des ff. 3 et 10 du tome Ier, du cahier O et des deux derniers ff. du tome II, présente cette particularité qu'un grand nombre de ff. portent des corrections dues à une main du temps et qui indiquent que certains morceaux ont été revus pour la représentation. Les corrections, placées pour la plupart en marge, ont malheureusement été atteintes en maint endroit par le couteau du relieur (la reliure a été exécutée au XVIIe siècle pour Gaston d'Orléans); nous avons fait tous nos efforts pour les déchiffrer et nous les avons placées dans nos variantes sous le signe B*. — L'exemplaire de Soleinne, qui nous a été communiqué par M. Léon Techener, libraire, est incomplet de 19 ff. refaits entièrement à la plume; 9 autres ff. ont subi des restaurations partielles.

C. Le *tresexcellẽt ſ sainct my* || *stere du vieil testament par personnages, ouquel sont contenues les hy-* || *stoires de la bible. Reueu et corrige de nouueau, et im-* || *prime auecques les figures pour plus* || *facile intelligence nouuelle-* || *ment imprime a* || *Paris.* || ℭ *Lan mil cinq cens quarante et deux.* || *On les vend a Paris en la rue sainct Iacques a lymage sainct Martin par* || *Viuant gaultherot;* [Ou: *On les vend a Paris en la grant salle du Palays au premier pillier* || *par Charles langellier;* — ou: *On les vend a Paris au palais en la gallerie par ou on va* || *a la Chancellerie. par Vincent Sertenas;* — ou: *On les vend a Paris au clos Bruneau* || *par Guillaume le bret*]. — ℭ *Fin du viel testament par per-* || *sonnages, reueu et corrige oul-* || *tre la precedẽte impression, Nou-* || *uellement imprime a Paris par* || *Iehan Real Lan mil cinq cens* || *quarante et deux.* In-fol. goth. de 324 ff. chiff. de 52 lignes à la page pleine (non compris le titre courant), impr. à 2 col.

Le titre, imprimé en rouge et en noir, porte la marque du libraire dont le nom figure sur l'exemplaire.

Au verso du titre, se trouve *la Table*.

Les bois sont au nombre de trente-un, savoir : vingt-un petits, un grand, neuf de moyenne grandeur. En voici le placement.

1. Fol. 2 *a b* : * La création du monde (m. gr.);
2. Fol. 3 *a b* : * La création des anges (m. gr.);

3. Fol. 6 c d : * La création du soleil et des étoiles (m. gr);
4. Fol. 7 a b : * La création des oiseaux et des poissons (m. gr.);
5. Fol. 8 a b : * La création d'Adam et d'Ève (grand bois, d'une belle exécution, occupant la page presque entière);
6. Fol. 11 a b : La tentation d'Adam et d'Ève (m. gr.);
7. Fol. 12 b : * Dieu dans sa gloire;
8. Fol. 14 c d : * Adam et Ève chassés du paradis (m. gr.);
9. Fol. 38 c : L'arche de Noé;
10. Fol. 41 d : Noé sacrifiant un taureau;
11. Fol. 45 c d : La Tour de Babel (m. gr.);
12. Fol. 84 c : Jacob endormi;
13. Fol. 147 d : Le buisson ardent;
14. Fol. 153 c d : Pharaon et son armée engloutis dans la mer Rouge (bois occupant la moitié de la page et dépassant même la justification en largeur);
15. Fol. 156 c d : Scène de bataille (m. gr.);
16. Fol. 174 b : Samson combat avec la mâchoire d'âne;
17. Fol. 175 b : Samson enlève les portes de Gaza;
18. Fol. 183 c d : Scène de bataille (m. gr.), même bois que f. 156;
19. Fol. 192 b : La mort de Goliath;
20. Fol. 321 d : Sibilla Persica;
21. Fol. 322 a : Sibilla Libica;
22. Même fol. b : Sibilla Erithea;
23. Même fol. c : Sibille Cumena;
24. Même fol. d : Sibille Sanne;
25. Fol. 323 a : Sibille Cyemeria;
26. Même fol. b : Sibille Europa;
27. 28. Même fol. c : Sibille Tiburtine, Sibille Agrippe;
29. Même fol. d : Sibille Delphica;
30. Fol. 324 a : Sibille Eleponcia;
31. Même fol. b : Sibille Frigea.

Les figures dont la description n'est accompagnée d'aucune indication, sont celles qui ont pu être insérées dans la largeur d'une colonne; les bois que nous appelons de moyenne grandeur empiètent, au contraire, sur les deux colonnes. Les six bois marqués d'un astérique sont empruntés à l'édition de la veuve *Trepperel.*

Le verso du dernier f. est blanc.

Biblioth. nat., Y. n. p. Rés. (deux exempl., dont un est incomplet au commencement et à la fin).— Biblioth. de Lyon, n° 18270. — Biblioth. Méjanes à Aix, n° 23832. — Cat. Cigongne, n° 1423 (exempl. au nom de *Langellier).* — Catal. de M. Ambr.-Firmin Didot, 1878, n° 424 (exempl. dont le titre est refait au nom de *Sertenas).* — Biblioth. Bodléienne à Oxford. — Les frères *Parfaict (Hist. du Théatre françois,* II, 306) citent un exemplaire au nom de *Guillaume le Bret.*

Cette édition, postérieure de près d'un demi-siècle à l'édition A, présente un assez grand nombre de rajeunissements. L'imprimeur a substitué d'une manière générale les formes *au, volunté, perfaire,* aux formes *ou, voulenté, parfaire,* etc. Les rajeunissements que l'on pourra relever dans nos variantes offrent des indications intéressantes pour l'histoire de notre langue pendant la première moitié du xvie siècle.

Plusieurs des pièces réunies sous le titre de *Mistére du Viel Testament* ont été imprimées séparément avec des changements plus ou moins considérables. Voici la description de celles de ces éditions partielles qui nous sont connues :

D. Le Sacrifice Dabraham par personnaiges, *Paris; veufue Jehan Treperel et Iehan Iehannot; s. d.* [vers 1520], in-fol. goth. de 12 ff. sign. A-C, format d'agenda. Brunet, V, 20.

E. Le sacrifice de || Abraham a huyt personnages : cestassa-|| uoir Dieu/ Misericorde/, Raphael/ Abra || ham/ Sarra/ Isaac/ Ismael et Eliezer : || Nouuellement corrige et augmente/ et || ioue deuat [sic] le Roy en lhostel de Flandres || a Paris Lan Mil D.xxxix. || *On les vẽd a Paris en la rue neuf-* || *ue nostre dame a lenseigne de la Rose* || *rouge ⁊ sainct Iehan leuangeliste deuāt* || *saincte Geneuiefue des ardans.* || ⁌ Auec priuilege. Pet. in-8 goth. de 44 ff. de 25 lignes à la page, sign. A-E par 8, [F] par 4.

Au titre, un petit bois qui représente Abraham levant son glaive sur la tête d'Isaac.

Au verso du titre, se trouve un extrait du privilége ainsi conçu :

Extraict des registres du Parlement.

« Veue par la court la requeste a elle presentée par *Gilles Paquot*, marchant libraire, demourant a Paris, par laquelle il requeroit luy estre permis par ladicte court de imprimer ou faire imprimer le *Sacrifice de Abraham*, derniérement veu, corrigé et joué en l'Hostel de Flandres en cestedicte ville, et deffenses estre faictes a tous aultres libraires ne imprimeurs imprimer ou faire imprimer ledit livre en quelque volume ou marge que ce soit, jusques a cinq ans, a ce que ledit *Paquot* soit remboursé d'une partie des fraiz qu'il luy convient avancer et faire pour l'impression dudit livre, sur peine de confiscation desditz livres et d'amende arbitraire, et, tout considéré, la Court a permis et permect audit *Paquot* imprimer et faire imprimer ledit livre, et faict inhibitions et deffenses a tous imprimeurs et libraires imprimer ou faire imprimer en quelque volume que ce soit ledit livre jusques a deux ans prochainement venant, sur peine de confiscation desditz livres et d'amende arbitraire. Faict en Parlement le xiiiie jour de juing l'an mil cinq cens xxxix,

« Ainsi signé : Malon. »

Au recto du 8e f. [Aviij], un bois qui représente Abraham endormi dans son jardin et recevant les ordres de l'ange.

Au recto du 18e f. [Cij], Abraham et Isaac se rendant au lieu du sacrifice.

Au recto du 31ᵉ f. [Dvij], Abraham liant Isaac.

Au recto du 36ᵉ f. [Eiv], une répétition du bois qui orne le titre.

Bibl. de M. le duc d'Aumale (exempl. de La Vallière, *Catal. de De Bure*, n° 3379 ; de Soleinne, *Catal. de Pont de Vesle*, n° 573 ; de Bertin, n° 686, et de Cigongne, n° 1426).

Cet exemplaire, le seul connu (c'est probablement celui que les frères Parfaict, *Hist. du Théatre françois*, II, 317, disent avoir vu au collége Mazarin), est incomplet du cahier F. (v. 1636-1698.) Soleinne a fait refaire ce cahier à la plume, non pas malheureusement d'après l'édition F, qui eût fourni le même texte, mais d'après l'édition A. La fin de la pièce étant moins développée dans A que dans F, la partie ajoutée en fac-simile n'occupe plus que 2 ff., au lieu de 4 qu'elle aurait dû comporter. Il y a, en outre, une transposition des ff. Dviij et Evj.

De Bure *(Bibliographie instructive*, Belles-Lettres, n° 3218) indique l'édition de *Paris, a l'enseigne de la Rose rouge*, comme étant de format in-4, mais, au moment où il donnait cette description, il n'avait pas encore rédigé le catalogue de La Vallière et n'avait pas eu le livre entre les mains.

F. ⁋ Le Sacrifice de A-‖braham a huyt personnaiges/ cestas-‖ sauoir Dieu/ Misericorde/ Ra-‖ phael/ Abrahā/ Sarra/ Isaac ‖ Ismael ⁊ Eliezer. Nou-‖ uellement corrige/ ‖ et augmente/ et ‖ ioue deu t ‖ le Roy ‖ en lhostel de Flandres a Paris/ et despuis a ‖ Lyon. Lan Mil D. xxxix. — ⁋ *Finis. S. l. n. d.* [*Lyon, Olivier Arnoullet*(?), 1539], pet. in-8 goth. de 44 ff. non chiff. de 24 lignes à la page, sign. *A-E* par 8, *F* par 4.

Au titre, un bois grossier, représentant le sacrifi e d'Abraham. En voici la reproduction :

Bibl. nat., Y 4347. A, Rés.

G. Moralite || de la vendition de Ioseph filz du patri- || arche Iacob, comment ses freres esmeuz || par enuye, sassemblerent pour le faire || mourir, mais par le vouloir de Dieu || apres lauoir piteusemēt oultrage le deuale- || rent en vne cisterne, ¢ enfin le vendirent || a des marchans gallatides ¢ ysmaelites, || lesquelz de rechief le vendirēt a Putifard || en egypte ou il fut au pres de Pharaon || Roy dudict egypte, Lequel fut tempte || de luxure par plusieurs iours de sa mai- || stresse a laquelle il laissa son manteau ¢ || senfouyt, dequoy il en fut en prisō, mais || peu de tēps aps il interpreta les songes || de Pharaon, Et a faict si bōne uision || en egypte q̄il a este dict ¢ appelle le saul || ueur de tout le pays, cōme plus ample- || mēt est escript en la saincte bible au tren- || teseptiesme ¢ douze aultres chapitres en || suyuant du liure de genese. Et est ledict || Ioseph figure de la venditiō de nostre || saulueur Ihesucrist. || XX. f. || ❡ *On les vēd a Paris en la rue neuf-* || *ue nostre dame a lenseigne. S. Nicolas.* — ❡ *Cy finist la Moralite de la vendi-* || *tion de Ioseph filz du patriarche Iacob* || *Nou-*

uellement imprimee a Paris pour || Pierre sergent Demourant en la Rue || neufue nostre Dame a lenseigne sainct || Nicolas. S. d. [vers 1538], gr. in-4 goth. de 80 ff. de 56 lignes à la page, sign. A-V par 4, format allongé.

Au titre, entre le mot *Jhesucrist* et l'indication du nombre des signatures, se trouve un bois représentant Joseph (l'époux de Marie), un lis à la main; l'enfant Jésus, debout devant lui, présente un objet à son père nourricier. — Le verso du titre est occupé par la liste des personnages.

Le verso du dernier f. contient trois bois : 1° Une figure de Jésus enfant assis au milieu d'un cœur et entouré des insignes de la passion, au-dessous desquelles une banderole porte cette devise : *Meditatio cordis mei*;

2° Le sceau de la confrérie de Notre-Dame de Liesse, avec cette inscription : *Sigillum indulgentiarum Hospitalis beate Marie de Podio* :

3º Un bois de sainte Brigitte agenouillée devant un crucifix.

Bibl. nat., Y 4370 A, Rés. — Les trois premiers ff. de cet exemplaire ont été déchirés par la moitié, mais ils ont été complétés à la main, dans le courant du siècle dernier, avec un grand soin. Il a fallu que la personne chargée de cette restauration eût sous les yeux soit des fragments bien conservés, soit un autre exemplaire. Cette dernière supposition nous paraît la plus vraisemblable, en sorte que nous sommes portés à ne pas considérer comme unique le volume que possède notre grand dépôt national.

A la fin de cet exemplaire, on lit ces mots d'une écriture du temps : « *Le ij^e jour de juillet l'an v^c xxxviij j'é esté achapté par...?*

La *Moralité de la vendition de Joseph* a été reproduite en fac-simile aux frais de M. le prince d'Essling, et tirée à quatre-vingt-dix exemplaires numérotés; savoir : quatre sur vélin et quatre-vingt-six sur papier de Hollande *(Paris, Silvestre, Imprimerie de Pinard,* 1835, gr. in-4 allongé).

H. L'Hystoire‖ de saincte Susanne,‖ exemplaire de toutes ‖ sages femmes & de tous ‖ bons Iuges. ‖ *A Troyes, chez Nicolas Oudot, demourant* ‖ *en la ruë nostre Dame: au Chappon d'Or. S. d.* [vers 1625], pet. in-8 de 36 ff. non chiffr. de 30 lignes à la page, sign. A-D par 8, E par 4.

Au titre, un bois grossier qui représente un roi assis sur un trône et rendant la justice :

Au verso du titre, les *Noms des personnages*.
Le mystère se termine au recto du 36ᵉ f. Il est suivi d'une *Doctrine des Vertus* en dix « quaternaires. »
Biblioth. nat., Y. 6137 + C, Rés.

VI

Nous devons maintenant faire connaître la méthode que nous avons suivie dans notre édition. Nous avons fidèlement reproduit le texte imprimé par *Pierre le Dru* pour *Jehan Petit* et *Geoffray de Marnef* (**A**), mais nous avons relevé avec le plus grand soin les variantes fournies par les éditions postérieures. Nous n'avons fait d'exception que pour les variantes purement orthographiques, qu'il eût été inutile et fastidieux de relever en totalité ; nous en avons fait un choix et nous avons noté les particularités qui nous ont paru offrir un intérêt quelconque. Les différences qui existent entre A et B sont généralement insignifiantes ; C présente, au contraire, un grand nombre de retouches, qui sont pour la plupart de simples rajeunissements. Dans certains chapitres, les changements sont cependant plus considérables et portent directement sur le texte. En général, nous avons mieux aimé donner des variantes même inutiles que de risquer d'en omettre aucune qui eût de l'importance.

Le *Mistére du Viel Testament* est si vaste qu'il nous a fallu, pour faciliter la lecture et les recherches, le diviser en chapitres. Dans plusieurs cas, nous avons pu faire cette division à coup sûr, puisque nous possédons des éditions séparées du *Sacrifice d'Abraham*, de la *Moralité de Joseph* et de *l'Hystoire de saincte Susanne* et que pour les derniers épisodes, Job, Thobie, etc., notre texte en indique lui-même le commencement et la fin. Quand ces indications nous manquaient, nous avons dû y suppléer en détachant les uns des autres les divers tableaux dont la réunion constitue le *Viel Testament*. Le plus souvent le compilateur nous a fourni des points de repère précieux, ayant eu le soin d'indiquer les coupures par une interruption des rimes qui sont complètes à la fin d'un couplet au lieu de passer d'un couplet à l'autre (voy.

dans ce volume les v. 965-966, 1290-1291, 2684-2685, 3698-3699, 4291-4292, 8367-8368), ou qui sont répétées de façon à ce que les acteurs puissent à volonté s'arrêter ou continuer la représentation (voy. v. 1882-1883, 3223-3224, 6166-6167). Dans ce dernier cas, il peut arriver qu'il n'y ait, par suite d'une omission volontaire ou involontaire, que trois rimes au lieu de quatre et que, par conséquent, l'un des chapitres reste incomplet d'un vers (voy. v. 4969-4970, 6888-6889, 7144-7145), mais c'est là un cas assez rare. Du reste, il y a de nombreux exemples, notamment dans la *Moralité de Joseph,* qui prouvent que la représentation d'une journée des grands mystères pouvait fort bien se terminer par un seul vers, dont les spectateurs attendaient la rime jusqu'au lendemain.

Nos divisions ne correspondent pas forcément à des interruptions dans la représentation. Comme par suite de la disposition typographique que nous avons adoptée, les coupures que nous avons faites n'altèrent en rien la physionomie de l'original, qu'elles ne sont indiquées que par un chiffre placé dans le titre courant, nous n'avons pas craint de séparer certains chapitres où les rimes n'indiquaient aucune solution de continuité, lorsqu'ils nous ont paru former des divisions bien distinctes dans l'ensemble du drame (voy. v. 5649,-5650, 6608-6609, 7861-7862).

Nos chapitres sont de longueur fort inégale. Les uns ont fourni la matière d'une représentation ; d'autres, au contraire, ont dû être groupés pour que la scène fût remplie pendant plusieurs heures. Le point de départ et, par conséquent, le point d'arrivée pouvaient être déplacés à la volonté des acteurs, mais il nous paraît difficile qu'ils aient pu être choisis ailleurs que dans les endroits où nous avons marqué un repos [1].

Une observation qui a son importance, c'est que tels de nos chapitres qui sont aujourd'hui fort courts pouvaient être primitivement plus développés. Ainsi un ms. de la Bibliothèque de Troyes nous a conservé quatre-vingt-dix-huit vers que les imprimeurs ont supprimés dans le n° II; on les trouvera plus loin.

Notre division en chapitres, qui n'est pas sans utilité pour étudier le mystère au point de vue scénique, a cependant pour but principal de faciliter notre tâche d'éditeur, en nous permettant de donner quelques notes sur chacun des tableaux que nous voyons suc-

---

[1]. Les pièces contenues dans le tome Ier des *Mystéres inédits* publiés par M. Jubinal (Paris, 1837, in-8), nous montrent avec quelle facilité les acteurs pouvaient à volonté relier ensemble divers tableaux dramatiques ou, au contraire, découper en morceaux un même drame. A la fin du *Martyre S. Estiéne*, qui ne compte que 338 vers, on trouve dans le ms. cette curieuse indication:

> Qui le jeu S. Estiéne vourra ycy finer
> Com sy près est escript le porra terminer.

Suit un couplet final de six vers, après lequel on lit encore :

> Qui le jeu cy ne finera
> Ceste clause sy laissera.

On trouve des indications semblables à la fin de la *Conversion S. Pol* et de la *Conversion S. Denis*.

cessivement se dérouler sous nos yeux. Chaque morceau correspondant à un sujet distinct et portant un n° particulier, nous pourrons aisément y faire correspondre les notes historiques et critiques que nous avons recueillies.

Il nous reste maintenant à faire ce travail pour les chapitres contenus dans ce premier volume.

I

(V. 1-965.)

[LA CREACION DES ANGES; LE TREBUCHEMENT DE LUCIFER; LA CREACION D'ADAM ET D'ÉVE.]

Personnages.

Dieu,	Dominacion,
Lucifer,	Le premier Ange de Lucifer [Sathan],
Michel,	Le second Ange de Lucifer [Astaroth],
Gabriel,	Le tiers Ange de Lucifer [Cerberus],
5 Raphael,	15 Le IIIIe Ange de Lucifer [Mammona],
Cherubin,	Le ve Ange de Lucifer [Asmodeus],
Seraphin,	Le vi^e Ange de Lucifer [Leviatan],
Trosne,	Le viie Ange de Lucifer [Agrappart],
Puissance,	Adam,
10 Virtus,	20 Éve.

Cette division correspond aux deux premiers chapitres de la Genèse. Nous assistons aux scènes grandioses de la création, qui donnaient lieu, comme on peut le voir par les indications naïves de notre texte, à un grand luxe de décors. C'étaient des plantes véritables et des animaux vivants que l'on transportait sur le théâtre. Les termes employés par le compilateur du *Mistére* ne laissent aucun doute à cet égard : « Adoncques, » lisons-nous p. 25, « doit on faire sortir petis arbres, rainseaulx et le plus de belles fleurs, *selon la saison,* qu'i sera possible ». — « Adoncques » est-il dit encore p. 26, « doit on secrétement getter petis oyseaulx, volans en l'air, etc., avecques le plus de bestes estranges *que on pourra trouver.* »

L'auteur n'a suivi aucun des deux récits de la création que nous offre la Genèse [1]. D'après le récit le plus développé, Dieu se borne, le premier jour, à créer la lumière et à la séparer d'avec les ténèbres; le second jour, il sépare les eaux et crée le ciel; le troisième jour, il rassemble les eaux en un seul lieu, distingue le sec de l'humide et crée les végétaux; le quatrième jour, il crée le soleil, la lune et les étoiles; le cinquième jour, il crée les oiseaux et les poissons; enfin, le sixième jour, il crée les animaux domestiques, les reptiles et l'homme. Le *Mistére* place, au contraire, le premier jour, la création des quatre éléments et celle des anges; il attribue au second jour la séparation de la terre et des eaux, la création des poissons et des arbres; il assigne au troisième jour la naissance du soleil et de la lune; au quatrième jour, celle des étoiles; au cinquième jour, la création des oiseaux et des bêtes qui peuplent la terre, ainsi que la création du Paradis; enfin il réserve le sixième jour tout entier à la création de l'homme.

Nous avons à peine besoin de remarquer que l'histoire des anges rebelles, intercalée dans la première journée, ne fait partie d'aucun des livres de la Bible. Le seul passage du Nouveau-Testament qui se rap-

---

1. Sur le double récit de la création contenu dans la Genèse, voy. *Revue critique*, 1878, I, p. 304.

porte à une tradition analogue est celui de l'Apocalypse (XII, 7-9) :

« Et factum est praelium magnum in coelo : Michael et angeli ejus praeliabantur cum dracone, et draco pugnabat et angeli ejus.

« Et non valuerunt, neque locus inventus est eorum amplius in coelo.

« Et projectus est draco ille magnus, serpens antiquus, qui vocatur Diabolus et Satanas, qui seducit universum orbem ; et projectus est in terram et angeli ejus cum illo missi sunt. »

On a cru quelquefois trouver le nom du prince des anges déchus dans un passage d'Isaïe (XIV, 12) qui est ainsi conçu d'après la Vulgate : « Quomodo cecidisti de coelo, lucifer, qui mane oriebaris? » Mais, dans ce passage, le mot *lucifer* n'a que le sens d'astre brillant ». Saint Jérôme [1], qui a commenté les paroles du prophète, y voit une apostrophe adressée aux Juifs en général (« Judaei coelum et astra Dei se velint intelligi ») et ne fait aucune allusion à la légende des anges déchus. La doctrine des anges, des mauvais esprits et de leur chef paraît être d'origine asiatique ; elle dérive sans doute des traditions éraniennes, de la lutte entre l'esprit du bien et l'esprit du mal, entre Ahriman et Ormuzd, qui est racontée dans l'Avesta. Cette doctrine, acceptée par l'auteur de l'Apocalypse, s'était développée pendant les deux derniers siècles qui précédèrent le christianisme, notamment dans la littéra-

---

1. Édition Migne, IV, 161.

ture judéo-grecque d'Alexandrie ; elle se rencontre dans le livre apocryphe d'Adam [1], dans celui d'Hénoch, dans le livre des Jubilées, dans celui de Tobie, etc. Quant à la chute de Lucifer, le silence de saint Jérôme prouve que cette légende n'était pas encore universellement adoptée par les chrétiens à la fin du IV⁰ siècle ; cent ans plus tard, au contraire, on la voit apparaître dans les œuvres de saint Avit, sous la forme qu'elle a conservée depuis lors. Le poète chrétien dit du serpent qui vient tenter Adam et Ève :

> Angelus hic dudum fuerat, sed crimine postquam
> Successus proprio tumidos exarsit in ausus,
> Sesemet fecisse putans, suus ipse creator
> Quod fuerit, rabido concepit corde furorem
> Auctoremque negans : « Divinum consequar », inquit,
> « Nomen et aeternam ponam super aethera sedem,
> « Excelso similis, summis nec viribus impar [2]. »

A l'époque où les représentations tirées des évangiles obtinrent le plus de succès, la Création fut souvent mise sur la scène, parce qu'elle devint le prologue presque obligé des grands mystères de la *Passion*. Arnoul Greban fit précéder son grand drame d'une *Création abrégée*, « seulement pour monstrer la différance du peché du deable et de

---

[1]. Migne, *Dictionnaire des Apocryphes*, I, 25-30.
[2]. S. Aviti archiepiscopi viennensis Opera (Parisiis, 1643, in-8), 2 (l. II, v. 38-44). — Cf. Guizot, *Histoire de la civilisation en France*, éd. de 1853, II, 64.

l'omme et pour quoy le peché de l'homme a esté reparé et non pas celluy du deable ! ». Dans ce résumé rapide, nous assistons successivement à la création d'Adam et d'Ève et à leur péché, au meurtre d'Abel et à la mort des premiers parents. Nos chapitres i à viii, c'est-à-dire 4969 vers, y sont réduits à 1740 vers. L'expression de *Creacion abregée* mérite d'être relevée ; elle semble indiquer que Greban avait composé d'abord sur le même sujet un ouvrage plus développé et qu'il était devenu son propre abréviateur. On est ainsi amené à se demander, avec MM. Gaston Paris et Gaston Raynaud [2], si les premiers chapitres de notre mystère ne sont pas l'œuvre de Greban. Ce qui rend cette hypothèse assez vraisemblable, c'est que le *Mistére de la Passion* dont un ms. est conservé à la Bibliothèque de Troyes, mystère qui n'est autre que celui de Greban, légèrement remanié, commence par un certain nombre de scènes qui se retrouvent en tête du *Viel Testament*. Ce texte reproduit le début de notre mystère jusqu'au v. 1257, n'offrant que des variantes insignifiantes, quelques vers en plus ou en moins. Les vers 87, 92, 102, 107, 440-458, 1012, 1013 des textes imprimés manquent dans le ms., qui a conservé, par contre, à la place des vers 1012, 1013, une scène en 96 vers que les imprimés ont retranchée.

A partir du v. 1257 du *Mistére du Viel Testament*, le drame de Troyes est entièrement différent. L'au-

---

1. Bibl. nat., mss. fr., n° 816, fol. 1 *a*.
2. Voy. leur introduction au *Mistére de la Passion*.

teur a présenté non-seulement sous une forme nouvelle, mais encore dans un autre ordre le meurtre d'Abel, la mort de Caïn et la mort d'Adam. Ève survit à son mari. Voici les premiers vers de cette seconde partie :

> DIEU
> *Penitet me fecisse hominem.*
> Il me poise d'avoir fait l'homme   1330
> Qui est cheu en inobedience...

Le dramaturge qui a mis en scène le *Mistére de la Passion* représenté à Valenciennes vers la fin du xve siècle, s'est également servi dans son prologue de notre texte ; nous en donnerons la preuve dans nos notes sur le chapitre III.

C'est peut-être aussi du *Viel Testament* que s'inspirèrent Me Textoris et autres qui jouèrent, en 1557, à Draguignan un mystère intitulé la *Creacion des premiers parentz*[1].

Les mystères de la *Création*, nombreux dans notre ancien théâtre, sont rares en Italie et en Espagne ; ils paraissent, au contraire, avoir été assez répandus en Angleterre, en Allemagne et chez les peuples celtiques, dont la littérature n'est qu'un reflet de celles de la France et de l'Angleterre.

L'une des plus anciennes représentations dont aient fait mention les historiens de l'art dramatique en Italie, une représentation solennelle qui eut lieu à Cividal del Friuli en 1303, commençait par la Création,

---

1. Voy. *Revue des Sociétés savantes*, VIe sér., III (1876), 87.

comme les grands mystères de la Passion en France. On lit, à ce propos, dans la chronique de Frioul du chanoine Julien de Cividale : « Anno MCCCIII, facta fuit per clerum sive per capitulum civitatense repraesentatio, sive factae fuerunt repraesentationes infra scriptae : in primis *de Creatione primorum parentum;* deinde de Annunciatione Beatae Virginis, etc. [1] »

En Espagne, nous ne connaissons aucune pièce ancienne sur ce sujet. On cite seulement une comédie de Lope de Vega intitulée : *La Creacion del mundo y primer Culpa del hombre* [2]. Une pièce de Luis Velez de Guevara, encore inédite, a également pour sujet la création [3].

Quant à l'Angleterre, les trois grandes collections dramatiques qu'elle a conservées débutent toutes par les scènes de la création. Dans le ms. de Towneley, que nous attribuons plutôt au xve siècle qu'au xive, la mise en scène est des plus simples : les personnages ne sont qu'au nombre de neuf : Deus, Cherubym, Lucifer, Primus Angelus malus, Primus bonus Angelus, Secundus bonus Angelus, Secundus malus Angelus, Adam, Eve [4]. Le *Ludus Coventriae* présente une simplicité analogue ; le premier chapitre ne contient que l'histoire des anges dont les acteurs sont : Deus,

---

1. Voy. d'Ancona, *Origini del Teatro in Italia* (Firenze, 1878, in-12), I, 85.
2. La Barrera, *Catálogo del Teatro antiguo español*, 453 a.
3. La Barrera, 466 b.
4. *The Towneley Mysteries;* London, [1836], in-8 (publication de la Surtees Society). Voy. pp. 1-7.

Lucifer, Angeli boni, Angeli mali; la création de l'homme n'est représentée que dans le chapitre II [1].

Dans les *Chester Plays,* le drame est plus développé. Les acteurs sont God, Luciffier, Angelis, Arckeangelis, Lightborne, Vertutes, Cherubyn, Dominaciones, Principates, Cheraphin, Thrones, Potestates, Primus Demon, Secundus Demon. Comme dans le *Ludus Coventriae,* la création des premiers parents est reportée au chapitre II [2].

L'histoire de Lucifer était, on le voit, particulièrement populaire chez les Anglais, puisqu'elle formait le prologue de tous les grands drames religieux. La Réforme, qui fut le point de départ d'une étude plus approfondie des livres saints et d'un examen sérieux des textes authentiques, ne fit pas oublier cette pieuse tradition; aussi Milton choisit-il un thème désigné d'avance aux suffrages de ses compatriotes en prenant pour sujet de son épopée le Paradis perdu.

---

1. *Ludus Coventriae : a Collection of Mysteries formerly represented at Coventry on the Feast of Corpus Christi, edited by James Orchard Halliwell, Esq., F. R. S., etc.;* London, printed for the Shakespeare Society, 1841, in-8. Voy. pp. 19-23.

2. *The Chester Plays : a Collection of Mysteries founded upon Scriptural Subjects; edited by Thomas Wright Esq., M. A., F. S. A.;* London, printed for the Shakespeare Society, 1843, 2 vol. in-8. Voy. I, 8-19.

Une autre collection de mystères anglais, conservée en ms. dans la bibliothèque du comte d'Ashburnham et connue sous le nom de *York Miracle Plays,* doit commencer également par la Création. Cette collection est malheureusement encore inédite et le catalogue de Lord Ashburnham (*Appendix* n 137) se borne à nous apprendre qu'elle se compose de quarante-neuf mystères, dont onze sont tirés de l'ancien Testatament et trente-huit du nouveau Testament.

Le *Viel Testament* n'a peut-être pas été sans influence sur l'auteur du grand drame bas-allemand que M. Schönemann a publié sous le titre de *Sündenfall* [1]. Ce mystère, écrit à la fin du xve siècle, débute par une représentation de la création, qui semble calquée sur la nôtre. On y voit figurer Dieu, les Anges, les Archanges, les Vertus, les Principautés, les Puissances, les Dominations, les Trônes, les Chérubins, Lucifer et huit autres mauvais anges, enfin Adam et Ève. Le poète allemand suit la même marche que l'auteur français [2], mais nous n'avons cependant pas relevé de rapports directs dans le dialogue.

Un autre drame allemand, qui appartient aussi au xve siècle, et qui ne nous est connu que par une rapide analyse de M. Bartsch [3], commence de même par un *Ludus de Creacione*. Le cadre en est à peu près le même que celui du *Sündenfall*, mais les proportions en sont beaucoup plus vastes.

Outre les deux pièces qui viennent d'être citées, les scènes de la Création formaient la première journée

---

1. *Der Sündenfall und Marienklage, zwei niederdeutsche Schauspiele aus Handschriften der Wolfenbüttler Bibliothek herausgegeben von Dr. Otto Schönemann*; Hannover, 1855, in-8. L'auteur, dont un acrostiche placé en tête de la pièce nous fait connaître le nom, s'appelait Arnold Immessen; il paraît avoir été recteur ou « plebanus » d'Eimbeck.

2. Les 929 premiers vers du *Sündenfall* correspondent à notre chapitre I.

3. *Germania, Vierteljahrsschrift für deutsche Alterthumskunde, hrsggb. von Franz Pfeiffer*, III. Jahrg., 1858, 267-297. — M. Bartsch ne dit pas en quel endroit se trouve le ms. qu'il décrit.

du mystère que les habitants de Freiberg en Saxe représentèrent tous les sept ans au xvᵉ siècle et jusqu'en 1523. Les personnages étaient Dieu le Père, Raphaël, Michel, Gabriel et trois autres anges, Lucifer, Belial, Sathan et trois autres diables, Adam et Ève, le Serpent, six enfants de Dieu et six enfants des hommes ¹.

En Suède, un ms. de la Bibliothèque royale de Stokcholm contient une pièce *De Creatione Mwndi*, qui appartient à la fin du xviᵉ siècle ².

Trois pièces celtiques nous offrent la représentation dramatique de la création. La première, qui remonte au xvᵉ siècle, l'*Ordinale de Origine Mundi*, est une sorte de *Creacion abregée*, c'est-à-dire un résumé très rapide de l'Ancien Testament. On n'y voit pas figurer les anges rebelles, bien que l'auteur ait accordé une large place à d'autres traditions apocryphes : le voyage de Seth et l'aventure de Maximilla ³. Le second mystère, qui appartient aussi à la Cornouaille, se rapproche, au contraire, de notre grand drame. Il contient l'histoire de la création des anges et des hommes et s'étend jusqu'au déluge ⁴. Cette pièce a été imprimée d'après un ms. daté de 1611, mais, comme l'a

---

1. *Flögel's Geschichte des Grotesk-Komischen*, neu bearbeitet von Dr. Friedrich W. Ebeling (Leipzig, 1862, in-8), 144.

2. Voy. Klemming, *Sveriges dramatiska Litteratur till 1863* (Stockholm, 1863-1876, in-8), 9.

3. *The ancient Cornish Drama edited and translated by Mr. Edwin Norris, Sec. R. A. S.*; Oxford, 1859, 1 vol. in-8. Voy. t. I, 1-219. Le mystère ne compte que 2846 v.

4. *The Creation of the World, with Noah's Flood; written in Cornish in the year 1611, by William Jordan; with an English*

remarqué déjà M. Édelestand du Méril [1], elle est probablement plus ancienne: Il en est de même de l'*Histoire de la Creation* qui se trouve dans un des ms. recueillis en Bretagne par M. Luzel, et dont la copie appartient au xviiie siècle [2]. Cette *Histoire* a la même étendue que le texte successivement publié par MM. D. Gilbert et W. Stokes; il serait curieux de l'en rapprocher [3].

translation, by John Keigwin, edited by Davies Gilbert, F. R. S., F. S. A., etc.; London, 1827, in-8.

Gwreans an Bys: *the Creation of the World, a Cornish Mystery, edited with a Translation and Notes, by Whitley Stokes, Esq.;* London, 1864, in-8.

1. *Origines du Théâtre moderne*, 34.
2. Biblioth. nat., mss. celt., n° 12, in-fol. de 178 pp., écrit par Jean Le Moullec, de Loguiri-lez-Lannion.
3. M. Emile Morice (*Histoire de la mise en scène*; Paris, 1836, in-8) a donné l'analyse d'un mystère en trente-sept tableaux sur le commencement et la fin du monde dont la représentation eut lieu en Bretagne en 1833; c'était probablement la pièce contenue dans le ms. de Jean Le Moullec.

II

(V. 966-1294.)

[LA TRANSGRESSION D'ADAM ET D'ÈVE.]

Personnages.

Adam,   Sathan,
Ève,   Dieu.

Le sujet de la IIe division est le développement des versets 1-13 du chapitre III de la Genèse ; l'auteur suit généralement le texte sacré ; il s'en éloigne cependant sur quelques points ; il confond notamment l'arbre de vie avec l'arbre de la science du bien et du mal.

La *Transgression d'Adam et d'Ève* était primitivement traitée avec plus de développement. Les textes imprimés du *Mistére du Viel Testament,* que nous avons suivis à défaut d'un ms. plus ancien, nous paraissent offrir une lacune après le v. 1013. Il doit y avoir ici une scène entre les Diables, qui se disposent à tenter les premiers humains. Cette scène est clairement indiquée au début de la scène où Sathan, « vestu d'un habit en manière de serpent, et le visage de pucelle », s'avance vers Ève et s'exprime ainsi :

Il me convient au fait entendre,
Dont j'ay prins la commission.

Nous ne voyons pas dans ce qui précède que les Diables aient donné commission à Sathan. Le passage supprimé se trouvait certainement avant le v. 1014, qui marque le commencement d'une scène nouvelle. Il nous a été conservé par le ms. de Troyes et nous allons le reproduire. Le ms. ne donne pas les v. 1012, 1013, qui n'ont été ajoutés par A B C que pour rattacher des vers que la suppression opérée eût laissés sans rime; il ajoute, après le vers 1011, le mot *Pause* et continue ainsi [1] :

25 a
    LUCIFER
 Harau! Diables, j'ay trop gardé
 Le secret de mon pensement,   [990]
 Car, quant j'ay bien tout regardé,
 J'ay deuil et despit largement.
    SATHAN
 Comment, maistre Diable, comment?
 Qu'est il de nouveau advenu?
    FERGALUS [2]
25 b Sans nous tenir long parlement   [995]
 Dy nous bref qu'il est survenu.
    LUCIFER
 Tantost sçarés le contenu,
 Dont j'ay au cueur grant desplaisance.
    BELZEBUTH [3]
 N'y a [4] Diable grant ne menu

---

1. Les chiffres que nous ajoutons en marge indiquent l'ordre des vers dans le ms. de Troyes. On a vu ci-dessus que ce ms., comparé à A B C, présente quelques lacunes.

2. *Fergalus*, ici et plus loin, est une surcharge pour *Mamona*.

3. Le nom d'*Asmodeus* a été remplacé d'une main plus moderne par celui de *Belzebuth*, de même que *Fergalus* a été substitué à *Mamona*.

4. Ms. *Il n'y a*.

[1000] Qui ne te mette en audience.

LUCIFER

Vray est que Dieu par sa puissance
A creé un tout nouveau monde
Plain de delitz et de plaisance,
Car toute noblesse y habonde,
[1005] Et en terre, par sa faconde,
A ung paradis disposé,
Ouquel toute gloire redonde,
Tant est noblement proposé.
La dedans a l'homme posé
[1010] Et la femme, par providence,
Qu'il a formé et composé
Tout a son ymage et semblance,
Et tant qu'y a¹ en habondance
A voulu dessoubz eulx soubmettre
[1015] Pour avoir lyesse et plaisance,
Dont ne me puis en paix remettre,
Et encor plus, il les veult mettre
Es siéges ou nous estions lassus,
Dont bref vous convient entremettre
[1020] Qu'i soyent par l'ung de vous deceuz.

SATHAN

Voicy bien le Diable tout sus.
Harau! qu'esse cy? Quel oultraige?

FERGALUS

Mon torment croist de plus en plus.

BELZEBUTH

Voicy bien le Diable tout sus.

LEVIATAN

[1025] Maintenant me rens tout confus.

BERIT

Harau! Diables, harau! J'enrage.

1. Ms. *qu'il y a.*

Cerberus
Voicy bien le Diable tout sus.
Astarost
Harau! Qu'esse cy? Quel oultraige?
Lucifer
J'en ay tel dueil en mon courage
Que je reçoy double torment. [1030]
Sathan
C'est une despiteuse rage
Pour nous rengreger mallement.
Lucifer
Sathan, tu iras briefvement,
Comme sage et bien entendu,
Tempter l'homme par faulx semblant, [1035]
Affin qu'il soit par toy deceu.
Vray est que Dieu a¹ deffendu
Qu'il ne mengeast du fruict de vie,
Ou il luy sera cher vendu,
Car il ara mort pour la vie; [1040]
Cy fault pour saouler mon envie
Qu'i passe son commandement,
Tant que la ligne en soit ravye
Avec nous en peine et torment.
Sathan
G'iray en guise d'un serpent [1045]
Huy brasser ung tel apparel
Que jamais jour de son vivant
N'en trouvera point de parel.
Fergalus
Sathan sans avoir nul consel
Perfera bien ceste entreprise. [1050]
Belzebuth
Il lui donra un beau resvel,

---

1. Ms *luy a*.

Mais qu'il ait la chose comprise.
SATHAN
Puis que j'en ay la charge prise,
Je l'aray par *phas* ou *nephas*.
LEVIATAN
[1055] Sathan, fay tant par ton emprinse
Qu'i soit bien lyé de tes las.
BERIT [1]
A jamais honoré seras
S'il est deceu par ta science.
SATHAN
Je croy que je n'y fauldray pas,
[1060] Quoi qu'il ait sçavoir ne prudence.
CERBERUS
Ce nous seroit grant doleance
Qu'il eust recouvré nostre bien.
ASTAROTH
Je croy de vray, comme je pence,
Que Sathan l'en gardera bien.
LUCIFER
[1065] Sathan, fay tant par ton moyen
Qu'i soit du tout a Dieu rebelle,
En le lassant de ton lyen
Tant qu'il soit mis soubz ta rondelle
SATHAN
J'aray visage de pucelle
[1070] Pour demonstrer toute doulceur,
Mais ma queue [2] poignante et mortelle
Luy brassera autre saveur;
Je l'attaindray [3] au vifz du cueur
Sy fort que j'aray l'audience,
[1075] Tant que par mortelle liqueur

---

1. Le nom de *Berit* est substitué à celui d'*Agrappart*.

2. Le ms. portait primitivement *coue*. *Queue* est une correctio postérieure.

3. Le copiste avait écrit d'abord : *je l'actendray*.

Cherra en inobedience.
LUCIFER
Tu dis bien, Sathan; or t'avence;
Metz ton point comme tu l'entens.
FERGALUS
Monstre ta force et ta puissance
Par fins et cautelleux contens. [1080]
BELZEBUTH
Bien fera comme je m'actent.
LUCIFER
Par t'en, Sathan; fay bon devoir.
SATHAN
Partir me vueil, puis qu'il est temps,
Tendis que j'ay subtil vouloir.
Pause.
Cy se depart [vers] Adam et Éve.

28 a ADAM, *apart soy, sans regarder Éve*
Quant je regarde ce manoir. [1085]

Nous avons mentionné, à propos du chapitre Ier, les pièces étrangères relatives à la Création et à la chûte des anges; nous ne citerons donc ici que les compositions dramatiques dont l'histoire d'Adam et d'Ève est le principal sujet.

Dès le ixe siècle, le grammairien Ignace, qui, de simple diacre s'éleva à la dignité d'archevêque de Nicée, composa, en vers grecs, une sorte de mystère sur la chûte d'Adam. Cette pièce, fort courte, porte dans les mss. le titre de : Ἰγνατίου Στίχοι εἰς τὸν Ἀδάμ;

cependant ce n'est pas un simple poëme religieux; elle paraît avoir été jouée dans une église [1].

La tentative du poète grec resta naturellement inconnue en Occident, bien que, par une coïncidence singulière, le plus ancien drame écrit tout entier en langue vulgaire que nous possédions, soit un mystère d'Adam, qui remonte au XIIe siècle [2].

Cette pièce, qui est de la plus haute importance pour l'histoire de notre ancien théâtre, ne donne que peu de développement à l'histoire d'Adam. Le premier homme y est principalement considéré comme un des prophètes du Christ.

Notre chapitre II n'a de correspondant exact que dans le *Ludus Coventriae* [3] et dans le *Sündenfall* [4]; cependant le péché des premiers parents a fait l'objet d'un assez grand nombre d'essais dramatiques. Il a particulièrement inspiré les poètes latins de la renais-

---

1. Voy. Boissonade, *Anecdota graeca* (Parisiis, 1829, in-8), I, 436; Dübner, *Christus patiens Ezechiel et christianorum poetorum Reliquiae dramaticae* (Parisiis, 1849, gr. in-8). M. Magnin a donné de la pièce d'Ignace une traduction française, reproduite par M. de Douhet (*Dictionnaire des Mystères*, 108).

2. *Adam, drame anglo-normand du XIIe siècle, publié d'après un manuscrit de la Bibliothèque de Tours, par Victor Luzarche;* Tours, 1853, in-8.

Une nouvelle édition a été publiée par M. Léon Palustre (Paris, 1877, pet. in-4).

Un anonyme a transformé le mystère en un drame moderne :

Adam, représentation de la chûte du premier homme, imitation libre de la première partie du drame anglo-normand du XIIe siècle que M. Victor Luzarche a publié pour la première fois en 1854; Paris, 1865, in-8.

3. Pp. 24-32.

4. Vers 930-1194.

sance. Jérome Ziegler a composé un *Protoplastus* [1]. Georges Langeveld [Macropedius] est l'auteur d'un *Adamus* [2] ; Nicolas Selneccerus a laissé une *Theophania* [3].

A côté de ces pièces il convient de citer l'*Adamus exul* de Grotius [4].

Si nous revenons maintenant au théâtre en langue vulgaire, nous avons à citer l'*Adamo* de Jean-Baptiste Andreino [5], la *Scena tragica d'Adam ed Eva* de Troilo Lancetta [6], enfin l'*Adamo caduto* de F. Seraffino della Salandra [7].

En Espagne, nous n'avons à mentionner que la *Comedia de Adam* de Jérôme de la Fuente. Cette pièce,

---

1. *Protoplastus, drama comico-tragicum Hieronymo Zieglero autore*, en tête des *Dramata sacra, Comoediae atque Tragediae aliquot e veteri Testamento desumptae* (Basileae, [per Joannem Oporinum, 1547], 2 vol. in-8). L'*Eva* de Sixte von Birken [Xystus Betuleius], qui fait partie du même recueil n'a pas de rapport avec notre sujet : c'est la mise en scène d'une légende touchante racontée par Melanchthon.

2. *Adamus, Macropedii fabula christiana;* Ultrajecti, 1552, pet. in-8.

3. *Theophania, comoedia nova et elegans de primorum parentum conditione et ordinum sive graduum in genere humano institutione: Nicolaus Selneccerus;* Witembergae, 1560, in-8.

4. *Hugonis Grotii Sacra, in quibus Adamus exul, tragoedia, aliorumque ejusdem generis carminum cumulus;* Hagae comitensis, 1601, in-4.

5. *L'Adamo, sacra rapresentatione di Gio. Batista Andreino Fiorentino;* Milano, 1613, in-4. Certains auteurs prétendent que Milton s'est inspiré de cette pièce. Voy. *Catal. de M. de Soleinne*, IV, n° 4461.

6. *La Scena tragica d'Adam ed Eva, di Troilo Lancetta;* Venezia, 1644.

7. *Adamo caduto di F. Seraffino della Salandra;* Cossenza, 1647.

composée au commencement du xviie siècle, est citée avec éloge par Lope de Vega; elle est aujourd'hui perdue [1]. S'il faut en croire Lamarca, l'historien du théâtre de Valence, on représente encore aujourd'hui dans cette ville, le jour de la Fête-Dieu, sur un théâtre mobile appelé *Roca de la santissima Trinidad*, un jeu d'Adam et Ève, dont la langue est fort ancienne [2].

En Angleterre, nous ne devons pas oublier le seul fragment qui nous soit parvenu des mystères de Norwich, une *Story of the Creacion of Eve*, jouée chaque année par les épiciers de cette ville, de 1533 à 1543, et considérablement remaniée en 1565 [3].

En Allemagne, Hans Sachs fit représenter une *Tragedia von Schöpfung, Fal und Austreibung Ade auss dem Paradeyse* (17 octobre 1547) [4]. Trois ans plus tard, Jacques Ruof fit jouer à Zürich une pièce intitulée *Adam und Eva* [5], qui fut suivie, en 1573, de l'*Adam* de G. Roll et, en 1590, de celui de J. Stricker. Ce sujet qui, au xviiie siècle, inspira Klopstock, paraît avoir été longtemps exploité par les acteurs populai-

---

1. La Barrera, *Catálogo*, 163 b.

2. Du Méril, *Origines*, 35.

3. Les deux rédactions de 1533 et de 1565 ont été publiées sous le titre suivant :

Norwich Pageants; the Grocers' Play, from a Manuscript in possession of Robert Fitch, Esq., F. G. S.; Norwich, 1856, in-8.

4. *Hans Sachs hrsgg. von A. v. Keller*, I, 19.

5. Goedeke, *Pamphilus Gengenbach*, xix.

res [1]; aujourd'hui même il séduit encore les poètes [2].

En Moravie, les paysans continuent à représenter un « jeu du paradis », dont les acteurs sont l'Ange, Dieu le Père, le Diable, Ève et Adam [8].

III

(V. 1295-1882.)

[Du Procès de Paradis.]

Personnages.

Dieu,
Justice,
Misericorde,
Adam,
5 Ève,
Cherubin.

L'auteur de ce morceau n'emprunte à la Genèse que les versets 14-24 du IIIe chapitre; l'épisode qui occupe ici la première place ne dérive pas du texte sacré. Au moment où Dieu va condamner pour jamais l'homme rebelle à ses commandements, un débat s'engage entre Justice, qui poursuit l'exécution

---

6. Voy. notamment *Adams und Evens Erschaffung und Sündenfall, ein geistliches Fastnachtspiel mit Sang und Klang aus dem Schwäbischen in's Oesterreichische versetzt; in schwäbischem Dialekt mit gegenüberstehender hochdeutscher Uebertragung, Musiknoten und Vignetten;* s. l., 1783, in-4.

7. *Adam, ein dramatisches Gedicht;* Berlin, [1862], in-16.

8. Voy. le texte tchèque dans Feifalik, *Volksschauspiele aus Mähren* (Olmüz, 1864, in-16), 74.

des ordres célestes, et Miséricorde, qui intervient en faveur de la faible humanité.

Il est probable que l'idée première de ce débat est d'origine orientale. Rien de plus fréquent, en effet, dans la littérature du Midrasch que l'intervention de la Justice *(Middath haddin)* et de la Miséricorde *(Middath harachamim)*. « Au moment de créer le monde, Dieu dit : si je crée le monde avec la Miséricorde seule, les pécheurs deviendront trop nombreux; avec la Justice seule, comment pourrait-il subsister? Je le créerai avec les deux ensemble, et puisse-t-il durer » (Gen. Rabah, 12)! Plus loin on lit dans le même texte : « Lorsque Dieu créa l'homme, il le fit avec la Justice et la Miséricorde et, quand il le chassa du Paradis, ce fut encore avec la Justice et la Miséricorde » *(ibid., 21)*.

Les chrétiens transformèrent cette allégorie et la rattachèrent aux légendes relatives à la venue de Christ. Ils imaginèrent un procès entre Justice et Miséricorde, à l'issue duquel Dieu promettait au monde un Messie. L'importance que prit bientôt le culte de la Vierge fit donner un rôle dans ce procès à la mère du Sauveur; ce fut aux prières et aux instances de Marie qu'on attribua la victoire remportée par la Miséricorde sur la Justice; telle fut l'origine de la composition mystique célèbre au moyen âge sous le nom d'*Advocatie Nostre Dame* [1].

---

1. Une pièce bien connue, qui figure dans les œuvres de Bartole, bien qu'elle ne soit peut-être pas de lui, contient le développement de la même idée. C'est un procès plaidé devant le Christ

Dans le *Viel Testament,* le procès de Paradis est présenté sous sa forme la plus simple ; dans d'autres mystères, au contraire, on y a introduit un appareil plus solennel. Eustache Mercadé, l'auteur d'un *Mistére de la Passion* représenté à Arras vers 1440, a fait intervenir, à côté des personnages principaux, Vérité, Charité, Sapience, Gabriel, Michel, Raphaël et Uriel [1]. Un mystère anonyme, qui paraît être de la fin du xve siècle, *Le Procès que a fait Misericorde contre Justice pour la redemption humaine* [2], a poussé plus loin encore l'amplification. Outre les personnages que Mercadé fait parler, on y voit figurer des êtres allégoriques, la Terre, l'Un, l'Autre, puis les prophètes Adam, Ézéchiel, Jérémie, David, Isaïe,

---

par le Diable et par la Vierge, au sujet de la rédemption du genre humain. L'auteur de cette pièce en a fait un modèle de procédure, que l'on peut rapprocher des *Arrests d'Amour* de Martial d'Auvergne. Voy. les éditions citées par Brunet, I, 681.

A côté du procès attribué à Bartole, il convient de citer le *Processus Belial contra Christum*, composé par Jacques de Teramo, évêque de Tarente, vers la fin du xive siècle et imprimé, dès l'année 1483, dans le *Compendium perbreve, Consolatio Peccatorum nuncupatum*. Les deux traités que nous venons de rappeler furent très-répandus à la fin du moyen-âge, comme le prouvent diverses traductions en langue vulgaire (voy. en particulier, sur les traductions allemandes, Tittmann, *Schauspiele aus dem sechzehnten Jahrhundert;* Leipzig, 1868, pet. in-8, I, xxxiij), et les auteurs de mystères ne manquèrent pas de s'en inspirer. Le Procès de Bélial a été intercalé à l'aide de cartons dans certains exemplaires du *Mistére des Actes des Apôtres*, éd. de 1538, in-fol. (voy. Brunet, III, 1977 et le Catal. Didot, 1878, n° 435). Des scènes dramatiques semblables se retrouvent en Danemark et en Suède. (Voy. Klemming, *Sveriges dramatiska Litteratur*, p. 10.)

1. Vallet de Viriville, *Bibl. de l'Ecole des Chartes*, V (1843), 37.
2. Bibl. nat., Y. 4552. A, Rés.

enfin Joseph, Notre-Dame et Élisabeth. Le procès de Paradis se trouve ainsi réuni à la représentation des prophètes du Christ; il en est de même, dans la seconde journée du grand *Mistére de la Passion,* dont le ms. est conservé à la Bibl. de Valenciennes [1]. La scène, extrêmement développée dans ce drame, est réduite au contraire à quelques rapides indications dans le *Mistére de la Conception, Nativité, Mariage et Annonciation de la benoiste Vierge Marie.* Cette représentation mystique resta en honneur aussi longtemps qu'on joua des mystères. Au commencement du XVIIe siècle, on est surpris de voir un prêtre de Dinant, Pierre Bello, arranger le procès de Paradis pour en faire un exercice de collège [2].

A l'étranger, nous connaissons sur le même sujet un mystère néerlandais et un mystère russe. Le drame néerlandais, *Die eerste Bliscap van Maria,* porte la date de 1444; il ne compte pas moins de 37 personnages et les scènes en sont encore plus développées que celles du mystère français de Mercadé et celles du *Procès que a fait Misericorde* [3].

---

1. N° 560 (Mangeart, n° 421).

2. *Procez et Appointement de la Justice et Misericorde divine au parquet de Dieu sur la redemption du genre humain;* Namur, 1634, in-12 (réimpr. à Bruxelles, 1874, in-8).

3. Willems, *Belgisch Museum voor de nederduitsche Tael-en Letterkunde,* IX (Gent, 1845, in-8), 37; — Moltzer, *De middelnederlandsche dramatische Poëzie* (Groningen, 1876, in-8), 329.

Deux pièces, dont nous ne connaissons que les titres, ne sont peut-être pas sans rapport avec le procès de Paradis : l'une jouée à Grammont (Belgique) en 1548, était intitulée *'t Spel van Missias* (Vander Straeten, *le Théâtre villageois en Flandre;* Bruxelles 1874, in-8, 15); l'autre, *'s Menschdoms Val en Verlossing,* n°

Le mystère russe, qui porte le titre de *Zalostnaja Komedija ob Adamê i Evvê,* a été représenté à Moscou, par la troupe de Gregorij, en 1674. Au moment où la France applaudissait aux productions de Molière et de Racine, la Russie, restée de deux siècles en arrière, en était encore au drame du moyen âge. La « Comédie pitoyable d'Adam et d'Ève » reproduit avec une étonnante fidélité nos anciennes compositions dramatiques. Sans parler du prologue, on y voit figurer Adam, Ève, Uriel, Raphaël, Gabriel, Michel, Vérité, Miséricorde, Justice, le Monde, le Serpent, Dieu-le-Père et Dieu-le-Fils. Les développements donnés au procès de Paradis sont tout à fait analogues à ceux qui lui ont été prêtés sur notre théâtre [1]. Il est du reste établi que Gregorij a suivi pas à pas des mystères allemands, inspirés eux-mêmes par les mystères français [2].

---

remonte qu'à l'année 1806; c'était l'œuvre d'un écrivain populaire appelé Augustin-Eugène Poele *(ibid.,* 130).

1. Tihonravov, *Stari Teatr v Rossij* (Moskva, 1875, gr. in-8), I, 243.
2. Cf. Alexis Wesselofsky, *Deutsche Einflüsse auf das alte russische Theater* (Prag, 1876, in-8), 23.

IV

(V 1883-2684.)

[DES SACRIFICES CAYN ET ABEL.]

Personnages.

Adam,
Éve,
Cayn,
Calmana,
5 Abel,
Delbora,
Enoch,
Irard,
Justice,
10 Misericorde,
Dieu.

Notre n° IV est le développement des versets 1-7 du chapitre IV de la Genèse, mais il n'est pas question dans le texte sacré des femmes de Caïn et d'Abel. C'est aux premiers exégètes de la Bible qu'il faut demander des détails sur le mariage des fils d'Adam. On lit dans le *Pirké Eliezer*, livre composé par un disciple de Jochanan fils de Salaï, quelques années après l'ère chrétienne (ch. XXI): « Rabbi Micha dit: Lorsque Caïn naquit, en même temps que lui naquit une sœur jumelle; de même pour Abel. » Rabbi Ismaïl lui objecta le passage du Lévitique (XX, 17), où il est dit que « un homme n'épousera pas la fille de son père ou de sa mère », mais le rabbin répondit qu'il n'y avait pas alors d'autre femme dans le monde et que, par exception, Dieu avait permis des mariages qui eussent été considérés plus tard comme incestueux. Le *Midrasch* [1], le *Talmud* de Jérusalem [2], le *Talmud* de Babylone [3] disent également que Caïn et Abel épousèrent leurs sœurs et s'attachent à démontrer que cette union était nécessaire. L'auteur du *Mistére* rappelle de même la parole de Dieu ordonnant aux hommes de se multiplier (voy. v. 1888-1890). On remarquera que, d'après lui, le mariage de Caïn et de Calmana eut lieu avant la naissance d'Abel et de Deborah (voy. v. 1886-1887). Ce détail paraît dériver des prophéties du faux Methodius; il en est de même des noms de Calmana et de Delbora donnés aux femmes de Caïn et d'Abel. Voici, d'après la rédaction latine, le passage de Methodius qui y fait allusion :

« Sciendum est quod exeuntes Adam et Eva de Paradiso virgines fuerint. Anno autem tricesimo expulsionis eorum de Paradiso genuerunt Caïn primogenitum et sororem ejus Calmanam, et post tricesimum alium annum prepererunt Abel et sororem ejus Debboram. Anno autem tricessimo centesimo vitae Adae occidit Cain fratrem suum, et fecerunt planctum super eum Adam quoque et Eva annis centum [4]. »

L'épisode des sacrifices de Caïn et d'Abel n'a jamais été séparé par les auteurs de mystères de la mort d'Abel; nous n'avons introduit ici une divi-

---

[1]. *Midrasch Rabba*, 22.
[2]. *Jebamoth*, xi, 1.
[3]. *Sanhedrin*, fol. 58 a; *Jebamoth*, 62.
[4]. Methodius junior, cité par Fabricius, *Codex pseudepigraphus veteris Testamenti*, ed. II. (Hamburg, 1722-1741, in-8), I, 109.

sion que pour faciliter la lecture. Les pièces françaises et étrangères citées au chapitre V se rapportent donc en même temps au chapitre IV.

V

(V. 2685-3223.)

[DE LA MORT D'ABEL ET DE LA MALEDICTION CAYN.]

Personnages.

Adam,	Misericorde,
Éve,	Delbora,
Cayn,	Calmana,
La Voix du Sang,	10 Enoch,
5 Justice,	Irard.
Dieu,	

Développement des versets 8-18 du chapitre IV de la Genèse. Indépendamment des personnages cités dans la Bible, l'auteur a introduit dans l'action les femmes de Caïn et d'Abel, deux fils de Caïn, Enoch et Irard, deux personnages moralisés, Justice et Misericorde, qui ont déjà paru dans le *Procès de Paradis,* enfin la Voix du Sang. Ce dernier rôle était sans doute confié à un acteur caché aux yeux du public.

A la fin du chapitre, le poète a dû se prononcer sur une question qui donna lieu au moyen âge à d'innombrables controverses, celle de la nature du signe dont Caïn fut marqué de Dieu après son crime. Le meurtrier est condamné à trembler pendant toute sa vie (voy. v. 2864).

Les représentations de la *Mort d'Abel* qui nous sont connues ne remontent qu'à la seconde moitié du xvie siècle.

Denis Généroux, notaire à Parthenay, dit dans son curieux *Journal* [1], à la date du 10 juin 1571 : « Je fis jouer, au carrefour de la croix du Marchioux de Parthenay, la *Tragedie ou Histoire d'Abel tué par Caïn, son frère*. Pierre Panthou jouoit *Adam* ; Claude Moyet, *Ève* ; messire Nicolas du Gué, *Dieu* ; Jacques Barenger, clergeon, *Misericorde* ; et un barbier angevin, *Justice*. » Ces indications nous donnent lieu de penser que Généroux n'avait pas composé une pièce nouvelle, mais s'était borné à mettre en scène un fragment du *Viel Testament*. Les personnages qui viennent d'être énumérés se retrouvent tous dans notre mystère. Les rôles de Misericorde et de Justice sont particulièrement caractéristiques.

Vers la même époque, la mort d'Abel fut également transportée sur le théâtre par un prêtre normand, Thomas Lecoq, curé de l'église de la Trinité de Falaise [2]. Les historiens du théâtre, Beauchamps et La Vallière, ont parlé assez dédaigneusement de cette pièce, qu'un auteur moderne a voulu tirer de

---

1. *Journal historique de Denis Généroux, notaire à Parthenay (1566-1576), publié par M. B. Ledain* ; Niort, 1865, in-8.

2. *Tragedie representant l'odieus et sanglant meurtre commis par le maudit Caïn, à l'encontre de son frère Abel, extraicte du 4e chap. de Genèse* ; à Paris, par Nicolas Bonfons, s. d. [vers 1575], in-8 (Bibl. nat., Y. 5576. A (1). Rés.)

l'oubli. M. Sepet a consacré à Lecoq et à son œuvre un article des plus élogieux [1]; il a vu dans le *Meurtre commis par le maudit Caïn* toutes sortes de mérites, et n'a pas manqué d'accuser les critiques du xviiie siècle d'ignorance ou tout au moins de légèreté. Comment M. Sepet ne s'est-il pas aperçu du plagiat dont Lecoq s'est rendu coupable? Cet auteur s'est, en effet, borné à remanier, avec quelques développements personnels, un fragment du *Viel Testament*. Il suffit, pour s'en convaincre, de comparer au hasard quelques vers des deux drames [2]. Certains passages ont été copiés littéralement dans notre mystère, par exemple, les suivants :

<pre>
              Le voyla mort;
              Il en est faict!
      735   Soit droict ou tort
              Le voyla mort.
              Il saigne fort;
              Qu'il est deffaict!
              Le voyla mort;
      740   Il en est faict!
          Toutesfois, pour que le meffaict
          Soit plus tardif à descouvrir,
          Il me convient ce sang couvrir,
          Qu'aucun n'en ayt appercevance.
                    Viel Test., v. 2738-2749.
</pre>

Bien que la *Tragedie* de Lecoq ne soit qu'un re-

---

1. *Le Drame chrétien au moyen âge* (Paris, 1878, in-12), 283.

2. L'édition originale de la pièce de Lecoq étant de la plus grande rareté, on pourra se reporter aux extraits qu'en ont donnés MM. Darmstetter et Hatzfeld (*Le seizième Siècle en France;* Paris, 1878, in-8, 320).

maniement assez médiocre, elle est encore très-supérieure à la pièce composée sur le même sujet, vers 1600, par un autre poète normand, Ville Toustain [1]. Ce dernier auteur, qui a pris les choses de plus loin et est remonté jusqu'à la création, a cru s'élever au-dessus de ses devanciers en n'employant que des alexandrins d'une allure lourde et pénible, et en mêlant au récit biblique la mythologie païenne; il n'a réussi qu'à rendre sa pièce absolument illisible.

En Italie, on cite une *Rappresentazione di Abel e di Caino,* imprimée à Florence en 1554, mais probablement plus ancienne [2].

En Espagne, nous rencontrons un *Auto de Abel y Cain,* de Maestro Ferruz [3], dont les acteurs sont: Abel, Caïn, Dieu-le-Père, Envie, Péché, Lucifer, la Mort et quatre personnages qui traînent la Mort, puis une pièce intitulée *El justo Abel,* mentionnée par Lope de Vega dans sa *Loa sacramental de los títulos de las comedias* [4].

En Portugal, Jean Vaz fit représenter à Evora, vers la fin du XVIe siècle, une *Historia de Abel é Caim,* destinée à l'édification des fidèles pendant une procession du Saint-Sacrement [5].

---

1. *Tragedie de la Naissance ou Creation du Monde, où se void de belles descriptions des animaux, oiseaux, poissons, fleurs et autres choses rares, qui virent le jour à la naissance de l'Univers; par le sieur Ville-Toustain*; à Rouen, chez Abraham Cousturier, s. d. [vers 1600], pet. in-8. (Bibl. nat., Y. 5616, Rés.)

2. Allaci, *Drammaturgia* (Venezia, 1755, in-4, 2; Colomb de Batines *Bibliografia delle Rappresentazioni*, 60.

3. La Barrera, *Catálogo*, 159 b.

4. *Ibid.*, 557 b.

5. *Ibid.*, 418 b.

En Angleterre, la mort d'Abel *(Mactatio Abel)* fait le sujet d'un des mystères contenus dans le ms. de Towneley [1] ; elle fait également partie du *Ludus Coventriae* [2] et des *Chester Plays* [3]. Les auteurs des deux premières compilations dramatiques n'ont introduit sur la scène que quatre personnages ; l'auteur de la troisième, au contraire, en a fait paraître un beaucoup plus grand nombre ; il est vrai qu'il a fondu dans un seul mystère l'histoire de la création et de la chute de l'homme, et l'histoire de Caïn et d'Abel. Lord Byron, frappé de l'effet puissant du drame biblique, a essayé de le transporter de nouveau sur le théâtre, tout en lui conservant le caractère de simplicité que lui avaient imprimé les poètes naïfs du xve siècle [4].

En Allemagne, la querelle des deux frères a été brièvement traitée par Arnold Immessen [5] ; Hans Sachs lui a donné le développement d'une tragédie moderne [6] ; elle a été plus tard mise sur la scène par Zach. Zahn [7], Michel Johansen (Janse-

---

1. *Towneley Mysteries*, 8-19, n° II.
2. *Ludus Coventriae*, 33-39, n° III.
3. *Chester Plays*, 20-44, n° II.
4. *Sardanapalus, a Tragedy; The Two Foscari, a Tragedy; Cain, a Mystery,* by the right honourable Lord Byron; London, 1821, in-8.
5. *Der Sündenfall*, v. 1195-1321.
6. *Comedie : die ungleichen Kinder Eve, wie sie Gott, der Herr, anredt.* Hans Sachs, éd. Keller, I, 53-87.
7. *Tragedia Fratricidii, wie Cain und Abel Opfer thaten und darüber unwillig worden;* Mühlhausen, 1590, in-8.

nius) [1] et Marguerite Klopstock [2]. Jérôme Ziegler a écrit une pièce latine sur le même sujet [3].

En Danemark, Hegelund est l'auteur d'un drame *Om Abel og Kain* [4].

VI

(V. 3224-3698.)

[DE LA MORT DE ÈVE.]

Personnages.

Eve,	Seth,
Adam,	Enos,
Enoch,	Caynan,
Irard,	10 Noé,
5 Cayn,	Delbora,
Lameth, qui tua Cayn,	Calmana,

L'auteur intervertit dans ce chapitre et dans le suivant l'ordre du texte sacré. La Genèse (IV, 19-24), place l'histoire de Lameth et de ses femmes avant la

---

1. *Von Cain, dem Bruder-Mörder, geistliches Trauerspiel;* Hamburg, 1652, in-8.

2. *Der Tod Abels,* publié dans ses *Hieterlassene Schriften* (Hamburg, 1759, in-8), 47-70.

3. *Abel justus, tragoedia nova, argumento tamen ex Veteri Testamento sumpto, nunc primum scripta, edita et acta;* Ingolstadii, 1599, in-4.

4. Wilken, dans l'*Archiv für Litteraturgeschichte hrsgg. von Dr. Richard Gosche,* II (Leipzig, 1872, in-8), 475.

mort d'Adam et d'Ève et même avant la naissance de
Seth. Nous avons déjà dit [1] que, dans la *Création* qui
précède le *Mistére de la Passion* de Troyes, les événements sont présentés d'une manière plus conforme
au récit de la Bible.

VII

(V. 3699-4291.)

[DE LA MORT D'ADAM.]

Personnages.

Enoch,	Misericorde,
Noé,	Justice,
Lameth,	Dieu,
Adam,	10 Enos,
5 Seth,	Caynam,
Cherubin,	Noé.

La mission confiée par Adam à son fils Seth et
l'histoire des trois grains qui doivent être placés dans
la bouche du premier homme appartiennent à une
légende fort ancienne. Cette légende dérive d'un livre
apocryphe, célèbre au moyen âge sous le titre de *Pénitence d'Adam* et dont les principaux traits se retrouvent dans les diverses rédactions de la *Vie de
Nostre Seigneur Jhesu Christ* [2], dans l'*Ymaige du*

---

1. Voy. ci-dessus, p. xliv.
2. Voy. Migne, *Dictionnaire des apocryphes*, I, 387.

Monde [1], etc. Nous ne pouvons mieux faire que de reproduire l'analyse qu'en a donnée M. Paul Meyer [2] :

« Adam et Ève ont été chassés de l'Éden ; ils se sont imposé une sévère pénitence. Enfin, accablé d'années et sentant sa fin approcher, le premier homme envoie son fils Seth demander au chérubin qui garde la porte du Paradis un peu d'une huile de miséricorde qui lui a été promise après sa faute ; cette huile se trouve n'être autre chose que le fils de Dieu, l'enfant Jésus, que Seth aperçoit du haut d'un arbre et qui viendra racheter l'univers. L'ange remet à Seth trois pépins de la pomme à laquelle Adam avait mordu, lui recommandant de les placer dans la bouche de son père lorsque celui-ci aura rendu le dernier soupir. Adam meurt, et Ève le suit de près ; Seth obéit. Les trois pépins germent et se développent lentement. Au temps de Moïse, ils avaient produit trois verges. Moïse les coupe, s'en sert pour opérer des miracles, et, avant de mourir, les plante sur le mont Thabor. David les coupe à son tour et les replante. A ce moment, elles viennent à ne plus former qu'un seul arbre d'une grandeur énorme. Salomon veut en faire la maîtresse poutre de son temple, mais en vain ; quoiqu'on fasse, l'arbre se trouve toujours trop grand ou trop petit. Le roi le fait placer honorablement dans le temple. Un jour, une femme, Maximilla, vient s'y asseoir, et ses vêtements prennent feu aussitôt. Saisie d'un transport prophétique, elle annonce que, sur ce

---

3. *Comment Adam envoia Seth son fil au Paradis terrestre.*
4. *Revue critique*, I, 1, 221.

bois, Dieu sera crucifié. On crie au blasphème, et on la fait mourir. En effet, c'est en vain qu'on essaye par divers moyens de détruire l'arbre; il subsiste toujours et devient le bois de la croix. »

On ne trouve pas dans le *Viel Testament* le développement complet de la légende; nous avons dit que l'histoire de Moïse et celle de David y sont singulièrement écourtées. La reine de Saba fait, il est vrai, allusion à la poutre du temple, lors de la visite qu'elle rend à Salomon, mais ensuite il n'est plus question des trois grains. L'aventure de Maximilla est passée complètement sous silence. Il y a dans ces inconséquences une nouvelle preuve que le *Viel Testament* n'est pas l'œuvre d'un même auteur.

En Allemagne, Arnold Immessen a mis en scène le voyage de Seth et la mort d'Adam; mais il s'éloigne beaucoup de notre mystère. Adam meurt avant Ève, et, au moment où Seth met son père au tombeau, les diables emportent Adam en enfer [1] : *Hic ducitur Adam a diabulis ad infernum.*

Au XVIIIe siècle, Klopstock [2] et J. J. Bodmer [3] ont composé de nouveaux drames sur le même sujet.

1. *Sündenfall*, v. 1322-1694.
2. *Der Tod Adams;* Copenhagen und Leipzig, 1757 et 1758, in-8; Berlin, 1766, in-8. La pièce de Klopstock a été mise en vers par Gleim (1767, in-8).
3. *Der Tod des ersten Menschen und die Thorheiten des weisen Königs, zwey religiöse Dramen;* Zürich, 1776, in-8.

VIII

(V. 4292-4969.)

[De Lameth qui tua Cayn.]

Personnages.

Cayn,
Calmana,
Enoch,
Irad,
5 Lameth, qui tua Cayn,
Cayn,
Seth,

Enos,
Caynam,
10 Enoch, qui fut ravy,
Sella,
Ada,
Tubal Cayn,
Tubal.

Ce chapitre présente deux séries de faits bien distincts : d'abord l'enterrement d'Adam et la séparation de ses descendants (versets 1 à 20 du chapitre v de la Genèse); puis la mort de Caïn, que Lameth, devenu aveugle, tue par accident à la chasse, et celle de Tubal Caïn, sur qui retombe la colère de Lameth. Cette seconde partie, développement légendaire des versets 23 et 24 du chapitre iv de la Genèse, dérive d'une *aggada* juive, qui se trouve aussi dans le *Yalkout* (1, 38). Nicolas de Lire cite cette légende en même temps qu'une explication différente du même texte donnée par Raschi [1].

---

[1]. Voy. Siegfried, dans l'*Archiv für wissenschaftliche Erforschung des alten Testamentes*, I, 439.

IX
(V. 4970-5649.)

[Des Causes du deluge et d'Enoch qui fut ravy.]

Personnages.

   Caynam,
   Irard,
   Sella,
   Noema,
5 Justice,
   Dieu,
   Misericorde,
   Noé,
   Phuarfara,
10 Sem,
   Persia.

   Cam,
   Cathaflua,
   Japhet,
15 Fliva,
   Malalael,
   Jareth,
   Mathusael,
   Ada,
20 Enoch, qûi fut ravy,
   L'Ange.

Les causes du déluge et les ordres donnés par le Seigneur à Noé pour la construction de l'arche occupent le chapitre vi de la Genèse. Quant à l'histoire d'Enoch, qui fut ravi, c'est le développement des v. 23 et 24 du chapitre v : « Et facti sunt omnes dies Enoch trecenti sexaginta quinque anni; — Ambulavitque cum Deo et non apparuit, quod tulit eum Deus. » Sur ce dernier membre de phrase, on lit dans Nicolas de Lire : « Dicunt Judei [1] quod, licet esset justus et

---

1. Cette explication est celle que donne Raschi. Voy. Siegfried, *Archiv*, I, 441.

bonus, tamen habebat pronitates magnas ad malum, quibus cum difficultate summa resistebat, et ideo ex divina providentia mortuus est ante terminum vite sue naturalis, ne laberetur in peccatum, secundum quod dicit Sapientia iiii°: *Justus si morte preoccupatus fuerit in refrigerio erit,* etc. Et sequenter raptus est ne malicia mutaret animum ejus. Doctores autem catholici dicunt quod propter excellentiam sue virtutis assumptus fuit a Deo et positus in Paradiso terrestri, ubi et Helyas postea raptus est, ut habetur iiii° Re[g]. ii° c., et inde exituri sunt ad predicandum contra perfidiam Antichristi, et hoc magis videtur sonare littera, quod de ipso non dicitur quod sit mortuus sicut de aliis, sed quod non apparuit. »

Notre *Mistére* (v. 5464-5475) adopte la version chrétienne, bien qu'il ne fasse pas mention d'Hélie.

Notre texte soulève une difficulté que nous ne sommes pas parvenus à résoudre. D'où l'auteur a-t-il pris le nom de Phuarfara, qu'il donne à la femme de Noé, et ceux de Persia, Cathaflua et Fliva qu'il applique aux belles-filles du patriarche? Il est très-probable qu'il n'a pas inventé ces noms et qu'il les a tirés de quelque livre apocryphe, mais nous les avons cherchés vainement dans Fabricius et dans le Dictionnaire de M. Gustave Brunet.

Nous avons eu l'occasion de remarquer au début de notre introduction que le *Mistére de la Passion,* conservé en ms. à la Bibliothèque municipale de Valenciennes, mystère qui est de la fin du xve siècle, est postérieur au *Viel Testament;* nous trouvons ici la preuve de cette assertion. Voici, d'après le ms. de Valenciennes, la scène des « causes du déluge »; on la rapprochera des v. 5312-5340 du *Viel Testament*. Les vers ou fragments de vers imprimés en italiques sont les mêmes dans les deux textes :

     Le 1ᵉʳ Filz de Dieu
  Frére, oncques tant ne tindrent gommes
  Aux arbres que [je] sens fichier,
1025 Dont nuict et jour je pers mes sommes,
  Mon cœur en ces filles que ay cher.
     Le IIᵉ Filz de Dieu
  Cela nous polroit couster cher.
  Vous sçavez que filz de Seth sommes,
  Et sy sçavons pour toutes sommes
1030 *Que Adam a dict a nostre pére*
  Que nous luy ferons vitupére
  De nous mesler parmy les filles
  De Cayn.
     Le IIIᵉ Filz de Dieu
    Tant les voy *gentilles*
  Que de leur amour suis ravis; fol. 16 a
1035 *Jamais ne seray assouffis*
  Jusques a ce que, a mon plaisir,
  En elle face mon desir
  Pour acomplir ma volunté.
     Le IIᵉ Filz
  Or sus donc, *soit diligenté;*
1040 *Par devers icelles allons.*
     Le 1ᵉʳ Filz
  Sy nostre vœul faire volons
  De ces mignonnes gracieuses,
  Elles seront touttes joyeuses,
  Ainsy comme je le pretens.

LE PREMIÉRE FILLES DES HOMMES
Les filz de Seth, comme je entendz, 1045
Ont mis leurs cœurs a nous aimer.
LE IIe FILLES DES HOMMES
Puis qu'il nous vœullent reclamer
Et en amour nous introduire,
Point ne les debvons escondire;
Ce sont beaulx hommes et honnestes 1050
LE IIIe FILLES DES HOMMES
En effect, sy vous estes prestes
D'acomplir le charnel desir
Avœcque eux pour vostre plaisir,
Ainsy que vous suyvray les sentes.

Ilz viennent vers les Filles.
LE Ier FILZ
Ça, filles gracyeuse et gentes, 1055
Digne de honnorer en tous lieulx,
Vos yeulx tresperchent les millieux
De noz cœurs et de noz pensées.
LA PREMIÉRE FILLE
Au monde ne avons esté nées
Pour estre allyées a vous; 1060
Se ne debvons estre sornées
De voz motz gracyeulx et doux. ...

X
(V. 5650-6166.)

[Du Deluge.]

Personnages.

Noé,	Cathaflua,	Malalael,
Sem,	Fliva,	Jareth,
Phuarphara,	Dieu,	15 Mathusael,
Cham,	10 Jubal,	Noema,
5 Japhet,	Tubal,	Ada,
Persia,	Irard,	Sella.

L'auteur de cette division suit avec une grande fidélité les chapitres vii et viii de la Genèse. La séparation des sexes, prescrite par Noé à ses enfants (v. 5831 et suiv.), est une interprétation libre du v. 18 du chapitre vi, interprétation donnée déjà par les anciens docteurs juifs [1]. La remarque faite par Noé, au moment de la sortie de l'arche, que l'on est au premier jour de mai (v. 6141) a de même un fondement dans le texte sacré. On lit, en effet, dans la Genèse (viii, 13) : « Ce fut dans la 601ᵉ année, le premier mois, le premier jour du mois ; les eaux étaient desséchées sur la terre, et Noé enleva la couverture de l'arche. » Les talmudistes ne sont nullement d'ac-

---

[1]. Voy. le *Pirké Rabbi Eliezer*, ch. xxiii.

cord sur ce « premier » mois, mais un auteur français du xve siècle n'avait pas à tenir compte de leurs controverses. Pour lui, le premier mois devait être le mois de mai, puisque l'année commençait à Pâques, et que Pâques tombait le plus souvent au mois d'avril.

L'histoire des colonnes que les hommes élèvent pour y renfermer les sciences et les soustraire au déluge (v. 5783-5810) est tirée de Josèphe [1] et se retrouve dans un grand nombre d'auteurs indiqués par Fabricius [2]. Parmi les œuvres du moyen âge qui ont particulièrement contribué à rendre cette tradition populaire, il faut citer l'*Ymaige du Monde* de Gaultier de Metz [3].

Le déluge était représenté avec un grand luxe de décors et d'accessoires. L'auteur de notre mystère qui nous donne quelques détails à cet égard [4], ne dit malheureusement pas si le théâtre était inondé ou si l'on avait, comme aujourd'hui, recours à de simples toiles peintes.

En Espagne, La Barrera cite une pièce intitulée : *L'Arca de Noé,* œuvre de trois écrivains anonymes : Cancer, Martinez de Meneses et Rosete.

Le sujet du déluge a plus souvent inspiré les musiciens que les dramaturges. Nous n'avons à parler ici ni des opéras, ni des oratorios qui en ont été tirés;

---

1. *Antiq.*, I, II.
2. *Codex pseudepigr. Vet. Testamenti*, I, 148; II, 51.
3. Voy. le chapitre intitulé : *Comment les arcs furent sauvées por le deluge*, v. 937-970.
4. Voy. la note qui suit le v. 5911.

Nous nous bornerons à citer le *Deluge* d'Hugues de Pivre (1643) [1].

Les trois mystères anglais dans lesquels nous trouvons un abrégé de l'Ancien Testament, n'ont pas omis la scène du déluge, mais ils l'ont traitée d'une manière toute différente [2]. Les pièces anglaises s'accordent cependant sur un point ; elles n'ont admis aucun des noms légendaires donnés aux femmes de Noé et de ses fils.

En Flandre, nous avons à citer un *Spel van Noach*, représenté à Meulebeck, vers 1569 [3].

Quant à l'auteur du *Sündenfall*, il a réduit toute l'histoire de Noé à 192 vers [4].

---

1. *Le Deluge universel, tragedie en cinq actes et en vers, par Hugues de Pivre, avocat* ; Paris, 1643, in-8.
2. *Towneley Mysteries*, 20-34, n° III. — *Ludus Coventriae*, 40-48, n° IV. — *Chester Plays*, I, 45-56, n° III. — Cette dernière pièce avait été publiée une première fois par M. James Heywood, aux frais du Roxburghe Club, en 1819.
3. Vander Straeten, *Le Théâtre villageois en Flandre*, I, 271.
4. V. 1695-1887.

XI
(V. 6167-6607.)

[De Noé et de son Sacrifice; de la Malediction Cham.]

Personnages.

Noé,	Fliva,	Nembroth,
Phuarfara,	Cham,	Chus,
Sem,	Japhet,	Jetram.
Persia,	Dieu,	
5 Cathaflua,	10 Chanaam,	

L'auteur suit ici pas à pas le chapitre ix de la Genèse, et met naïvement sur la scène l'histoire de l'ivresse de Noé : *Icy boyt Noé, et puis s'en dort tout descouvert* (p. 248). Le poète ne parle pas de la mort du patriarche; il passe directement à l'épisode de la tour de Babel.

XII

(V. 6608-6888.)

De la Tour Babel.]

Personnages.

Casse Tuilleau,	Nembroth,
Gaste Bois,	Chanaam,
Cul Esventé,	Justice,
Pille Mortier,	Misericorde,
5 Chus,	10 Dieu.

Voici la scène populaire qui a tant choqué M. Sainte-Beuve, mais qui nous paraît si curieuse [1]. Les discours des personnages engagés par Nemrod nous montrent que les ouvriers du xve siècle avaient les mêmes habitudes et parlaient le même langage que les nôtres.

Nous avons vainement essayé de trouver un sens aux paroles prononcées par les maçons et les charpentiers au moment où se produit la confusion des langues (v. 6861-6876); un seul passage paraît être de l'italien corrompu.

Le sujet de la tour de Babel n'a guère inspiré qu'un auteur espagnol Antonio Enriquez Gomez, qui a

---

1. Voy. ci-dessus, p. xix.

composé la *Torre de Babilonia* [1] et *la Soberbia de Nembrot y primero Rey del mundo* [2].

XIII

(V. 6889-7144.)

[Des Caldiens qui adorent le feu, et de la Mort Aram.]

Personnages.

Ninus, filz de Bellus,
Nembroth,
Chus,
Jetran,
5 Chanaam,

Tharé, pére Abraham,
Abram,
Aran,
Nacor,
10 Loth.

Nous avons indiqué déjà [3] la raison toute matérielle qui nous fait croire que ce chapitre et le suivant n'ont pas été composés par le même auteur que les chapitre xv et xvi.

L'histoire de Ninus et de Nemrod n'a aucun fondement dans la Bible, qui ne parle pas du premier, et qui dit simplement du second qu'il « commença d'être puissant sur la terre, et fut un fort chasseur devant l'Eternel; » que le commencement de son rè-

---

1. La première partie seule a paru en 1647 et 1670. La Barrera, *Catálogo*, 140 a.
2. Ms. dans la bibliothèque de lord Holland. La Barrera, 141 a.
3. Voy. ci-dessus, p. vj.

gne fut Babel, Erec, Accad et Calné au pays de Scinhar; qu'il pénétra en Assyrie et fonda Ninive, Calah et Résen (Gen., x, 8-12). La tradition suivie par le poète remonte cependant aux premiers siècles du christianisme. Saint Cyrille [1] rapporte que Bélus construisit le premier des temples païens, et que son fils Ninus lui éleva des autels ; c'est, d'autre part, à Ninus que Jean Chrysostôme [2], saint Jérôme [3], et plusieurs autres pères attribuent la fondation de Ninive; il en résulte que, parmi les anciens interprètes de la Bible, les uns ont fait de Bélus et de Nemrod deux princes alliés pour le mal, les autres, au contraire, les ont confondus en un même personnage.

Quant aux détails relatifs à la mort d'Aran et à la délivrance miraculeuse d'Abram, c'est dans les légendes juives qu'il faut en chercher l'origine. M. Beer a réuni sur ce point les documents les plus précieux, et montré que saint Jérôme et saint Augustin avaient déjà connaissance de la tradition midraschique [4]. En passant des juifs aux chrétiens, la légende s'est notablement simplifiée ; les traits généraux seuls en ont été conservés.

1. *In Julianum*, III.
2. *Hom.* xxix *in Genesin*.
3. *In Tradit. Hebraeorum in Genesin*, ed. Migne, II-III, 953.
4. *Leben Abraham's nach Auffassung der jüdischen Sage, mit erläuternden Anmerkungen und Nachweisungen von Dr. B. Beer* (Leipzig, 1859, in-8), 14-19, 112.

XIV

(V. 7145-7861.)

[DE ABRAM QUI S'EN VA EN EGIPTE.]

Personnages.

Cordelamor, roi de Sodome,
Centurion des Elamites,
Decurion des Elamites,
Le premier Chevaillier elamitte,
5 Le second Chevaillier elamitte.
Loth,
Chaynam,
Heber,
Abram,
10 Pharaon, premier roy d'Egipte,
Putiphar, prince des chevailliers,
Xercès, premier chevaillier d'Egipte,
Meffrès, 11ᵉ chevaillier,
Chaynam,
15 Sarra,
Misericorde,
Justice,
Dieu,
Le premier Sage Medecin,
Le second Medecin.

Cordelamor, c'est-à-dire Chodor-Laomor (GEN., XIV) et Pharaon (GEN., XII) nous apparaissent ici entourés d'un luxe de courtisans qui contraste encore plus que l'épisode de Ninus avec la simplicité des deux chapitres qui vont suivre. Ces rôles nous paraissent avoir été empruntés à quelque grand mystère, où l'action était limitée à une période de temps plus restreinte, mais où les événements étaient traités avec plus de détails.

Le voyage d'Abraham en Egypte est raconté dans la Genèse (XII, 10-20); l'auteur s'est tenu strictement au texte sacré sans y intercaler d'autres faits que ceux qui sont le développement naturel des faits rapportés par la Bible.

Le chapitre se termine par une indication curieuse : *Icy fine la jeune Sara.* Cette note signifie que Sara ne paraît plus sur la scène comme une jeune femme séduisante par sa beauté, mais comme une vieille femme stérile. Le rôle était alors rempli par un autre acteur.

XV

(V. 7862-8367.)

[DE LA GUERRE DE CORDELAMOR CONTRE LES SODOMITES ET DE LA PROESSE D'ABRAM.]

Personnages.

Loth,
Abram,
Heber,
Jetham,
5 Le premier Sodomite,
Le second Sodomite,
Le premier Gomoriste,
Le second Gomoriste,
Centurion,
10 Cordelamor,
Decurion,
Le premier Babillonien,
Le second Babillonien,
Chaynam,
15 Melchisedech,
Dieu,
Justice,
Misericorde.

La guerre des Sodomites et des Élamites, dont on

voit le début dans le chapitre précédent (v. 7402-7419), se continue dans celui-ci, mais les scènes du drame sont assez mal proportionnées. La bataille ne dure qu'un moment, et les grands officiers de Cordelamor ne jouent plus qu'un rôle assez effacé.

Les exploits d'Abraham font l'objet de plusieurs versets de la Genèse (xiv, 13-24) ; le poète ne s'en est pas éloigné ; il n'y a ajouté aucune circonstance nouvelle. A la fin de l'épisode, il a intercalé une curieuse scène dans laquelle Dieu lui-même donne à Justice et à Miséricorde une explication toute mystique des événements qui vont suivre.

XVI

(V. 8368-9364.)

[DE ABRAHAM ET SARRAY; COMMENT LES CINQ CITÉS FONDIRENT.]

Personnages.

Abram [Abraham],
Sarray [Sarra],
Agar,
L'Ange,
5 Le premier Sodomite,
Le second Sodomite,
Justice,
Misericorde,
Dieu,
10 Ceraphin,
Uryel,
Loth,
Pierra,
Ismael.

Ce chapitre pourrait être divisé en deux parties, la première (v. 8368-8892) contenant l'histoire d'Abraham et d'Agar (Gen., xvi), la seconde celle de la destruction des villes maudites (Gen., xv), mais le poète a réuni les épisodes dont il a interverti l'ordre. Les autres auteurs de mystères ou de drames religieux ont suivi une marche plus conforme au texte de la Bible; nous citerons donc séparément les pièces composées sur le patriarche et son esclave et celles qui rappellent le triste sort de Sodome et de Gomorrhe.

Bien que, d'après nos idées modernes, l'histoire d'Abraham et d'Agar ne puisse guère être considérée comme un sujet d'édification pour la jeunesse, un professeur de français, établi à Cologne, dans la seconde moitié du xvie siècle, Gérard de Vivre, eut l'idée de la transporter sur la scène et de la faire représenter par ses élèves. Sa *Comedie d'Abraham et Hagar*, qu'il fit revoir par Antoine Tyron, est écrite en prose; elle n'a guère que l'intérêt de la rareté [1].

En Italie, il est peu de pièces qui aient été aussi souvent réimprimées que la *Rappresentatione quando*

---

1. *Trois Comedies françoises de Gerard de Vivre, Gantois : la première des Amours pudiques de Theseus et Dianita ; la seconde de la Fidelité nuptiale d'une honeste matrone envers son mari et espoux ; la troisième du patriarche Abraham et sa servante Agar ; le tout pour l'utilité de la jeunesse et usage des escoles françoises, reveu et corrigé par Antoine Tyron*; Anvers, Guislain Janssens, ou Rotterdam, Jean Waesberghe, 1589, pet. in-8; — Anvers, Jansen, 1602, in-8.

Antoine Tyron est connu pour avoir traduit en français l'*Histoire de Joseph* et l'*Histoire de l'Enfant prodigue* (voy. Brunet, III, 1287). Un bibliographe du xviiie siècle a voulu lui attribuer le *Mirouer et Exemple moralle des Enfans ingratz*, mais les frères Parfaict (*Hist. du Théâtre franç.*, III, 154) ont déjà montré que cette attribution ne reposait sur aucun fondement.

Abraam cacciò Agar, sua ancilla, con Ismael, suo figliuolo [1]. En Danemarck, Rollenhagen a composé un jeu sur les divers incidents de la vie d'Abraham [2].

L'histoire de Loth a été plus souvent traitée, du moins à l'étranger, mais notre auteur lui a donné un caractère tout particulier en faisant de l'ange qui guide les pas du juste, non-seulement un précurseur du Christ, mais le Christ lui-même. Cette bizarre conception est annoncée d'avance à la fin du chapitre xv.

En Espagne, Alvaro Gubillo de Aragon a mis sur la scène le *Justo Loth* [3]; en Angleterre, les *Histories of Lot and Abraham* font partie des mystères de Chester [4].

En Belgique, on cite comme une curiosité une représentation sur ce sujet, qui eut lieu à Asper, en 1776, sous la direction de Tiburce de Groote [5], sans parler d'un drame latin de Jacques Corneille Van Lummene Van Marck [6].

En Allemagne, Mathias Meisner a composé une tragédie de Sodome et Gomorrhe, dont nous n'avons

---

1. D'Ancona, *Sacre rappresentazioni*, I, 1-39.
2. *Om Abrahams Liff oc Leffnet, en leeg Georgii Rollenhagen*. Cf. Wilken, *Archiv für Litteraturgeschichte*, II, 475.
3. La Barrera, *Catálogo*, 115 a.
4. *Chester Plays*, 1, 57-76.
5. Vander Straeten, *Le Théâtre villageois en Flandre*, I, 114.
6. *Bustum Sodomae, tragoedia sacra, autore Cornelio a Marca*; Gandavi, 1615, in-8; réimprimé dans les *Musae lacrymantes* (Duaci, 1628, in-4).
Cf. Van der Haeghen, *Bibliographie gauloise*, II, 3.

pas retrouvé le titre original et qui ne nous est connue que par une traduction tchèque de Daniel Stodolius [1]. Enfin, nous connaissons un mystère basque de la *Vocation d'Abraham,* qui compte plus de quarante personnages et qui commence par l'histoire de Loth [2].

En terminant ces notes, nous tenons à exprimer tous nos remerciements à ceux qui nous ont aidé dans notre travail, en particulier à M. le grand rabbin Zadoc Kahn, à qui nous devons la plupart de nos renseignements sur les légendes d'origine juive, renseignements dont nos lecteurs profiteront encore par la suite.

---

1. *Mathiáše Meisnera Historia Tragoedia, nowá žalostná Hraz Biblí swaté wybraná o strašliwém podwrácení Sodomy a Gomorrhy, a ob tewáni Isáka atd., nyní w český jazyk z německého přeložená od Daniele Stodolia z Pozowa;* w Starém Pražskem u Jiřího Dačického, 1586, in-8.

Cf. Jungmann, *Historie Literatury české,* p. 141.

Gottsched, Koch, Prutz, Koberstein, Godeke, Weller sont également muets sur la pièce de Mathias Meissner.

2. Ms. moderne chez M. Julien Vinson, à Bayonne (dialecte de Tardets).

LE MISTÉRE

du

VIEL TESTAMENT

S'ensuit par personnages comment Dieu, nostre souverain et puissant seigneur, crea le ciel et la terre, avecques toutes choses celestes et terriennes; ensemble aussi la Creacion de l'homme et de la femme, avecques plusieurs autres ystoires de la Bible[1]. *Et est intitulé ce present volume : le Viel Testament.*

Nota que celuy qui joue le personnage de Dieu doit estre, a ce commancement, tout seul en Paradis, jusques ad ce qu'il ait creé les Anges.

DIEU *commence*

    Pour demonstrer nostre magnificence
    Et decorer les trosnes glorieux,
    Voulons ce jour, par divine excellence,
Produire faictz divins et vertueux;
Nous qui sans per regissons les sainctz cieulx   5
En hault povoir et digne eternité,
Demonstrerons triumphes gracieux,

[1] C : *avec les hystoires de la Bible.*

Pour refulcir gloire et felicité.
Nous regnons seul, ung Dieu en trinité,
10 Sans avoir fin ne nul commencement,
Triple personne conjoincte en unité,
Les trois en ung inseparablement,
Tout ung vouloir et ung consentement
En une essence et bonté deifique,
15 Sans preceder, mais tout egallement,
Les trois sans fin joincts en vouloir unique;
Par quoy de faict pour euvre magnifique,
Comme puissant, parfaict et glorieux,
Creons le ciel qui concerne et implicque
20 En son pourpris les corps bien eureux.

Adonc se doit tirer ung ciel de couleur de feu auquel sera escript : Celum empireum.

Après, creons, pour ung bien fructueux,
Quatre elemens divers en qualitez,
Pour concurrer les effectz vertueux
Des choses basses en leurs subtillitez.
25 Premiérement, par franche agillitez,
Le feu aura la plus haulte partie,

Adoncques se doit getter grandes flambes de feu.

Et l'air après, qui tient ses limitez,
Aura sa place dessoubz luy departye;
L'eaue, en après, qui est toute espartye,
30 Sera plus bas, pour le feu esloigner,
Et puis la terre, qui est ferme establye,
Au plus bas lieu la voulons ordonner;
Puis nous convient stabilité donner
A tout le centre, en sa pleine stature,

11 C : *jointe*. — 20 C : *chascun corps bien heureux*.

A celle fin que puissons ordonner 35
Perfection en la nostre facture ;
Dont, et affin que gloire nette et pure
Soit exaulcée en ce lieu venerable,
Produirons siéges aornez par droicture,
Pour collauder le manoir honorable. 40
En oultre plus, pour bien fructifiable,
Voulons creer Anges par monarchyes
Et en ferons, en ce siégle notable
Pour refulcir, trois belles iherarchies :
En la premiére, pour joyes et melodyes, 45
Establirons les nobles Cherubins,
Pour resonner les haultz sons d'armonyes,
Acompaignez des Trosnes et Seraphins ;
En la seconde, pour leurs prochains affins,
Seront posez les Dominacions, 50
Principaultez et Puissances, enclins
A fulcir joyes et collaudacions ;
Et, en la tierce, pour fin, establirons
Virtuaultez et souverains Archanges,
Lesqueulx aussi nous acompaignerons 55
De noz aymez et bien eureux Anges.
Ainsi seront, sans faire autres eschanges,
Es lieux preveux ordonnez dignement,
En nous rendant souveraines louenges
Par tous les cieulx universellement. 60

Adoncques se doivent monstrer tous les Anges, chacun par ordre, comme dit le texte, et, au millieu d'eux, l'ange Lucifer, ayant ung grant soleil resplandissant darriére luy.

---

35 C: *puissions*. — 43 B C: *siécle*. — 56 C: *De nos bons et bien heureux Anges.*

        Levez vous, Anges, monstrez vous patemment,
        Resonans chantz de joyeux repertoire,
        Pour exaulcer le trosne excellemment
        Et premunir la monarchalle gloire.
65   Toy, Lucifer, au divin consistoire,
        Auras ce nom par grace singuliére,
        Pour demonstrer par vertus meritoire
        Que devant tous seras portant lumiére;
        Nous te donnons, de nostre amour pleniére,
70   Plus que nul autre puissant et magnifique,
        Portant en toy la clarté pure et clére,
        Resplendissant luiseur lucifericque.
        Vous autres, faitz en nature angelique,
        Collauderez nostre divinité,
75   En resonnant joyeux chantz de musique
        Pour demonstrer gloire et felicité;   2 d
        En ce manoir de haulte eternité,
        Par legions serez resplendissans,
        Pour apparoir la magnanimité
80   Ou vous serez en tous biens florissans,
        En ces haultz trosnes dignes et puissans
        Corroborant nostre exaltacion,
        Posez et mis es siéges triumphans
        Ou hault pourpris de jubilacion.

Lucefer [1], *a genoulx et les mains joinctes, et tous les*
               autres ainsi ensuivant

8   Hault empereur, sans terminacion,
        Dieu souverain, en vertus charitable,
        De vos haulx faitz ay recordacion;
        Mercy vous rens de ma creacion,
        Qui m'avez fait tant digne et vertuable;

---

64 C : *monarche.* — 69 B C : *planiére.* — 71 B : *pure et nette.* —
[1] B C: *Lucifer.*

De vous je obtiens lueur inestimable, 90
Par vostre grace et saincte amour benigne,
Et m'avez faict puissant et venerable
Comme porteur de lumiére admirable,
Resplendissant en la gloire divine.
  Michel, *a genoulx*
Dieu triomphant, sur tout puissant et digne, 95
Vray directeur de l'eternel demaine,
Grace vous rends quant par amour benigne
M'avez creé en joye tant souveraine ;
Sur tous avez essence primeraine,
Comme regent et vray gubernateur 100
A qui devons obeissance pleine.
A vous me rends de pensée pure et saine,
Comme a celuy qui a toute haulteur.
  Gabriel, *a genoulx*
Roy triumphant, souverain plasmateur,
Tout dominant en ce trosne divin, 105
Mercy vous rends comme a mon createur ;
Tant m'avez faict de plaisir et d'honneur
Que m'avez faict de vostre vueil begnin.
Je me soubmetz a vous le chef enclin
Pour decorer vostre magnificence, 110
Certifiant, de franc, loyal affin,
De moy tenir en vostre obeissance.
  Raphael, *a genoulx*
Vray createur, plein de toute puissance,
Par qui j'ay lieu en ce divin manoir,
Grace vous rends en humble reverence, 115
Moy soubmettant soubz vostre hault vouloir.
Sur tout avez preéminance et pouvoir,
Comme recteur de haulte eternité,

---

98 C : *en joye souveraine.* — 104 A : *psalmateur.* — 111 C : *de cueur loyal.* — 116 C : *submettant.* — 117 C : *povoir.* — 118 C : *hault.*

Tout regissant par ung divin sçavoir,
120 Comme regnant en vraye sublimité.
        Cherubin, *a genoulx*
Hault resplendeur, assis en magesté,
Qui seul regis totalle monarchie,
Mercy vous rends en toute humilité,
Quant par vous suis en noble iherarchye.
125 Bien devons tous resonner melodye
En chant plaisant, notable et gracieux,
Pour demonstrer celestine armonye,
En union de bien concordieux.
        Seraphin, *a genoulx*
Dieu tout puissant, divin et vertueux,
130 Que chacun doit d'honneur magnifier,
Grace vous rends, de cueur affectueux,
Que tant vous plaist nous beatifier.
Bien nous devons en joye letifier,
Pour vostre honneur et exaltacion,
135 Car nul ne peult par trop glorifier
Vostre hault nom d'inextimacion.
        Trosne, *a genoulx*
Vray Dieu, parfaict en jubilacion,
Plain de doulceur et gloire infinitive,
Mercy vous rends de ma creacion,
140 Soubz vostre essence divine et perfective.
        Puissance, *a genoulx*
Prince puissant en regence impassive,
Dont nul ne peult extimer la haultesse,
Grace vous rends par amour dilective,
Quant huy me voy en gloire de noblesse.
        Virtus, *a genoulx*
145 Dieu infiny, plain de toute sagesse,
Remply d'honneur et gloire magnificque,
Mercy vous rends de cueur en toute humblesse,

---

125 C : *raisonner.*

Pour vostre nom sur tout autre autentique.
   Dominacion, *a genoulx*
Hault createur de nature angelique,
Qui produisez toute divine gloire,   150
Grace vous rends d'entente purificque,
Quant m'avez fait grace tant meritoire.
  Le premier Ange de Lucifer, *a genoulx*
Vray Dieu sans per, ayant tout en memoire,
Seul directeur du divin firmament,
Mercy vous rends quant, pour vray tout notoire, 155
Me avez creé en ce lieu dignement.
  Le second Ange de Lucifer, *a genoulx*
Dieu sans finer, regnant divinement
En toute grace et vertus decorée,
Grace vous rends de cueur reveremment,
Quant huy me voy en gloire tant louée.   160
  Le tiers Ange de Lucifer, *a genoulx*
Prince eternel, plain de grace honorée,
A qui chacun doit toute reverence,
Mercy vous rends quant, a ceste journée,
M'avez creé en si noble excellence.
  Le IIIIe Ange de Lucifer, *a genoulx*
Vray Dieu parfait, plain de magnificence, 165
Tout augmentant en divin exercice,
Grace vous rends en humble obeissance,
Moy soubmettant soubz vostre benefice.
  Le Ve Ange de Lucifer, *a genoulx*
Souverain roy de la gloire felice,
Que chacun doit en honneur collauder,   170
Mercy vous rends de cueur sans nul obice,
Pour vostre nom en tout bien exaulcer.
  Le VIe Ange de Lucifer, *a genoulx*
Imperateur pour tout bien gouverner,
Prince puissant, plain de benignité,

---

149 B : *sur tout autentique.* — 152 A: *meritore.*

175 Soubz vous me vueil en tout humilier,
Remerciant vostre divinité.
Le vii⁰ Ange de Lucifer, *a genoulx*
Mercy vous rends par singularité,
Quant je suis cy pour vous obtemperer,
Car en vous est exelse dignité,
180 Pour vostre vueil en tout lieu exalter.
Dieu
Anges celestes, qui querez honorer
Nostre royaulme en joye de refulgence,
Disposez vous a vouloir decorer
Le beau manoir plain de toute plaisance ;
185 Vous estes mis chacun en ordonnance,
Par legions esleux reveremment,
Pour explaner nostre magnificence
A vostre vueil et sainct commandement.
Lucifer
Souverain roy du firmament,
190 Plain de toute suavité,
Honneur ferons entiérement
A vostre grant divinité:
Michel
Soubz vostre digne magesté
Sera liesse demenée
195 Pour la digne felicité
De vostre vertu venerée.
Gabriel
A vostre noblesse honnorée
Demenerons esjouissance,
Pour l'honneur de ceste journée
200 Ou est fait tant noble excellence.
Raphael [1]
En chants de doulce resonance,
D'amour et de cordialité

184 B C: *Ce beau.*— [1] A: *Rapael.*—202 B C: *D'amour et cordialité.*

Menerons toute esjouyssance
Par divine jocundité.
Dieu
Chacun de vous soit apresté, 205
En toute grace esjouyssant
Pour la noble sublimité
De ce hault manoir triumphant.
Trosne
Souverain Dieu resplendissant,
Nous ferons a vostre plaisir. 210
Puissance
Chacun vous est obeissant,
Souverain Dieu resplendissant.
Virtus [1]
Vray Dieu en tout bien florissant,
Joye menerons par bon desir.
Dominacion
Souverain Dieu resplendissant, 215
Nous ferons a vostre plaisir.

Adoncques se doit resonner une melodye en Paradis.

Tunc simul cantant Angeli :
O lux beata, Trinitas,
Et principalis unitas,
Jam sol recedit igneus;
Infunde lumen cordibus. 220

Virtus, m. dans B. — 217 Cette hymne, attribuée par Hincmar à saint Ambroise, ne se trouve plus aujourd'hui dans le bréviaire romain que sous la forme suivante:

Jam sol recedit igneus :
Tu, lux perennis, unitas,
Nostris, beata Trinitas,
Infunde amorem cordibus, etc.

Les quatre vers chantés par les anges appartiennent à la rédaction ancienne dont on trouvera le texte complet dans Daniel, *Thesaurus hymnologicus*, I (Halis, 1841, in-8), 36-36; cf. iv (1855), 47, 48.

DIEU

Or est parfait nostre desir
De veoir ces beaulx trosnes parez
D'Anges creez pour refulcir
Es siéges que avyons preparez ;
225 Grandement en sont reparez
Les saincts cieulx du hault Paradis,
Ou sont tous biens equiparez
Par melodye et nouveaulx ditz.

Pause en silete.

Lucifer, *en soy pourmenant par maniére d'orgueil*

Quant je me voy en si noble pourpris,
230 Resplendissant sur ceulx de ma semblance,
Le cueur m'esmeut et suis forment empris
De regenter en plus haulte excellence ;
Il n'est qui ayt devant moy preference
D'honneur, de gloire et franche agillité,
235 Car sur tous ceulx j'ay noble refulgence   *3 d*
Pour leur avoir en toute dignité.
Puis que j'ay tel felicité
De gloire en magnanimité,
Sur tout autre resplendissant,
240 Doy je point estre en magesté
Auprès de la divinité ?
Comme le recteur triumphant,
Je suis sur tous bel et plaisant,
Bien formé, parfait et puissant,
245   Comme je voy,
Dont m'est bien advis que je doy
Estre dessus tous florissant.

233 A : *la preference.*

Je suis puissant
Et souffisant
Pour regenter, 250
Tout regissant,
Imperissant,
Sans nul doubter.
Je doy ces bas cieulx surmonter
Et au plus hault siége monter 255
De toute monarchalle gloire,
Car chacun voit a brief compter
Que nul ne sauroit raconter
Ma noble vertu meritoire.
J'ay tel clarté qu'il n'est memoire 260
De plus noble en ce hault party;
Je suis de tout bien repertoire
Et du plus digne lieu party.
    Je suis tout uny
    A Dieu et muny 265
    De toutes louanges,
    D'honneur premuny,
    De vertus garny
    Plus que tous les Anges.
Faire me convient nouveaulx changes 270
Et monter plus notablement,
Car choses me sont trop estranges,
Quant point ne régne excellemment.
Mes Anges, voyez clérement
Que je suis, comme il m'est advis, 275
Le plus bel ange entiérement
Qui soit en tout ce Paradis.
Sur tous autres honnoré je suis
Pour ma glorificacion,
Par quoy je doy bien estre mys 280
En plus haulte exaltacion.
Advis m'est que deusse avoir lieu
Au siége de divinité,

   Seant a la dextre de Dieu
285 Lassus en haulte eternité ;
   Mais je suis bien supedité
   Quant en si basse ordre me voy,
   Je, qui ay telle auctorité
   Que nul n'est comparé a moy ;
290 Par quoy, si vous me voulez croyre
   Et estre de mon alliance,
   Nous monterons lassus en gloire
   Pour tout regir sans difference.
   La me asserray par excellence
295 Au siége de la Trinité,
   Et vous au tour, en asistence
   De ma gloire et felicité.
     Le premier Ange
   Vostre digne sublimité,
   De grant beaulté prerogative,
300 Vault bien avoir tel dignité
   En gloire tant suppeltative.
     Le iie Ange
   Vous parlez d'ardeur perfective
   Comme saige et bien entendu,
   Car tel bien en gloire impassive
305 Vous est bien sur tous autres deu.
     Le iiie Ange
   Vous avez ja trop attendu,
   Veu vostre beaulté singuliére,
   Car tout bien vous est contendu
   Pour vostre perfecte lumiére.
     Le iiiie Ange
310 La lueur resplendissant et clére,
   De quoy vous estes environné,
   Requiert bien que grace planiére

---

290 A : *Par moy.* — 309 A : *ardant.* — 309 C : *parfaicte.* — 311 A : *environnée.*

En tel hault lieu vous soit donné.
Le v° Ange
Chacun de nous est adonné
A vous faire honneur et service, 315
Car tous bien vous est ordonné
Pour avoir de gloire exercice.
Le vi° Ange
On vous congnoist exempt de vice
Et en ce ciel saige et parfait;
Par quoy tel divin benefice 320
Vous est bien deu par droit effect.
Le vii° Ange
Ne reste que le cas soit fait,
Pour recepvoir grace felice,
Car en vous est tout bien refait
Pour estre en si digne exercice. 325
Lucifer
Je suis souffisant et propice,
    Sans obice
De monter en divinité,
Car je suis divin artifice,
    Sans eclipse, 330
Regnant a perpetuité;
Nul n'est precedent ma beaulté
    En dignité;
De toutes vertus venerable,
Si doy avoir sublimité 335
    Sans limite,
Car telle honneur m'est convenable.
Je seray en bruyt honnorable,
    Venerable,
Contre le quel nul ne repugne; 340
J'auray haultesse inextimable,
    Venerable,

338 A C: *feray*.

De telle noblesse opportune.
Il n'y a nulle voye taciturne
345   Qui impugne
Contre telle exaltacion;
La haulteur est clére et non brune,
  Toujours une
En toute collaudacion.
   Le premier Ange
350 Vostre haulte extimacion,
  Sans opinion,
De toutes vertus decorée,
Vault bien avoir fruiction,
  Sans fiction,
355 De telle gloire venerée.
   Le ii° Ange
La court sera corroborée
  Et honnorée
De vostre noble exaulcement,
Car vostre vertus tant louée
360   Exaulcée
Sera en lieu divinement.
   Le iii° Ange
Nous asisterons haultement,
  Noblement,
Tout autour de vostre haultesse,
365 A decorer reveremment
  Et humblement
Vostre gloire en haulte lyesse.
   Le iv° Ange
En telle honneur, sans nulle cesse,
  Par noblesse
370 Devez avoir preeminance,
Veu vostre divine richesse,
  Qui sans cesse

---

368 B C: *tel.*

Rend ineffable refulgence.
Le v° Ange
A vostre haulte reverence,
  Sans doubtance,   375
Vous sera rendu tout honneur,
Car vostre noble precellence
  De admirance
Doibt bien avoir telle haulteur.
Le vi° Ange
Chacun vous portera faveur   380
  De tout son cueur,
Pour regner magnificquement,
Car de divine resplendeur
  Estes la fleur,
Comme appert manifestement.   385
Le vii° Ange
En vous du tout entiérement
  Et pleinement
Est haulte deité cogneue
Pour tout regir excellemment
  Et noblement,   390
Consideré vostre valeue.
Lucifer
Temps est que je monte en la nue
En haulte jubilacion,
Affin que ma gloire soit veue
En divine exaltacion.   395
Lassus, par collaudacion,
Vueil estre semblable au plus grant
Et moy seoir sans dilacion
A la dextre de Dieu vivant.
Montez tous; je m'en vois devant 400
Pour mon sainct nom magnifier.
Le premier Ange de Lucifer
Et nous après en vous suivant.

LUCIFER
Montez tous; je m'en vois devant
LES ANGES DE LUCIFER *ensemble*
Lucifer soit sur tous vivant!
405 Pretz sommes le glorifier.
LUCIFER
Montez tous; je m'en vois devant
Pour mon sainct nom magnifier.

Pause.

Adoncques se doivent eslever Lucifer et ses Anges par une roue secrétement faicte dessus ung pivos a vis.

DIEU
Non ascendes, sed descendes.
Lucifer, pas ne monteras
Ou tu tends par presumption,
410 Mais au plus parfond descendras,
En tartaricque infection.
En ceste haulte region
Tu n'auras plus gloire honnorable,
Car toy avec ta legion
415 Serez en peine pardurable.
Michel, vous ferez la victoire
Contre le dragon venimeux,
Qui cuide pretendre a ma gloire
Par son faulx courage orgueilleux.
MICHEL
420 Tressouverain prince des cieulx,
Ung Dieu regnant en trinité,
Soubz vostre vouloir precieux

---

405 A : *glorifier.*

Me soubmetz en humilité.
Faulx serpent, plein d'iniquité,
Contre toy combatray sans fin, 425
Qui veulx par ta ferocité
Surmonter le trosne divin.
Toy et les tiens, pleins de venin,
Abatray de ce lieu notable,
Soubz le hault puissant roy begnin 430
Qui régne en gloire pardurable.
Dragon puant, insaciable
D'orgueil et fiére ambicion,
Va t'en comme damné dyable
En infernalle mencion; 435
Vuide hors de la region
Des haulx cieulx divins triumphans;
Va t'en toy et ta legion
Es palus infernaulx puans.

Adoncques doivent trebucher Lucifer et ses Anges le plus soudainement qu'il sera possible, et doit avoir autant de Dyables tous pretz en l'Enfer, lesquelz en menant grande tempeste getteront[1] feu dudit Enfer, et dira ce qui s'ensuit[2] :

Lucifer

En despit et de rage urlans, 440
Blasphemans l'essence immortelle,
Nostre damnacion querans
Sommes, et par nostre cautelle.

Sathan

De gloire divine eternelle
Sommes a tout jamais bennys. 445

---

[1] A : *et getter*. — [2] B : *et getter feu dudit Enfer et dit*. — C : *getteront feu, et dira ce qui s'ensuyt*.

Astaroth
Par la puissance supernelle
Estroictement sommes pugnis.
Cerberus
De ce glorieulx Paradis,
Par nostre orgueil ainsi que foulx,
450 Sommes bennys et interdis.
Helas, helas ! que ferons nous ?
Mammona
Nostre orgueil nous a deceuz tous
Et par ton intercession,
Lucifer.
Lucifer
455 Je meurs de couroux,
Quant pense ma rebellion.
Sathan
En lieu remply d'inffection
Sommes tumbez suans, buans.
Lacifer
Harau, harau ! je me repens.
460 Ou sommes nous, Dyables infernaulx
Sathan
Il n'est pas temps ; il n'est pas temps ;
Lucifer
Harau, harau ! je me repens.
Mamona
Plongez sommes avecques serpens,
Coleuvres, dragons et crapaulx.
Lucifer
465 Harau, harau ! je me repens,
Ou sommes nous, Dyables infernaulx
Asmodeus
Faulx serpent, remply de tous maulx,
Tu as brassé telle poison

---
447 A : *sommmes*. — 452 A : *gorueil*. — 456 A B : *Quen*. — 468 A : *brass*

Leviatan
Servans doibvent estre loyaulx
A leur maistre en toute saison. 470
Lucifer
Harau, harau! quel desraison!
Qu'ay je fait, Dyables, qu'ay je fait?
Harau! qu'est ce cy? quel prison?
Qui m'a mis en lieu tant infaict?
Agrappart
Faulx Dyable, c'est par ton forfait 475
Que sommez ainsy tresbuchez.
Cerberus
Ton orgueilleux villain mesfait
Nous a causé tous noz pechez.
Lucifer
Harau! par trop sommes attachez
Sans aucune intercession. 480
Astaroth
Au puis d'Enfer sommes fichez
A jamais, sans remission.
Lucifer
N'y vault rien intercession,
Suppliccacion ne priére.
Sathan
Jamais n'aurons la vision 485
De l'ineffalible lumiére.
Mamona
En ce gouffre plein de fumiére
Sommes mis pour peine et tempeste.
Asmodeus
Plus ne verrons gloire tant clére.
Que le Dyable y ait malle feste! 490
Leviatan
Pour rien nous rompons bien la teste,

---

475 A : *Dyiable*. — 479 B : *Nous sommes par trop atachez.*

Car il n'y a grace ne mercy.
Agrappart
Rien n'y vauldrait don ne requeste;
Force est de demorer icy.
Lucifer
495 Harau! hau, Dyables, qu'esse cy?
Cerberus
Faulx ennemy, c'est tout par toy.
Astaroth
En peine, travail et soucy
Nous as mis par trop grant arroy.
Lucifer
Dyables, bien sçay que c'est par moy
500 Et par vostre consentement,
Pour quoy en doloreux esmoy
Serons perpetuellement.
Je brusle, j'ay peine et torment
En lieu de joye et de lyesse,
505 Car en Enfer incessamment
Suis livré en dueil et tristesse.
Sathan
Feu de souffre ardant nous oppresse;
Outre, vermisseaux venimeux
Nous causent douleur et destresse,
510 En cest abisme tenebreux.
Mamona
En lieu obscur, layt et hideux,
Gouffre puant, abhominable
Sommes mis en feu langoreux
Et toute peine intollerable.
Lucifer
515 Ou suis je mis condamné, Dyable,
Privé du haultain Paradis?
De tous suis le plus miserable,

---

492 C : *Car il n'est grace ne mercy.* — 508 A B : *Entre.*

Car je suis au parfont du puis.
Asmodeus
Faulx dragon, tu nous a seduitz
Par ta mauvaise ambicion, 520
Dont avons perdus tout delitz
Et divine illustracion.
Leviatan
En tartaricque infection
Est maintenant nostre appareil,
En lieu de jubilacion 525
Et de tout triumphe eternel.
Agrappart
Lucifer, c'est par ton conseil
Que sommes a bas confondus,
Car, en lieu de bien supernel,
Sommes au parfont d'Enfer fondus. 530
Cerberus
Deulx et travaulx nous sont rendus
Pour toute lyesse et soulas,
Car en lieu de chanter lassus
Nous fault crier et dire : helas!
Astaroth
De joye et vertueulx esbas 535
Sommes tous privez et bannis
Et tresbuchez tout au plus bas,
Dont griefvement sommes pugnis.
Lucifer
Dyables, huyons et menons crys,
C'est le plus beau de nostre chance. 540
Sathan
Nous qui sommes en Enfer escrips,
Dyables, huyons et menons crys.
Mamona
Estonnons les cieulx par noz huits

---

528 B : *Que nous sommes bas confondus.* — 531 C : *Dueil et travaux.*

En infernalle residence.
Asmodeus
545 Dyables, huyons et menons crys,
C'est le plus beau de nostre chance.

Pause.

Adoncques se doibt faire une grande tempeste en Enfer.

Dieu
Or est nostre ange Lucifer
Tresbuché, luy et ses complices,
Es abismés palus d'Enfer,
550 Pour leurs faulx et orgueilleux vices;
Si convient par vertus propices
Raparer le trosne honnorable,
Car, comme expers et infelices
Sont cheutes en peine pardurable.
555 Vous autres, pour bien venerable,
Vous conferme en stabilité,
Pour nostre veul insuperable
Acomplir en juste equité.
Or est temps que soit limité
560 Le lieu et l'habitacion
De celuy donc par charité
Voulons faire creacion.
Anges, pour collaudacion
De nostre haulte eternité,
565 A ceste reparacion
Vous fault mener sollennité.
Michel
Vray Dieu, regnant en magesté,

---

549 B : *Es abismes polus d'Enfer.* — 550 B : *Car comme punis de leurs vices.* — 553 A : *Car comme expers et insclites.* — 560 A : *Le lieu, l'abitacion.*

####### Du tout vous voulons obeyr.
Gabriel
Nous ferons vostre voulenté,
Vray Dieu regnant en magesté. 570
Dieu
En gloire de felicité
Convient les sainctz cieulx resjouyr.
Raphael
Vray Dieu regnant en magesté,
Du tout vous voulons obeyr.

####### Pause.

Adoncques doibt descendre Dieu de Paradis avecques ses Anges, en chantant le plus melodieusement qu'i soit possible.

Dieu
Maintenant voulons visiter   575
La terre, qui est vuide et vaine,
Affin de la faire usiter
Par limitacion certaine.
De nostre grace souveraine
I' seront tous biens exitez,   580
Car nous la rendrons seiche et saine
En vertuables limitez.
Pour oster tenebrositez

Adoncques se doibt monstrer ung drap peinct, c'est assavoir, la moityé toute blanche et l'autre toute noire.

Qui empeschent la vision,
6 a   Soient faictes deux grandes clartez   585

---

585 A répète deux fois le même vers.— B : *decy grandes clartés.*

Pour donner illustracion :
L'une par separacion
Sera le jour, pour sa clarté;
L'autre par comparacion
590 La nuyt, pour son obscurité.
Puis est le vespre et matin fait
Et nostre premier jour parfait.

Pause.

Secondement, parfournirons
Ça bas la terre entiérement
595 Et en ung lieu assemblerons
Les eaues dessoubz le firmament.

Adoncques se doit monstrer comme une mer, qui par avant ayt esté couverte, et des poissons dedans icelle mer.

Et ce lieu, veritablement
Des eaues la congregacion,
Se sera la mer proprement
600 Pour toute nominacion.
Poissons qui par creacion

Lors doit on secrétement faire[1] *monstrer et saulter poissons.*

Estes mys en mer par droicture,
Faictes multiplicacion,
Chacun selon sa geniture.
605 Et toy, terre, qui es seine et pure,
Gette arbres et herbes a la ronde,

[1] *Faire* m. dans B.

Adoncques doit on faire sortir petis arbres, rainseaulx et le plus de belles fleurs, selon la saison, qu'i [1] *sera possible.*

> Fructifians par leur nature
> Chachun selon soy en ce monde ;
> Puis est la deuziesme journée
> De vespres et matin terminée.

Pause.

> Et tiercement nous assierrons   610
> Deux grantz lumiéres au firmament,
> Par quoy nous illuminerons
> La terre universellement.
> Le soleil veritablement

Adoncques doit on faire monstrer un grant soleil.

> Sera pour le jour, par droicture,   615
> Qui resplendira clérement,
> Confortant toute creature ;
> La lune aussi, selon nature,

Adoncques se doit monstrer la lune plus bas que le soleil.

> Rendra a la nuyt sa clarté
> Pour la preserver d'estre obscure,   620
> Chassant toute immundicité ;

---

[1] C : *Qu'il sera possible.* — 610 C : *asserrons.* — 609 A : *Pius.* — 616 A : *celerement.* — 620 A B : *Pour le preserver.*

Puis sera fait vespre et matin
Et nostre tiers jour mis a fin.

Pause.

    Quartement mettrons par bon erre
625 Les Estoilles au ciel de lassus,
    Pour donner clarté sur la terre
    Par tout entiérement ça jus :   6 c
    La seront Mercure et Venus
    Et les autres des sept planettes.
630 Jupiter, Mars et Saturnus,
    Rendens clartés pures et nettes.

Adoncques se doit monstrer ung ciel painct [2], *tout semé d'estoilles et les noms des planettes.*

    Puis vespre et matin determine
    Et aussi le quart jour termine

Pause.

    Après, quintement, nous creerons
635 Oyseaulx et bestes entiérement,
    Tant que de toutes espéces aurons
    Par tout universellement ;

Adoncques doit on secrétement getter petis oyseaulx volans en l'air et mettre sur terre oysons, cynes, canes, coqs, poules et autres oyseaulx, avecques le plus de bestes estranges que on pourra trouver.

---

[1] Nous modifions le titre courant, qui dans A B C est ainsi conçu : *La Creacion des bestes, oyseaulx et de Paradis terrestre.* Les deux pp. qui suivent présentent une modification analogue. —
[2] *Painct* m. dans B.

	Puis leur faisons commandement	
6 d	Qu'il croissent par leur geniture,	
	Tant bestes que oyseaulx proprement,	640
	Chacun d'eulx selon leur nature,	
	Et soient acouplez par droicture	
	Deux a deux pour seurement naistre,	
	Affin qu'il n'y ait forfaicture	
	En gendre privé ne silvestre.	645
	En après, Paradis terrestre	
	Sera noblement disposé,	
	Car il y fera joyeulx estre,	
	Ainsi que l'avons proposé;	

Adoncques se doit monstrer ung beau Paradis terrestre, le mieulx et triumphamment [1] *fait qu'il sera possible et bien garny de toutes fleurs, arbres, fruictz et autres plaisances, et au meillieu* [2] *l'arbre de vie, plus excellent que tous les autres.*

Et au millieu sera posé	650
L'arbre de vie tresprecieux,	
Sanctifié et composé	
De nostre vouloir glorieux.	
De ce Paradis vertueux	
Seront produictz quatre ruisseaux,	655
Pour arrouser par tous les lieux	
Arbres, herbes, fruictz et rainseaux.	

Adoncques se doivent monstrer quatre ruysseaux, comme a maniére de petites fontaines, lesquelles soient aux quatre parties du [3] *Paradis terrestre et chacun d'iceulx escrips et ordonnez selon le texte.*

639 C: Qu'ilz croissent. — 642 A: acoupley. — 646 C: genre; — A: sillvestre.— [1] Et triumphamment m. dans B. — [2] B: millieu. — [3] B: de Paradis..

   Se premier est nommé Phison,
   Qui grant terre environnera,
660 Et ce segond est dit Gyon,
   Lequel autre part s'en ira;
   Le tiers ung autre ordonnera,
   Qui est par nous Tigris nommé,
   Et ce quart l'autre part fera,
665 Qui est Euphrates denommé.
   Ainsi sera environné
   Ce beau siécle tant pur et munde
   Par ce noble fleuve, ordonné
   Es quatres parties de ce monde.

     Michel

670 Vray Dieu, ou toute grace habonde,
   Remply de divine puissance,
   Par vostre notable faconde
   Avez creé lieu de plaisance.

     Gabriel

   Voycy choses d'esjouissance
675 Creez d'efficace divine,
   Parquoy en toute obeissance
   Me metz soubz vostre amour benigne.

     Raphael

   Souverain Dieu, puissant et digne,
   Plein de toute amour charitable,
680 Los vous doit la cour celestine
   De voir ce lieu tant honnorable.

     Cherubin

   A vostre haulteur venerable
   Soit huy toute grace rendue!

     Seraphin

   Soubz vostre puissance ineffable
685 Chacun tout honneur attribue!

680 B : *celistine.*

Dieu

Anges pleins de noble value,
Qui nous faictes honneur et hommage,
Vostre amour est de nous congneue
Comme clement, puissant et sage.

Pause.

Conclusion, pour dominer   690
Ce qui meult soubz le firmament,
Convient a brief determiner
Ung conducteur d'entendement;
Pourquoy ferons notablement
Ung homme plein de sapience,   695
Qui sera veritablement
Faict a nostre ymage et semblance.

Adoncques doit prendre de la terre et du lymon et faire a maniére d'une masse dessus la terre, puis doit on secrétement produire Adam dessus la terre sans soy remouvoir.

Icy sera par providence
Formé de terre et de lymon,
Pour demonstrer par evidence   700
D'ou sera sa production;
Si ferons inspiracion
En sa face digne et decente,
Tant que par vraye spiracion
Sera faict en ame vivante.   705

Adoncques luy doit inspirer par trois fois en la face.

---

688 A : *Vostre mour.*

Homme, qui es par bonne entente
Formé de terre et de lymon,
Liéve toy cy et te presente 7 b
Pour estre en nostre audicion.

Adonc se doit lever Adam tout nud et faire grandes admiracions en regardant de tous costés, et puis ce doit mettre humblement a genoulx, les mains joinctes, disant ce qui s'ensuit [1] :

ADAM

710 O divine illustracion,
Pére puissant, plein de bonté,
De ma noble creacion
Vous rends graces en humilité;
Hault recteur de divinité,
715 Mon Dieu, mon pére et plasmateur,
Mercy vous rends par charité
Comme a mon maistre et createur.
O souverain gubernateur,
Principe du ciel et acteur
720 De toute chose primeraine,
Mon sieur, mon prince et recteur,
De tout bien auxiliateur,
Mercy vous rends d'entente pleine.
    Bonté souveraine,
725   Puissance haultaine,
    Noble sapience,
    En ce bas demaine,
    Par amour certaine,
    Vous faitz reverence.

DIEU

730 Adam, amy, viens et te advence,

---

[1] *Ce qui s'ensuit* m. dans B. — 719 B : *Prince du ciel et acteurc* [sic]. — 721 B : *Monseigneur*.

Cor je te mettray sans tarder
En ung lieu plein d'esjouissance,
Pour y vivre et pour le garder.
Adam
Se qu'il vous plaist moy commander,
Soubz vostre haulte eternité,   735
Acompliray sans retarder
De bon cueur en humilité.

Adoncques doit Dieu prendre Adam par la main en Paradis terrestre.

Dieu
Adam, nous te avons apresté
Ce lieu de divine puissance,
Ou tu auras felicité   740
De toute noble esjouissance.
Icy feras ta demourance
En ce beau Paradis terrestre,
Ouquel auras gloire et plaisance
A tous costez, dextre et senestre.   745
Adam *a genoulx*
7 c O mon createur et mon maistre,
Mon Dieu, mon pasteur honnorable,
Soubz vous je doy bien joyeux estre
D'avoir ce lieu tant delectable.
Dieu
7 d Il n'est pas bon ne convenable   750
Que l'homme soit tout seul ainsi ;
Faisons luy aide semblable
Qui soit consonne avec luy.
Adam
8 a Je suis tout joyeux d'estre icy,

---

744 C: *Auquel.* — 752 B: *Faisons luy une ayde semblable;* —
C: *Or faisons luy ayde semblable.* — 753 C: *avecques.*

755 Que plus ne me puis contenir
Qu'i ne me faille en ce party
Ung peu reposer et dormir.

Adoncques se doit coucher Adam sur son costé et face semblant de dormir.

Dieu
Temps est que, pour tout acomplir,
Façons a l'homme compagnie
760 Pour luy aider et secourir
En ceste notable partye;
De son corps sera departie
Une coste que nous prendrons,

Adoncques doit faire maniére de prendre une des costes de Adam et faire la benediction dessus et puis, en soy baissant, sera produite Éve sur terre.

Dont la femme sera partie,
765 Car de ce seul la formerons.
Femme, tout ainsi que voulons,
Liéve toy, monstre ta presence,
Car pour tout bien nous te creons,
Affin que l'homme ait secourance.

Adoncques Éve se liéve en faisant admiracion, puis se met a genoux.

Éve
770 O haulte et divine puissance,
Mon Dieu, mon prince et mon facteur,
Grace vous rends et reverence
Comme a mon pére et createur;

756 C : *Qu'il.* — 758 A : *tont.*

Vray regent, principe, recteur
De gloire et de felicité, 775
Soubz vostre divine haulteur
Me rens en toute humilité.
Souverain Dieu de majesté,
Regnant en haulte eternité
Par divine et noble puissance, 780
Je me rends a vostre bonté
Pleine de toute saincteté,
En humble et franche obeissance.
  Haulte sapience,
  Digne rælucence, 785
  Vray Dieu infiny,
  A vostre clemence
  Plaine d'excellence
  Rends grace et mercy.

Dieu

Femme, liéve toy droit icy 790
Sans plus retarder nullement,
Affin que tu voyes ton mary
Pour le compaigner noblement.

Éve

A vostre sainct commendement
Veulx tout mon corps appareiller, 795
Pour obeyr entiérement
A vos ditz sans contrarier.

Dieu

Adam, temps est de t'esveiller;
Liéve toy tost sans demourer,
Car pour te aider et consoler 800
Te ay ceste femme preparée.

Adam, *faisant admiracion en regardant Éve*
Hoc nunc os de ossibus meis et caro de carne mea.
Ses os sont de mes os formez

---

802 *Formez* m. dans C.

Et sa chair de ma chair venue,
Car tout d'un sang sont conformez,
805 Selon qu'elle est de moy congneue ;
Donc, pourtant qu'elle est d'homme yssue,
Sera appellée *virago*,
Pour ce que je l'ay apperceue,
Quia sumpta est de viro.

Dieu

810 Adam, saches pour chose clére
Que, le temps futur qui viendra,
L'homme lessera pére et mére
Et a sa femme adherera,
Car la chose ainsi se fera
815 Que deux en une chair seront,
Lesquelz nul ne separera,
Car jamais ne se lesseront.

Éve

Grant grace de vous recepvront
Par divine operacion
820 Ceulx qui vostre vouloir feront
En toute bonne intèncion.

*Icy prend Dieu les mains dextres de Adam et Éve
et fait dessus la benediction.*

Dieu

Vous aurez benediction
En ce lieu de divin parage,
Pour la noble conjunction
825 Du sacrement de mariage.

Adam

Vray Dieu, puissant, clement et sage,

---

809 Dixitque Adam : Hoc nunc os ex ossibus meis et caro de carne mea ; haec vocabitur *virago*, quoniam de viro sumpta est. Gen. II, 23. — 811 C : *Qu'au temps futur.* — 813 B : *adherra.* — 815 B : *en une chose.* — 818 A B : *recevons.*

Honneur vous fais et reverence.
ÉVE
Je vous rendz salut et hommage
En vraye et humble obeissance.
DIEU
8 c Or croissez par juste ordonnance, 830
Tant que sexe humain multiplye,
Affin que de vostre semence
La terre soit toute remplye.
ADAM
Vostre voulenté infinie
Acomplirons en ce manoir. 835
ÉVE
Vray Dieu, plain de grace anoblye,
Nous ferons a vostre vouloir.
DIEU
Vous aurez soubz vostre povoir
Tous les poissons entiérement
Qui font en la mer leur manoir, 840
Partout universellement;
Puis vous aurez semblablement
Les bestes en vostre obeissance
Qui ont sur terre mouvement
Par nostre divine puissance. 845
Les oyseaulx aurez a plaisance,
Qui sont vollans, francz et agilles
Et, pour bref, toute la regence
Sur bestes, poissons et reptilles;
Puis, pour substanter vostre vye, 850
Pourrez de tous ces fruictz user,
Excepté de l'arbre de vie,
En monstrant l'arbre de vie
Duquel vous deffendz d'en menger,
Car je vous dy, pour abreger :

844 A : *out.* — 853 B : *deffendez.*

855 Quelconque jour que en mengerez,
Nul ne vous sçauroit soullager,
Car de mort pour vray vous mourrez.
De tous ceulx cy menger pourrez
Et en prendre a vostre tallent,
860 Mais de cestuy point ne userez ;
Je vous le deffens notamment.

ADAM

Sire, vostre commandement
Sera faict sans nulle doubtance.

DIEU

Gardez d'en menger nullement.

ÉVE

865 Nous feron a vostre plaisance.

DIEU

Adam, icy en ta presence
Toutes bestes et oyseaux verras
Pour pocesser la jouissance
A ton plaisir quant tu vouldras.;
870 Ce que tu leur commanderas
Ilz te obeiront pleinement,
Et, ainsi que les nommeras,
Se feront leurs noms proprement.

ADAM

Sire, bien doy reveremment
875 Faire vostre divin plaisir,
Quant si treshonnorablement
Me faictes tant de bien choisir.

DIEU

Icy prendrés vostre desir
A garder par bonne equité
880 Ce beau lieu, pour vous resjouir
Plain de toute suavité.

860 B : *usererez*.

ÉVE

Sire, plain de divinité,
Sur tout puissant et vertueux,
Nous ferons vostre voulenté
De franc courage affectueux. 885

DIEU

Vous deux, en ce lieu precieux,
Estes creez par providence,
Pour remplir en noble excellence
Lassus le hault siége des cieulx.

ADAM

Vray Dieu, puissant et glorieux, 890
A vous ferons obeissance.

DIEU

Vous deux, en ce lieu precieux,
Estes creez par providence.

ADAM

De franc courage affectueux
Garderons ce lieu de plaisance. 895

ÉVE

Nous sommes soubz vostre regence
Pour obeyr de cueur joyeux.

DIEU

Vous deux, en ce lieu precieux,
Estes creez par providence,
Pour remplir en noble excellence 900
Lassus le hault siége des cieulx.

ADAM

Prince puissant et vertueux,
Grace vous rendons humblement.

---

887 A : *pour providence.* — 888 B : *nostre excellence.* — 893 A : *pour providence.* — 900 B : *nostre excellence.*

ÉVE

Vray Dieu misericordieux,
905 Je vous mercye reveremment.

DIEU

Or est parfaict entiérement
Se beau siécle et noble porpris
Et l'homme mys notablement
Comme nous avyons entreprins.
910 Assés de travail avons prins
A fournir ce siziesme jour ;
Donc, comme saige et bien aprins,
Cesserons de nostre labour ;
Puis, par nostre grace et amour,
915 Comme vray Dieu glorifié,
Voulons que le septiesme jour
Soit begnin et sanctifié.
Sur tous autres est clarifié,
Puisque nostre euvre est acomplie,
920 Donc l'avons beatiffyé
Par grace de vertus remplye.
Anges, plains de grace infinye,
Permanans en haulte assistence,
Reformez celeste armonye
925 De toute doulce esjoyssance ;
Monter nous fault par excellence
Lassus aux trosnes precieux,
Puis que parfait est la plaisance
De nostre vouloir glorieux.

MICHEL

930 Hault empereur, prince des cieulx,
Nous menerons joye honnorable

904 B : *misericprdieux*. — 912 C : *Ce*. — 924 C : *darmonie*.

Pour vostre sainct nom vertueux,
Sur tous puissant et admirable.
Gabriel
Vray Dieu, parfait, insuperable,
Plain de digne exaltacion,   935
Soubz vostre vertu charitable
Menerons jubilacion.
Raphael
En joye, par delectacion,
Resonnerons chantz de musique
Pour vostre collaudacion,   940
En quoy toute bonté s'applicque.
Cherubin
Vray recteur de gloire autentique,
Regnant en haulte eternité,
Soubz vostre vouloir magnificque
Chanterons par sollemnité.   945
Seraphin
Pour la noble sublimité
De vostre puissance infinie,
En montant en felicité
Resonnerons chantz d'armonye.
Trosne
Resjouyssons par melodye   950
La terre et tout le firmament.
Puissance
L'universelle monarchie
Resjouyssons par melodye.
Virtus
Chacun par trosne et iherarchye
Mayne lyesse entiérement.   955
Dominacion
Resjouyssons par melodye

---

938 C : *En joye et delectation.* — 949 A : *resionnerons.* — 953 A : *ressiouyssons.* — 955 A : *Mamye.* — 956 C : *Resjouyssons nous.*

La terre et tout le firmament.
Dīeu
Retournons honnorablement
Lassus en la gloire divine,
960 Resonnans chantz entiérement
De toute armonye celestine.

Adoncques doivent monter Dieu et ses Anges en Paradis chantant melodieusement.

Tunc cantant Angeli *simul*
Summe Deus clemencie
Mundique factor machine,
Unus potencialiter
965 *Trinusque personnaliter.*

963 A B C : *facte*. — 965 Cette hymne, qui est comme la précédente (v. p. 9), attribuée par Hincmar à saint Ambroise, se chante le samedi à matines. Le bréviaire romain lui donne la forme suivante :

Summae parens clementiae,
Mundi regis qui machinam,
Unius et substantiae
Trinusque personis Deus, etc.

Voyez les deux textes dans Daniel, *Thes. hymnolog.*, I, 34 ; IV, 38.

Adam, *en allant parmy le Paradis terreste* [1]

Voicy ung lieu moult noble et digne
Et plain de grant esjouyssance.
 Ève *allant semblablement*
A parler de grace benigne,
Voicy ung lieu moult noble et digne.
 Adam
C'est composicion divine,   970
Creé par notable puissance.
 Ève
Voicy ung lieu moult noble et digne
Et plain de grande esjouyssance.
 Adam
C'est moult grand plaissance
De veoir l'abondance   975
De ces noblez fruitz.
 Ève
Il sont par puissance
Et digne clemence
Noblement produictz.
 Adam
C'est ung beau pourpris   980
Tout fait a devys
Par suavité.
 Ève
C'est ung Paradis
Plain de tous delitz
Et felicité.   985

[1] C : *terrestre.*

Adam

Voicy grant beaulté
Plaine de bonté
Et toute noblesse.

Éve

C'est jocundité
De veoir si planté
Fruictz a grant largesse.

Adam

C'est belle richesse.

Éve

C'est noble lyesse.

Adam

Je y prens grant plaisir.

Éve

C'est divine adresse.

Adam

C'est gloire sans cesse.

Éve

C'est tout mon desir.

Adam

On ne sauroit plus beau choisir
Pour tout plaisir solacieux.

Éve

Nul ne peult avoir desplaisir
En lieu tant bel et gracieux.

Adam

C'est ung delit moult precieux,
Remply de richesse honorable.

Éve

Celuy est sur tous glorieux
Qui a fait lieu tant delectable.

Adam

Or gardons d'amour charitable
Ce beau Paradis venerable,
Que Dieu nous a recommandé.

ÉVE

Sa puissance est inenarrable;
Si devons de vouloir feable 1010
Faire ce qu'il a commandé.

ADAM

Son mandement sera gardé.

ÉVE

Acomplir devons son vouloir.

ADAM

Quant je regarde ce manoir
Composé par noble puissance, 1015
Je doy bien grant lyesse avoir,
Rendant a Dieu obeissance.
Il m'a donné la jouyssance
De tant qu'il y a entiérement,
Pour en user a ma plaisance 1020
Par tout universellement;
Rien n'a excepté seullement,
Sy non que cest arbre de vie,
Qu'i m'a deffendu notamment
Sur peine de perdre la vie. 1025
Je n'ay nulle mondaine envye
De passer son commandement,
Car j'ay ma volenté unye
Avec la sienne entiérement.

ÉVE

Je suis icy moult noblement 1030
En lieu plaisant et venerable,
Recepvant grace entiérement
De Dieu puissant et permanable.
En ce lieu est joye honorable
De toute concorde et lyesse; 1035
Premuñy de vertus, louable
De bien, d'honneur et de richesse,

1018 C: *Il me donne.* — 1024 C: *Qu'il.*

          Quant je regarde la largesse
          Des biens qu'i sont en habondance,
1040   C'est ung grant tresor de noblesse,
          Remply de divine puissance,
          Tout est mis soubz nostre regence
          Pour en povoir user et prendre,
          Excepté l'arbre de science,
1045   Que Dieu nous a voulu deffendre.

Icy doit estre Sathan vestu d'un habit en maniére de serpent et le visage de pucelle.

                SATHAN
          Il me convient au fait entendre
          Dont j'ay prins la commission,
          Pour en sçavoir bon compte rendre,
          Selon ma proposicion.
1050   De l'infernalle mansion
          Me fault partir, pour abreger,
          Pour faire mon intencion,
          Comme ung bon loyal messager;
          Tout droit m'en vois, pour abreger,
1055   Tempter la femme en ce party,
          Qui a le couraige legier
          Troplus que n'a pas son mary.
          Advis m'est que suis bien aussi
          Pour la decepvoir briefvement,
1060   Dont nous serons hors de soucy
          En Enfer tous entiérement.

Icy se met Sathan autour de l'arbre de vie.

                ÉVE
          Quant je regarde notamment

De ce pourpris la stacion,
C'est ung lieu plain entiérement
De toute jubilacion. 1065

Pause.

SATHAN

De toute salutacion,
De divine exaltacion
Soyez vous a ce jour remplye.

ÉVE

Je suis par admiracion
Fichée en perturbacion 1070
D'avoir cy celle voix ouye.
Qui est ce?

SATHAN

Se suis je, m'amye,
Qui viens cy en ceste partie,
Pour adviser vostre prouffit.

ÉVE

De rechief suis toute esbahye, 1075
Quant je voy en l'arbre de vie
Estre mys ung tel esperit.

SATHAN

Adam et vous, sans contredit,
Recepverez lyesse et delit
De ce que je vous viens nuncer. 1080

ÉVE

J'ay de le savoir appetit;
Dictes le moy par vostre edit,
Pour tous nous en bien advancer.

1066 A : *Que pour salutacion.* — 1071 *D'avoir en celle voix.*

SATHAN

Éve, je vous vueil demander,
1085 Pour ung bien parfait qui vous duyt,
Pourquoy Dieu vous voult commander
Que ne mengassez de ce fruit :
C'est l'arbre de vye qui produyt
La saincte et divine science.
1090 Si sauroys voulentiers l'esdit
Pourquoy Dieu vous en fist deffence.

ÉVE

Des autres avons jouyssance
Par voulenté divine et pure,
Et en povons prendre a plaisance
1095 Pour paistre et substanter nature,
Mais, de cestuy, Dieu par droicture,
Ainssi comme nous congnoissons,
L'a deffendu par adventure,
Affin que nous ne mourissions.

SATHAN

1100 M'amye, ce sont abusions ;
Croyez que jamais ne mourrez ;
Ostez telz folles abusions,
Car tousjours sans mort vous vivrez ;
Mais par moy advisez serez
1105 Pourquoy Dieu vous l'a deffendu,
Puis je croy, quant vous le sçaurez,
Que autre bien vous sera rendu.

ÉVE

Mais que j'aye le cas entendu ;
J'en feray puis a ma plaisance.

SATHAN

1110 Compter vous vueil le residu.

ÉVE

Voulentiers sçauray la sentence.

1084 A : *Que, je vous vueil.* — 1087 C : *mengeassez.* — 1108 C : *Mais que aye.* — 1105 A : *deffendn.* — 1107 A : *antre.*

Sathan

Vray est que Dieu sçait sans doubtance,
Quant vous en mengerez vous deux,
Que vous aurez la congnoissance
De ses haulx secretz vertueux,   1115
Car lors seront ouvers les yeulx
De vostre arbitre liberal
Et serez ainsi que deux dieux,
Congnoissans tout bien et tout mal.

Éve

11 a   Je croy que de franc cueur loyal   1120
Me conseillez bien sagement.

Sathan

Je vous le dy bien pour feal,
Desirant vostre advancement.

Éve

Esprouver vueil presentement
Ce ceste cy est savoureuse.   1125

Sathan

Prenez et mengez hardiment,
Car par ce serez bien eureuse.

Adoncques doit prendre Éve et cueillir une pomme de l'arbre en disant :

Éve

O quel saveur delicieuse!
Voicy ung moult notable fruict;
Le goust me rend toute joyeuse   1130
Tant est de souef apetit.
Maintenant suis a mon deduit
D'avoir cest arbre a ma plaisance;
J'en mengeray puis qu'il me duit,
Car il est de grande substance.   1135

1129 B : *Vecy.*

Tout droit m'en vois sans difference
Porter a Adam que je voy,
Et feray tant de ma puissance
Qu'il en mengera comme moy

Adoncques va Éve vers Adam.

Sathan
1140 Je suis joyeux quant je apperçoy
Que mon fait est tout abregé;
Rien ne s'en fault, comme je croy,
Tant est le cas bien solagé.
Éve
Adam, sachez que j'ay mengé
1145 Du fruit qu'est en l'arbre de vie.
Adam
Mangé, dea? Comment, sans congé?
Éve
J'en ay mengé, je vous affye.
Adam
Haa! qu'avez vous fait, doulce amye,
Quant Dieu nous l'avoit deffendu
1150 Sur peine de perdre la vie,
Dont bien cher nous sera vendu?
Éve
Amy, j'ay sceu et entendu
Pourquoy Dieu nous le voult deffendre,
Car par ce nous sera rendu
1155 Tout bien pour divin fait comprendre,
Et, ce ne fust pour vous attendre,
Je fusse ja au ciel lassus,
Mais tel honneur vous vueil bien rendre,
Comme a mon amy ; au surplus,
1160 Tenez, mengez sans tarder plus,

1140 B C : *j'aperçoy*. — 1143 C : *soulagé*.

Puis nous irons entre nous deux,
Car nous aurons telles vertus
Que nous serons comme deux dieux.
ADAM
Pour esprouver se j'aurai mieulx,
J'en mengeray, quoy qu'il advienne. 1165
Le fruict est plaisant et joyeux,
Il ne peult que bien ne m'en vienne.

Icy prent Adam la pomme que Éve luy baille et mort dedans, puis se prent par la gorge, disant :

O vray Dieu, de moy te souvienne !
Povre maleureux, que ay je fait ?
Il convient que la mort me preingne, 1170
Car j'ay commis villain meffect.
Je sens et voy que j'ay forfait
D'avoir mengé de ce fruict cy,
Dont je suis bien homme deffaict
A jamais sans avoir mercy. 1175
Or ay je a Dieu desobey
Et passé son commandement.
Homme mauldit, homme hay,
Tu es deceu traistreusement !
Bien voy que douloureusement 1180
Me conviendra finer mon aage,
Car je seray honteusement
Chassé de ce divin parage.
Helas, quel oultrage !
Je ne suis pas sage, 1185
Mais bien fortuné.
Homme plain de rage,
Ton villain courage
Est bien mal mené !

1173 B : *icy*. — 1188 B : *Tout*.

1190 De tout bien suis habandonné
  Et pourmené
Ainsi que ung chetif langoureux ;
A peché me suis incliné,
  Infortuné,
1195 Homme infelice et douloureux.
Helas ! las ! povre malheureux,
  Souffreteux,
  Diseteux,
Remply de toute vilité,
1200 As maintenant ouvert tes yeulx
  Oustrageux ;
  Tu voys mieulx,
Mais c'est a ta pudorité.
Malleur plain d'infortunité,
1205 Rage, douleur, langueur, fierté,
Desespoir et toute grevance
Me tiennent en société,
Pour la perverse iniquité
De ma faulce inobedience.

ÉVE

1210 Maintenant congnois mon offence,
Chetive et maleureuse femme,
Car par ma desobedience
J'ay causé tout mal et tout blasme.
O povre creature infame,
1215 Helas ! qu'as tu fait ? C'est par toy.
Je suis bien plaine de diffame
D'avoir commis ung tel arroy.
Ha ! faulx serpent, quant je te voy,
Je plains et plore amérement,
1220 Car par toy suis en grief esmoy
Qui m'as deceu mauvaisement.
Par ton pervers enhortement,

1209 A : *faulte.*

Plain d'orgueil et mauvaise envye,
J'ay passé le commandement
De Dieu, qui jamais ne desvye. 1225
Femme de lyesse bannye,
Femme de joye desheritée,
Tu as recouvré mort pour vye,
Donc es de tout bien desistée !
    Femme desolée, 1230
    Tu es affollée
    Et bien malheureuse ;
    Tu estois consolée
    Et a la vollée
    Pers lyesse eureuse ! 1235
Povre, chetive et doloreuse,
As tu esté tant vicieuse
De convoiter tel forfaicture
Que, par la folleur maligneuse,
Perdras toute joye fructueuse, 1240
Ainsi que tu doys par droicture ?

Adam

Je suis honteux de ma nature
Quant je voy ma fragilité,
Donc je vueil charcher couverture
Pour musser mon humanité. 1245

Adoncques doit Adam couvrir son humanité,
faignant avoir honte.

Éve

Bien voy que mon iniquité
Me veult de joye faire absenter,
Car je congnois pour verité
Que honte et vergoigne requier.

1244 B C : *chercher*. — 1247 C : *Me veult de joye absenter.*

Icy ce doit semblablement vergongner la femme et se musser de sa main.

Adam

1250 Prenons feulles de ce figuier
Pour couvrir nos membres honteux,
Et puis nous en irons musser
En quelque lieu entre nous deux.

Éve

Allons, car je voy de mes yeulx
1255 Le dangier que mon mal pourchasse;
Mussons nous es plus secretz lieux,
Car honte et pudeur nous dechasse.

Adoncques doivent cuillir des feulles du figuier et eulx en couvrir.

Dieu

En ma similitude et face
T'ay formé pour ma grace acquerre,
1260 Et tu as par faulce fallace
Entreprins contre moy la guerre.
Qu'as tu fait, homme fait de terre?
Ou es tu? Ymagine comme
Tu m'as par trop offencé. Homme,
1265 Ou es tu? Advise et regarde
Le dangier qui te point et darde
Du dart mortel irremissible.
Te cuides tu faire invisible
Devant moy? Adam, ou es tu?

Adam

1270 O sire Dieu, plain de vertu,
J'ay offensé, je le congnoys;
En oyant ta divine voix
J'ay eu peur, et de me veoir nu

J'ay eu honte, car j'é congnu
Ma nudité, prince des cieulx. 1275
Dieu
Qui esse qui t'a fait honteux,
Fors que, comme mal entendu,
Du fruit que t'avoyes deffendu
As mengé ? Respons a cecy.
Adam
Sire Dieu, faictes moy mercy 1280
Et me descouppez de ce blasme,
Car se a esté par ceste femme
Que a compaigne m'avez donnée,
Qui m'a la pomme presentée ;
El est cause de mon forfait. 1285
Dieu
Femme, pourquoy as tu ce fait ?
Qui t'a meue d'ainsi te forfaire ?
Éve
Le faulx serpent me l'a fait faire,
Sire ; bien me suis apperceue
Qu'il m'a traistreusement deceue. 1290

1281 *descouppez*, lat. *deculpate*; C écrit *descoulpez*.

Dieu

1295 Entendue des biens la grande somme
Que j'avoye donné au premier homme,
Que j'ay creé si solemnellement
Pour le sauver, je suys bien marry comme
Il a osé menger de celle pomme,
1300 Que j'avoye deffendu seullement;
C'est bien raison que pecheur je le nomme
Et que de droit le destruie et consomme,
Qui trangressé a mon commandement.

Justice

C'est dommage, Sire, s'on ne l'asomme
1305 De gref torment, sans repos et sans somme,
Car il a bien deservy dampnement.

Misericorde

Hoo! Justice, trop parlez rudement,
Ma chiére seur, touchant ce jugement,
Car equité en rien ne s'i accorde
1310 De le pugnir si rigoureusement :
Trop mal gardé seroit misericorde.
Priez a Dieu plustost qu'il se recorde
Du povre estat de sensualité,
Sans le pugnir par grant crudelité.

Dieu

1315 O pecheur plain de iniquité,
Considére ton villain fait,
Par qui, a perpetuité,
Il fault que toute humanité
Soit obligée a ton forfait.

Justice

1320 Sire Dieu, si grant est le fait

Et abhominable meffait,
Quelque penitence qu'il face,
Sans estre dampné en effait,
Et le devez faire de fait.
Misericorde
Seur Justice, sauf vostre grace, 1325
Je suys icy devant la face
De Dieu, pour prier qu'il efface
Ce grant et excessif arrest,
Lequel vous demandez qu'il passe,
Mais il fault bien que je pourchasse 1330
Que ainsi ne soit pas, si luy plaist.
Sire Dieu, vous voyez que c'est
De l'homme qui a fait le vice,
Duquel grandement luy desplaist.
Justice
Pourtant vueil je qu'on le pugnisse. 1335
Misericorde
Sire Dieu, moderez Justice ;
Elle veult estre trop grevable.
Dieu
Si fault il que je l'acomplisse.
Misericorde
Voire, mais soiez pitoyable.
Justice
Comment? N'est point l'homme dampnable 1340
Par jugement irrevocable,
D'avoir par ung grant deshonneur
Si fort offencé son seigneur,
Pour une pomme miserable ?
Premiérement il est coupable, 1345
Digne de estre mys en Enfer
Autant ou plus que Lucifer,
Qui pecha par ambicion.

1322 Il doit manquer un vers avant celui-ci.

>	Je treuve la transgression
1350	D'Adam autant ou plus enorme,
>	Qui a peché par triple forme,
>	Ainsi qu'en bref exposeray.

Dieu

>	Dictes ; je vous escouteray
>	Avant que de donner sentence,
1355	Et juste jugement feray
>	Que on verra par experience.

Justice

>	Je dy, pour la premiére offence
>	Dont Lucifer est enteché,
>	Que l'homme y a trop plus peché
1360	Contre le divin presavoir,
>	Quant autant a voulu sçavoir
>	Que son Dieu.

Misericorde

>	O dame Justice,
>	Voyez la maniére du vice :
>	L'Ange pecha plus grandement
1365	Quant, de certain entendement,
>	A Dieu se voult equaliser,
>	Parquoy plus est a depriser
>	Que Adam plain de debilité,
>	Qui, par la sensualité,
1370	C'est au serpent condescendu ;
>	Parquoy il doit estre entendu
>	Mains coupable, selon raison,
>	Que l'Ange sans comparaison,
>	Et soustien qu'il le sçait aussi.

Justice

1375	Je dy que Adam a fait ainsi
>	Contre le createur du monde,
>	Et vien a l'offence seconde.

1358 C : *entaché.*

Vous sçavez que Dieu avoit dit
A l'homme, pour certain esdit,
Que du fruict il ne mengeast point, 1380
Et touteffois contre ce point
Et certaine inhibicion,
De mauvaise inclinacion,
Le fruict receupt : luy fait on tort
S'il en est condampné a mort? 1385
Peché a deliberément
Contre divin commandement
Qui ne doit point estre remys,
Par quoy je dy qu'il a commis
Autant comme fist Lucifer, 1390
Et doit estre mys en Enfer
Ainsi que orgueilleux reprouvé,

13 a   Et ne doit point estre sauvé
Selon la divine ordonnance.

Misericorde
Justice, il y a bien distance 1395
Que l'homme n'ayt autant failly
Que l'Ange qui pecha de luy
Et de sa propre voulenté.
L'Ange ne fut jamais tenté,
Et n'y avoit qui le tentast 1400
Que son createur offensast,
Ce qui n'a pas esté en l'homme,
Qui jamais n'eust mangé la pomme
Sans temptacion precedente.

Justice
Or soit ainsi ; je suis contente. 1405
Touteffois esse double offence,
Combien qu'el ne soit pas immense
Tant que celle de l'Ange fut :
A ce ne metz plus de reffut.

1399 B : *Aange.*

Mais, pour la tierce villanie,
1410 Je dy que Adam par gloutonnye
Pecha, et l'Ange ne fist pas,
Qui voulut prendre a son repas
Une pomme a luy interdicte.

MISERICORDE

1415 Las! ce fut la femme mauldicte,
Que le traistre serpent tempta
Et a l'homme la presenta,
Qui comme fresle la receut.
Helas! bien tost il apperceut
1420 Sa faulte, et se print a plourer.
Vous ne devez pas procurer
Envers la divine puissance,
Puisqu'il peult faire penitence,
Qu'il soit du tout banny de grace.

JUSTICE

1425 Quelque penitence qu'il face,
Deslyer ne sauroit la corde
Du peché, seur Misericorde,
Ce ung autre n'en fait le payement;
Parquoy je requier jugement
1430 Et que l'homme soit condampné,
Qui a mery estre damné
Par ces trois poins sequentement.

MISERICORDE

Quant au regard du damnement
Eternel, ce seroit bien fort.

JUSTICE

1435 Ne luy dist pas notoirement
Dieu, s'il passoit son mandement
Sur le fruit, qu'il mourroit de mort? *13 b*

MISERICORDE

Ainsi fut dit, j'en suis d'acord,

1.427 A B : *sur Misericorde.*

Mais Dieu misericordieux
Peult bien rapaiser ce discord, 1440
Puisque conscience remort
Le povre pecheur vicieux.
Dieu
Voz propos sont litigieux,
Plains de grans interlocutoires,
Et dictes raisons peremptoires, 1445
L'un et l'autre, quant au peché
De qui Adam est empesché.
Selon Justice raisonnable,
En rigueur il est condamnable ;
C'est a quoy Justice procéde 1450
Mais Misericorde precéde
En moy, qui est ma fille aisnée,
Par quoy la sentence donnée
Selon rigueur ne sera point.
Misericorde
Je ne demande que ce point ; 1455
Sire Dieu, acordez le moy.
Dieu
Adam se repent, je le voy,
Et est desplaisant de son vice.
Justice
Sire Dieu, gardez vostre loy
Et vous monstrez chef de justice ; 1460
Privez lay du lieu de delice,
Comme mauldit, indigne d'estre
Habitateur de si bel estre,
En qui est tout bien delectable.
Misericorde
Sire Dieu, soyez pitoyable 1465
Pour ceste douloureuse pomme ;
Ne mauldictes pas du tout l'homme,
Car vous voyez qu'il se repent.

1439 A C : *Mas.*

Dieu

    Premiérement, sus le serpent
1470 Jecteray la pugnicion
    Par triple malediction,
    Qui a fait triple vilenye.
    Premier, le serpent, par envye
    Que l'homme deust salut avoir,
1475 Tiré a a le decevoir,
    Envieux de son excellence,
    Dont pour ceste premiére offence,
    Qui est de tous maulx la racine,
    Le serpent dessus sa poytrine
1480 A tout jamais cheminera.

Misericorde

    Qui esse qui suffira,
    Et qui assez mauldira
    Le serpent, qui procura
    Que l'homme se adventura,
1485 Quant le morceau savoura
    De la pomme miserable,
    Qui de Dieu le separa,
    Et tant se deshonnora
    Que nature en demoura
1490 Obligée; est et sera,
    Tant que monde durera,
    De ce grant vice coupable.

Dieu

    Secondement, le serpent villenable
    A offencé, par mensonge damnable,
1495 En parolles et dictz decepcieux,
    Et pour ce cas de sa bouche infamable,
    Tant qu'il sera en ce monde durable,
    Ne gettera si non vent venimeux,
    Et, pour monstre que trop soit malheureux

1494 A B C : *A l'offence.* Peut-être faut-il lire : *M'a offencé.* —
1499 B C : *monstrer.*

D'avoir esmeu entre l'homme et moy guerre, 1500
Ne mengera jamais rien si non terre
Venimeuse, orde, puante, infame ;
Et, tiercement, entre luy et la femme
Sera guerre parmanente conceue,
Pour la cause que par luy est deceue. 1505

Justice

Se le serpent vous mauldictes
Des maledictions dictes,
Il m'est advis de droit, Sire,
Qu'il doyvent estre reduittes
Aux pecheurs rien plus petittes 1510
Et que le devez mauldire,
Car autant a fait ou pire
De vostre vueil contredire
Comme le serpent infait.

Misericorde

Las ! il y a bien a dire, 1515
Qui concidére et remyre
La qualité du malfaict.

Dieu

Quant au regard de Éve, qui du forfait
Envers l'homme fut mediacion,
Pour corriger la grandeur de son fait, 1520
Je vueil donner par sentence de fait
Dessus elle double pugnicion.
Premiérement, par grant presumption,
A contredit mon mandement : si vueil
Que a tout jamais, pour pugnir son orgueil, 1525
Soit subgecte a l'homme a chacune heure
Et que a tousjours soubz puissance demeure
Devant l'homme, tant de jour que de nuyt.
Secondement, elle a mengé du fruit
Et pour ce doit par fruit estre pugnie, 1530
Selon raison, juge saige et instruit,

1509 B: *Qu'ilz.*

Son jugement fait selon la follye :
Pour cestuy cas, jamais n'enfantera
Femme le fruyt qu'elle concepvera
1535 Sans endurer douleur sus toutes forte.
Quant est d'Adam, on le supportera ;
Tant seulement d'un point mauldit sera,
Qui n'a peché qu'en une seulle sorte :
Il a mengé, donc il labourera ;
1540 S'il veut mengier son corps travaillera,
Pour vivre avoir qui sa vie supporte;
Et mesmement la terre ou il yra
Pugnicion du peché sentira ;
Mauldicte soit, quelque fruit qu'elle apporte.

MISERICORDE

1545 Pleure, Adam, et te desconforte ;
Dieu a sus toy donné sentence.

JUSTICE

Il fault que l'Ange se transporte
Vers eulx, qui l'arrest raporte
Ainsi qu'il est, sans difference ;
1550 Oultre plus, leur face deffence
De plus habiter celle place,
Ou il ont commis celle offence
Contre la divine clemence ;
C'est bien raison qu'en les en chasse.

MISERICORDE

1555 Helas ! fault il que ainsi se face ?

DIEU

Ouy, c'est ung jugement dit,
Car ce lieu sera interdit
Aux humains pour ceste follye,
Jusqu'au temps de Enoch et Helye,
1560 Que dedens je colloqueray.

1535 B : *sur*. — 1546 C : *sur*. — 1548 C : *Vers eulx et qui l'arrest rapporte*.

ADAM, *estant au jardin*
Las! qu'esse que je feré?
Trop me suis deshonnoré,
Qui me suis advanturé
De ceste pome mengier!
Las! qu'esse que je diré, 1565
Quant devant mon Dieu seré?
Bien sçay que de brief voirray
Qu'il viendra pour me juger.
Helas! qui eust peu songer
Que cheu fusse en ce danger? 1570
Femme, ç'a esté par toy
Et le serpent mensongier,
Faulx et traistre messagier,
Qui t'envoya devers moy.
 Nue te voy 1575
 En povre arroy,
 Ville nature.
 Helas! pourquoy
 Contre ton roy
 Prins l'adventure 1580
 De ceste injure,
 Contre droicture
Perpetrer et contre la loy?
Helas! dolente creature,
Tu as fait la sure morsure; 1585
C'est trop mal vescu en la foy.
  ÉVE
O douloureuse pecheresse
Que je suis, sans repos ne cesse!
Bien doy plourer en grant tristesse
Pour l'extorcion et oppresse 1590

1569 B: *Gelas*. — 1575 A: *Nuee*. — 1585 B: *lasus morsure*.

Qui par moy a esté commise.
Or puis je voir maintenant qu'esse
De nature et de sa foiblesse ;
Maintenant fault que je congnoisse
1595 Ma villité. Las ! pourquoy esse ?
C'est pour que a peché me suys mise.
Le traistre serpent m'a surprise ;
Helas ! j'ay perdu ma franchise,
Maintenant le voy et advise.
1600 Je doy bien mauldire celle heure
Que au faulx serpent me suis submise,
Parquoy j'ay fait ceste entreprinse
Et la mortelle pome ay prinse,
Par qui il fauldra que je meure !

Adam

1605 Pleure, dolente femme, pleure,
Et de pleurs tout ton corps espleure
D'avoir esté mediateure
Du serpent et intercesseure
Envers moy, pour moy decevoir.
1610 Requier a Dieu qu'il te sequeure ;
Repens toy, povre malfacteure,
Femme fragille, detracteure,
De tout vice procurateure !
Quel reconfort peulx tu avoir ?
1615 Present, tu peulx apparcevoir
Que tu as trop mal fait devoir.
Par toy j'ay ce vice commis,
Du quel je puis assez savoir
Qu'il nous convient mort recevoir ;
1620 Ainsi nous est de Dieu promis.

Dieu

Il est temps que l'homme soit mys

1596 C : *C'est pour ce que.*

Hors de mon plaisant heritage,
Pour le peché et grant oultrage
Qu'il a fait contre mon esdit ;
Le lieu en sera interdit. 1625
Cherubin, embas descendez
Et tout enflambé vous rendez,
Tenant ung glaive en vostre main
Flambant, et le premier humain
Gettez dehors mon Paradis. 1630
Les biens luy en sont interditz
Et pareillement a sa femme,
Pour le peché et grant diffame
Qu'ilz ont fait contre ma justice.
Chassez les du lieu de delice, 1635
Et voysent au Champ Damascéne
En labourant vivre leur régne,
Qui long et douloureux sera.

Cherubin

Tantost de ce lieu partira
Adam, et Éve la meschante, 1640
Qui grandement s'esbahira
Quant vostre mandement orra
Et voirra l'espée flambante.
Triste, dolente et desplaisante
De ceste heure faire la vois, 1645
Et Adam aussi, je me vante,
Quant il escoutera ma voix.

Misericorde

Vray Dieu, tout puissant roy des roys,
Vostre courage amoderez ;
Au mains promettez que une fois 1650
Misericorde leur ferez.

Dieu

Bien, Cherubin, vous leur direz

1631 B : *Les biens luy sont interditz.* — 1637 A B : *leurs.*

Que une fois me recorderay
De eulx en pitié et leur feray.
1655 Misericorde de leur fait.
Cherubin
Hault et souverain Dieu parfait,
Cest esdit leur vois pronuncer,
Et reallement et de fait
Hors de Paradis les chasser.
Justice
1660 En tel lieu ne doit on laisser,
Mais cruellement expulser
Creatures si tresinfaictes.
Misericorde
Justice, sans vous courroucer,
M'amye, vous devez penser
1665 Comme les offences sont faictes.
Se les creatures forfaictes
Se sont par leur fragilité,
Par moy peuent estre refaictes
Leurs paix, selon bonne equité.
1670 Vous savez que, de verité,
Quelque peché que l'homme face
Jamais Dieu en bonne equité,
S'il retourne en humilité,
Ne luy vouldroit denyer grace.

Cherubin
1675 Hors, Adam ! hors de ceste place
Vuydez tous deux sans plus d'espace !
Je suys le messaiger de Dieu,
Lequel m'a dit que de ce lieu
Comme pecheurs vous prive et chasse.
Adam
1680 O sire Dieu, tourne ta face

Sus les povres pecheurs humains
Et, s'il te plaist, point ne dechasse
Ce que tu as fait de tes mains.
 Regarde noz plains
  De grans douleurs plains ;   1685
 Pren compassion
 De nous, et au mains
 Que soyons certains
 De remission.

Cherubin

Vuydez dehors ! Plus en pocession   1690
N'aurez ce lieu ! A celuy retirez
Ou faicte fut vostre creacion,
Car en cestuy jamais ne habiterez.
 Au Champ Damascéne tirez.
  Entre Dieu et vous est la guerre,   1695
  Et pourtant veult il que la terre
  En peine de corps labourez.
 Quant des enfans que engendrerez,
 La fémme qui les portera
 En douleur les enfantera,   1700
 En souvenance du forfait.

Adam

Helas ! est le jugement fait ?
Sommes nous gens de Dieu maulditz ?
Est nostre peché tant infaict
Et si grant, qu'il faille de fait   1705
Qu'en perdon ce beau Paradis ?

Cherubin

Les biens vous en sont interditz ;
De vray vous estes condamnez.

Éve

Voix du ciel, qu'esse que tu ditz ?
Faut il que nous soyons damnez ?   1710

1684 B : *Regarge.*

CHERUBIN

Sans plus attendre cheminez,
Car le dit est irrevocable,
Et jamais jour ne ymaginés
Que pour demourer retournez
En ce Paradis delectable.

ADAM

Las! sera point Dieu pitoyable?
N'a il de nous quelque memoire?

CHERUBIN

Ouy, vostre paix est tractable
Envers Dieu, mais non pas encoire.

ÉVE

Encore helas! Vray Dieu de gloire,
Vueille toy de nous advertir.

CHERUBIN

Vuydez hors de ce territoire!
Vitement il en fault partir
Et sans jamais y revertir;
Dieu l'a ordonné en ce point,
Qui jamais ne pourroit mentir;
De ce qu'il dit il ne fault point.

ADAM

O femme, femme, mal apoint
Vins vers moy apporter la pomme!

ÉVE

Helas! vous avez dit vray, homme;
Je requiers Dieu qu'il me pardoint.

ADAM

Quelz gens sommes nous, en quel point?
Tous nudz, sans quelque couverture
Pour couvrir l'orreur de nature,
Helas! qu'esse que nous feron?
De quoy esse que couvriron

1736 B : *que nous couvriron.*

De noz corps les secretz piteux ?
Voir, l'ung l'autre sommes honteux.
Ainsi, o povre humanité,
Monceau de terre lymonneux, 1740
Ragarde ta fragilité.

Éve

O lieu plain de felicité,
Faut il que, par iniquité
Et peché de nous, te pardon,
Et que l'ung l'autre regardon 1745
En une si grant vilité ?

Adam

Lieu de voluptuosité,
Lieu de plaisir, lieu de soulas,
Je puis bien dire : Dieux ! helas !
Quant de toy je suis rejetté. 1750
Helas ! Dieu m'y avoit bouté
En plaisance si souveraine,
Pour conduire a ma voulenté
Tous les biens de nature humaine ;
Helas ! j'eusse vescu sans peine, 1755
Ne prendre travail de mon corps ;
Helas ! il fauldra que je painne
Par chacun jour de la sepmaine,
Puisque nous en sommes mys hors.
Las ! se nous eussons esté fors, 1760
Ainsi qu'il estoit de droicture,
Sans avoir prins ce doulent mors,
A paine jamais fussons mors,
Si non par decours de nature.

Cherubin

Allez humains ; je vous asseure 1765
Que Dieu vous promect et acorde

1741 B : *Regarde*. — 1744 C : *predon*. — 1759 *En* m. dans C. —
1760 A : *ce*. — 1763 B : *fussous*. — 1764 A : *Si uon*.

Par sa grande misericorde
Une foys de vous faire grace.

Icy s'en retourne l'Ange.

Cherubin

Or je pry a Dieu qu'il nous face
1770 Mieulx que nous n'avons desservy.
Helas! or me suis je asservy,
Esloigné de beatitude;
J'ay converty en servitude
Liberté, laquelle j'avoye.
1775 Helas! par mon ingratitude,
Je pers des biens la plenitude,
Que a mon plaisir je possidoye.

Éve

Puis qu'il plaist a Dieu, prenon voye.
Adam, c'est pour nostre deserte
1780 Que perdon le lieu plain de joye,
Ou est de tous biens la montjoye,
Qui nous est douloureuse perte.

Adam

Vray Dieu, qu'est cecy? L'herbe verte
Saiche soubz nos pietz en passant?
1785 Bien est le vice apparessant,
Que avon commis, et forfaicture,
Quant seiche devient la verdure
Par dessus laquelle passon.

Éve

A ceste heure, nous congnoisson
1790 Nostre malheureux incident;
Puis qu'il fault que seiche façon
L'herbe par sus qui nous marchon,

Le peché est bien evident.

ADAM

Or suis je Adam, le president
De tristesse et desconfort,
De toutes vertus accident,
Ou est manent et resident
L'originel tiltre de mort.
Las! conscience me remort;
Signe de mon peché tresort
Monstre la voye ou je chemine,
Hayante de moy le support.
Bien doy avoir grant desconfort,
Quant je considére ce signe.

ÉVE

O pugnicion divine,
Qui jusques a la racine
L'herbe seiche, brule et mine,
Sus qui les piedz avons mis,
Bien monstres ta vertu digne
Contre la faulte maligne,
A qui j'ay esté incline,
Du peché que avons commis.

ADAM

Or sa, puis que Dieu a permis
Que a povreté soyons soubmis,
Ainsi que nous a recité
L'Ange pour nous chasser commis,
Tant que le peché soit remis,
Endurer nous fault povreté,
Et, pour couvrir humanité,
Convient faire en diverses sortes
Habis de peaux de bestes mortes,
Et trouver ceste habillité,

1809 A : *monstrez*. — 1814 C : *submis*.

Pour monstrer que necessité
Trouve les ars et la science.

Icy se vont vestir de peaulx.

ÈVE

1825　C'est grant pitié en verité
　　　Que de nostre mortelle essence ;
　　　Au devant que faire l'offence,
　　　En rien honteux nous n'estion
　　　De veoir l'ung l'autre ; difference
1830　Aucunement ne faysion,
　　　Mais, depuis la transgression,
　　　Tousjours honteux avons esté
　　　Toutesfois que nous regardon
　　　L'ung de l'autre la povreté.

DIEU

1835　Or est Adam hors regetté
　　　De mon Paradis precieux
　　　Et plain de toute amenyté,
　　　Ou est toute fecondité
　　　De bien mondain delicieux ;
1840　Quant est du royaulme des cieulx
　　　Et de mon Paradis celeste,
　　　Dès ceste heure icy je proteste
　　　De point ne les en interdire.

JUSTICE

　　　Comment est il possible, sire,
1845　Que vous reputez l'homme abille
　　　De posseder ce hault empire ?

1839 A : *mondains*. — 1842 B : *ceste heure cy*. B porte au titre courant : *De Adam et Ève*, puis aux six pages suivantes : *De Adam et de ses enfans*.

Il ne me semble point utille.
Dieu
Si feray au moyen d'une huille,
Qui d'un sainct fruict depurera,
Qui Adam avec sa famille   1850
Toute, tant de filz que de fille,
De cest vice mundifiera.
Justice
A bien grant peine se fera,
Et me semble qu'il ne peult estre.
Misericorde
Sauf vostre grace, si fera   1855
Puis qu'il plaist a Dieu le parmettre.
Justice
Il est vray que Dieu est le maistre,
Mais, pour faire justice bonne,
Ce n'est pas rayson qu'il pardonne
Ainsi de l'homme le deffault.   1860
Misericorde
Mais necessairement le fault,
Car Dieu seroit trop rigoureux
Que pour ung pecheur, ou pour deux,
Perdist une communité,
Car pourquoy ? La posterité   1865
N'est pas cause de vitupére,
Que a perpetré leur premier pére
Les accés ; leur seroit trop mal,
A cause de pére et de mére,
D'avoir peché heredital.   1870
Justice
Puis que le membre capital
Est blessé, veullent ou non veullent,
Tous les autres membres s'en deullent :
C'est amphorisme solennel.

1856 C : *permettre.*

1875 Or est d'Adam sempiternel
Le vice et, a bonne sentence,
Cestuy péché originel
Doit sentir toute sa semence.
Dieu
Tous se sentiront de l'offence
1880 Et jamais n'auront saulvement,
Tant que divine sapience
I ait procédé autrement.

1877 A : *Cestuy peché orgueil.* — C : *Cestuy peché faict par orgueil.* — 1879 A : *ce.*

*Icy faingnent Éve et Adam avoir ja eu Cayn
et ¹ Calmana.*

Adam
Vray Dieu, regnant au firmament,
Qu'il y a desja longuement
Que de Paradis sommes hors,   1885
Et n'avons eu lignage fors
Cayn et sa seur Calmana.
Or est vray que Dieu ordonna
Que ensemble comunicasson,
Affin que la terre emplisson ;   1890
Si me semble bien necessaire,
Pour multiplicacion faire,
Que Cayn se prenne a sa seur.
Éve
Faire le fault, pour le plus seur,
Puis que c'est la loy de nature.   1895
Adam
Cayn, mon filz, ma geniture,
Pour la multiplicacion
Des humains, selon la droicture
De divine ordinacion,
Vous prendrés coppullacion   1900
Avecques vostre seur germaine,
Pour donner augmentacion
Aux suppos de nature humaine,
Affin que la terre soit plaine.
Cayn
Pére Adam, c'est chose certaine   1905

A B C : *par Calmana*, leçon qui nous paraît n'offrir aucun sens.

Que, s'on veult qu'elle soit emplie,
Il faut que chacun multiplie,
C'est une chose convenable,
Et que chacun ayt sa semblable ;
1910 C'est le vouloir de Dieu le pére.
Éve
Calmana, obey a ton frére ;
Sa partie te convient estre.
Calmana *commence*
Ainsi qu'il vous plaira, ma mére ;
Je n'y veul pas contredit mettre.
Cayn
1915 Doulce seur, il nous fault acroistre
De nostre part le genre humain,
C'est le comandement du maistre,
Nostre Dieu, nostre souverain.
Calmana
Ce qu'il plaist a Dieu pour certain
1920 Vueil acomplir et sans replique.
Cayn
Ma seur, je suis vostre prochain ;
C'est force que vous communique.
Calmana
Puis que c'est la loy autentique
De Dieu, nostre souverain roy,
1925 Mon chier amy et frére unique,
Faictes vostre plaisir de moy.

Nota que Cayn et Calmana ne parlent plus tant qu'ilz ayent eu des enfants.

Adam
O doulx Dieu, quant je voy
Et des yeulx apperçoy
Mon lignage, je doy
1930 Bien estre douloureux

Et vivre en grant esmoy,
Qu'i sont par mon desroy
Tous subgectz a la loy
Des pescheurs maleureux.
Las ! a cause d'eulx,   1935
Le vice dangereux
Du morceau languoreux
Commis ne fut jamais.
Je voy devant mes yeulx
Que tous, jeunes et vieux,   1940
En seront vicieux
Reputez a jamais :
Helas ! ilz n'en peuent maiz.

Or prent acroissement
Le genre incessament   1945
Par communicquement
De l'homme avec la femme,
Selon ton mandement.
Las ! que j'ay grant tourment
Considerant comment   1950
Subjectz sont a mon blasme.
Las ! je suis bien infame,
Digne qu'on me diffame,
Quant mes filz, corps et ame,
A peché je soubmetz.   1955
Las ! fault il qu'on les clame
Pecheurs et qu'on les blasme
Du criminel diffame
Qu'ilz n'eurent oncques mès ?
Helas ! ilz n'en peuent mès.   1960
               ÉVE
Adam, c'est pour nyent ;
Estre fault pacient.

1935 A : *cause*. — 1945 A : *genrre*.

Puis que venu ainsi
Est l'inconvenient,
1965 Soit Dieu compassient
A nous faire mercy !
Pensez que moult transsi
J'ay le cueur de soucy
Quant je regarde escroistre
1970 Noz enffans que voicy,
Et a ce vice icy
Tous subgetz leur fault estre.

ADAM

Le cueur ne me cesse de croistre,
Considerant que mon lignage,
1975 Qui jamais de moy pourra naistre,
Soit obligé a mon oultrage,
Et que avons perdu l'eritage
Des cieulx, pour qui fus premier fait.
Helas ! Et faut il qu'en toute aage
1980 Les humains sentent ce meffait ?

ÉVE

Se le genre ainsi ce parfait
Que de jour en jour il commence,
Le monde remply en effect
Tost sera de nostre semence.
1985 S'il ne vient quelque decadence,
Tost la terre se remplira
Et couvrira d'umaine essence.
Dieu saiche qui les nourrira.

ADAM

Taysez vous ; Dieu nous aidera.
1990 Chacun de nous labeur fera
Et la terre fructifiera,
De qui chacun prendra substance.
Cayn, mon filz aisné, sera

1973 A : *ne me cesse croistre.* — 1 86 A C *ce.*

Laboureur et gouvernera
Le plus sagement qu'il pourra   1995
Les autres en bonne ordonnance.
Quant de mon segond filz Abel,
Qui tant est gracieux et bel,
Avecques sa seur Delbora,
16 d   Les bestes au champs gardera   2000
Et aux herbes les menera,
A celle fin qu'on les nourrice.
Par ainsi tout s'augmentera ;
'Le fort le foible portera,
Et l'un a l'autre servira,   2005
En faisant chacun son office.

CAYN

Quant au regard du labourage,
Pére Adam, j'en retien l'usage,
Comme le vostre filz aysné.

ADAM

Mon filz aisné, monstre toy saige,   2010
Je te requier, sans faire ouvrage
Qui par droit ne soit ordonné.

CALMANA

Puis que a nous est determiné
L'estat du labeur, aux humains,
Et qu'il est mis entre noz mains,   2015
Nous en devons faire devoir.

CAYN

Labourer convient pour avoir
Nostre substance corporelle,
Et pourtant, ma seur naturelle,
Calmana, puis que vous sçavez   2020
Le cas, travailler y devez,
Combien que labeur soit penible.

CALMANA

En tout ce qu'il sera possible
A vous secourir prendray garde.

Cayn

2025 Aussi le fault, car je regarde
Que l'umain genre croist beaucoup
Et sera escru tout acoup;
Par quoy, qui n'aura a planté
Des biens, grande necessité
2030 Pourroit courir; voire, sur tous,
Seulement a ceulx qui de nous
Sont venus, cecy considére.
De l'autre part, Abel, mon frére,
Avecques ma seur Delbora,
2035 Le genre humain augmentera
Tant que, par venir fort en estre,
L'un l'autre vouldra descongnoistre
Et, par usurpée voulenté,
Chacun se vouldra dire maistre
2040 Et se donner auctorité.

Calmana

Cayn, vous dictes verité;
Bon feroit penser a cecy,
Car, se le cas venoit ainsi,
Tourner vous pourroit a grant dam.

Cayn

2045 Quant au regard du pére Adam,
Il ne vivra point grandement;
Desjà a vescu longuement.
Labourant ainsi qu'il labeure,
Portant tousjours peine et torment,
2050 Pas n'est possible aucunement
Que de bien bref il ne se meure.

Calmana

Quant du bon homme, d'heure en heure
Il affoiblist; aussi fait elle;

2025 C: *Ainsi.* — 2027 C: *accreu.* — 2030 A: *Pourroit.* — 2036 A B C: *parvenir.*

Et puis cella qu'i tousjours pleure
Luy casse toute la cervelle. 2055
CAYN
Quant de puissance naturelle,
Ilz n'en ont plus guérez au corps.
Si pense, quant ilz seront mors,
Au droit de primogeniture,
Qui me doit venir par nature; 2060
Par quoy, je vueil de moy penser
Et sus tous les miens advancer,
Affin que ne soye deceu.
J'ay desja aparmoy conceu
Ung point pour me fortifier, 2065
Et, premier, pour edifier
Lieux en terre fors et tenans,
Pour resister aux survenans;
Attraire vueil a mon ouvrage
Tous ceulx qui sont de mon lignage, 2070
Et prendre en possession,
Puissance et dominacion,
Ainsi qu'il nous est necessaire.
CALMANA
Qui ceste chose pourroit faire,
Ce nous seroit ung tresgrant bien. 2075
CAYN
Taysez vous; j'en cheviray bien.
J'ay Enoch, qui sera des miens,
Comme mon filz, et tous les siens,
Descendus naturellement,
Qui se monteront grandement, 2080
Comme Yrard et Mamael
Et les enfants Matussael,
Qui tous par humaine ordonnance
Sont descendus de ma substance.

A B : *peusse*. — 2064 A : *concen*.

2085 Quant je les auray tous ensemble
Assemblés, je croy et me semble,
Que fors serons a desconfire.
CALMANA
Se tout ce lignage se assemble,
Jamais on ne vous sauroit nuyre.

ADAM
2090 Vien ça, Cayn.
CAYN
Que vous plaist, sire?
ADAM
Escoute ce que je diré.
J'ay aparmoy consideré
Que nostre lignage fort croist
Et, se tousjours ainsi escroist,
2095 En si grant nombre il se croistra
Que l'un l'autre descongnoistra,
Et vouldra peult estre le fort
Au foible et petit faire tort,
Qui ne seroit pas chose bonne;
2100 Et, pourtant, je vueil et ordonne
Que notamment gardés ung point,
C'est que vous ne entremeslez point
Voz lignagez assemblément,
Car, par le grant accroissement,
2105 Par estre ou trop ou peu a l'aise,
Entre vous pourroit sourdre noyse,
De quoy vous ne avez pas mestier.
Ainsi chacun en son cartier
Vous tenez, et, sans villenye,
2110 Exploite chacun son mestier

2092 C : *Tout aparmoy consideré.* — 2094 C : *acroist.* — 2006
A C : *surdre.*

Avesques ceulx de sa lignye.
ABEL *commence*
Pére, Dieu vous doint bonne vie!
Vostre enseignement est propice
Pour oster le danger d'envye,
Qui de tous pechez est nourrisse. 2115
CAYN
Or donc, que chacun se chevisse
En son cas, au mieulx qu'il pourra,
Et que l'un ses bestes nourrisse,
Et l'autre le labeur fera.
ABEL
Je feray ce que on me dira. 2120
Mon frére, selon le cours d'aage,
Commandez ce qu'il vous plaira ;
Vous devez estre le plus sage.
CAYN
Abel, vous irez a l'erbage,
Avecques ma seur Delbora, 2125
Mettre bestes en pasturage ;
Quant au regard du labourge,
C'est a moy qu'il demourera.
ABEL
Ce Dieu plaist, tout bien se fera,
Mais que chacun endroit soy pense. 2130
Servon Dieu : qui le servira
Tienne soy seur qu'il en ayra
Une fois bonne recompense.
Or ça, Delbora, diligence !
Nous deussions desja estre aux champs, 2135
La bonne pasture charchans
Aux bestes.
DELBORA *commence* [1]
C'est bien dit, Abel,

2132 C: *aura.* — [1] *Commence* m. dans B.

Mon frére ; le temps renouvel
Fait flourir les doulces herbétes ;
2140 Il ne fault plus estre a l'ostel.
La terre a prins son vert mantel,
C'est pour paistre noz brebiettes,
Vaches, veaulx, chiévres et chevrétes.
Ce pendant que ce beau temps dure,
2145 Deviendront grasses et refaictes ;
Allon les mettre a la pasture.

Abel

Le hault createur de nature,
A qui doit toute creature
2150 Rendre hommage et faire devoir,
Nous doint trouver bonne pasture
Et de toute malle adventure
Nous preserve, et de mal avoir !

Cayn

Je vueil aparmoy concepvoir
2155 Moyen d'avoir quelque advantage,
Tant en puissance que en avoir,
Sur tous ceulx de l'humain lignage.
Premier, de grandeur, de courage
Vueil user, et d'auctorité,
2160 Sur ceulx de ma posterité,
Et les faire a mon appetit
Obeyr petit a petit,
Car bref j'auroye trop d'envye,
Tant comme je seray en vie,
2165 Que mes fréres me surmontassent,
Ne dessus moy ung pas montassent ;
Mais vueil plustost sur eulx monter
Et par force les surmonter :

2166 B : *ung peu.*

De fait, j'en suis deliberé.
Vien ça, Enoch, je te diré; 2170
Fay moy ton filz Irard venir.
Enoch *commence*
Bien, mon pére, je le feré,
Puis qu'il vous plaist le convenir.

17 d Irard, mon filz, sans plus tenir,
Venez pour a Cayn complaire, 2175
Vostre ayeul, savoir qu'il veult faire;
Il dit qu'il veult parler a vous.
Irard *commence*
Ou il vous plaira, quant et vous
Je iray, pére; c'est bien raison.
Enoch
Allon donc, il en est saison; 2180
Luy obeyr sommes tenus.
Irard
Je cuide que de la maison
Ne luy desobeissent nulz.

Enoch
Pére, nous sommes revenus
Vers vous, mon filz Irard et moy. 2185
Cayn
Vous soyez les tresbien venus!
Bien aise suys quant je vous voy;
Toutesfois, la cause pourquoy
Je vous ay voulu voir ensemble
Dire vous vueil, car il me semble 2190
Qu'elle vous touche grandement.
Vous savez que presentement
Nostre genre fort multiplie

2174 A: Irad.

Et sera la terre remplie
2195 En bref, si croist tousjours si fort ;
Or crains je qu'il n'y ayt discort,
S'il fault que Abel croisse en lignage
Comme moy, et que par trait d'aage
Ses enfans veullent surmonter
2200 Nous autres, et est a doubter ;
Parquoy, il nous est necessaire
De quelque habitacion faire
La ou, s'il vient necessité,
Ensemble nous puisson retraire,
2205 Pour eviter adversité.

Enoch
Jamais ne fut faicte cité
Ne ville, qui fut close.

Irard
     Non ;
Parquoy, il est utilité
Que une bien forte en ordonnon.

Cayn
2210 Une place de grant renon
Feron, forte, puissante et belle,
Laquelle portera le nom
De Enoch, mon filz aisné, sus elle.

Enoch
Faire la fault de façon telle,   18 a
2215 S'il vient aucun qui nous assaille,
Qu'on se puisse monstrer rebelle
Et livrer assault de bataille.

Cayn
Fermée de forte muraille
Sera ; j'en ay ymaginé
2220 Bien la façon ; ne vous en chaille,
Puis que ainsi est determiné.

2208 B : *il est verité.*

Irard

Or sus donc ! Il est ordonné
Que ceste cité sera faicte.
Cayn

Du nom de Enoch, mon filz aisné,
Le nom d'elle sera donné, 2225
Après que nous l'aurons parfaicte.
Irard

La feron nous nostre retraite
Et nous tiendrons en seureté.
Cayn

Je vueil avoir, qui qu'en caquette,
Sus mes fréres auctorité. 2230

Adam

Or croist ja en grant quantité
Nostre humaine posterité,
Et si avons toute saison.
Louée soit la deité,
Pour soustenir humanité 2235
Des biens de terre a grant foison.
Si me semble, selon raison,
Que ce soit reputé a vice
Se devant Dieu nous ne faison
D'iceulx biens aucun sacrifice. 2240
En effect, la chose est propice
Et selon raison necessaire,
En congnoissant le benefice
Qu'il a pleu a Dieu de nous faire.
Éve

Adam, vous estes l'exemplaire 2245
Des autres, le commencement,
Racine, chief et formulaire

2224 B : *Ou nom.* — 2226 C : *perfaicte.* — 2227 B : *Ça.*

        De tous humains entiérement;
        Se voyez convenablement
2250 Que sacrifice soit louable,
        Il vous fault adviser comment
        Voz enfans solemnellement
        Le feront pour le plus notable.

              ADAM

        Le sacrifice est convenable,
2255 Duquel le bien de Dieu nous vient;
        Pour le rendre plus amyable,
        De misericorde accordable,
        A luy sacrifier convient.
        C'est celuy qui tous nous soutient;
2260 Pourtant, honneur luy devons rendre,
        Ainsi que faire il appartient,
        Et prier que a gré vueille prendre.
        Ça, mes enfans, venez entendre
        Aucuns poins que l'en vous dira,
2265 Pour vous enseigner et aprendre
        En ce donc on vous instruira.

              CAYN

        Pére Adam, ce qu'il vous plaira;
        Soit fait tout a vostre desir.

              ABEL

        Soit tout fait a vostre plaisir;
2270 Dictes a vostre voulenté.

              ADAM

        Mes enfans, il est verité
        Que je suppose qu'en ce lieu
        Me soit venu l'esprit de Dieu
        Advertir et signifier
2275 Que nous devons sacrifier
        Par sacrifices legitimes,
        Et payer a Dieu les decimes

2270 C : *voulnté*. — 2273 A B : *esperit*.

Des biens que terre nous apporte.
Abel
Il fauldroit congnoistre la sorte,
Pére Adam, ainsi qu'il me semble. 2280
Adam
Cayn, qui les gerbes assemble
De blé, la dixiesme prendra,
De qui sacrifice rendra
Devant Dieu, par flamme alumée,
Affin que par celle fumée, 2285
Qui tournera devers les cieulx,
Dieu vueille esmouvoir ses sainctz yeulx
A nous faire misericorde.
Cayn
Mon pére Adam, je m'y accorde
L'estatu ne sera que bel. 2290
Adam
Quant au regard de toy, Abel,
Qui as les bestes par troupeaulx,
Disme brebis, moutons, aigneaulx,
Affin que par toy en soit fait
Sacrifice au Dieu parfait. 2295
Quelque bel aigneau tu tueras
Et devant Dieu le brusleras,
En le merciant de son bien.
Abel
Mon cher pére, je le vueil bien ;
C'est raison que servy en soit. 2300
Ainsi que chacun aparçoit,
Tout le bien de ce monde est sien ;
Entre nous, nous n'y avons rien
Que ce qui luy plaist de sa grace ;
Tout le commun bien terrien 2305
Vient de luy, quelque euvre qu'on face.

2287 B : *ses yeulx*. — 2292 B : *tropeaulx*. — 2306 A : *quelques*.

ADAM

Pourtant doncque, devant sa face
Sacrifices faire luy fault,
Tant que d'eulx la fumée passe
2310   De la terre jusques en hault.

ABEL

En moy n'y aura nul deffault,
Ce Dieu plaist, que je ne choisisse
Celuy des aigneaulx qui mieulx vault,
Pour en faire le sacrifice.

CAYN

2315   Je n'entens rien a ce service
Que mon pére Adam nous ordonne;
La façon n'est belle ne bonne.
Quoy! Qu'on voyse les biens bruler,
Pour en faire fumée aller
2320   Jusques devant Dieu? Somme toute,
Je croy que mon pére radoubte
Et qu'il parle par fantasie;
Bref je n'y congnois que follye.
Comment! Quant les gerbes sont meures,
2325   Qu'on voyse prendre des meilleures
Et les bruler? Quoi qu'on m'en dye,
Voyrement je ne le feray mye,
Non obstant du pére la grace;
Et, si convient que je le face,
2330   Des pires gerbes de mon blé
Prendray, qui sera assemblé.
Aussi bien, c'est chose perdue,
Qui ne porte point de value,
Ne jamais ne pourroit porter.

ADAM

2335   Mes enfans, allez presenter
Sacrifices, ainsi que j'ay dit;

2308 A B C : *Sacrifice.*— 2321 C : *redoubte.*— 2336 A B C : *Sacrifice.*

Que Dieu les vous vueille accepter!
ABEL
Pére, g'y voys sans contredit.
CAYN
Allon, puis que c'est vostre esdit,
Car vous y estes bien bouté. 2340

DIEU
18 d Haa! Cayn, douloureux mauldit,
Bien voy ta faulce voulenté;
Tu es bien du Dyable tenté,
Qui de presenter ne prens cure
Au createur la creature; 2345
Tu es bien plain de faulceté.
Aujourd'uy ton iniquité
Sera manifeste si fort
Que a toute perpetuité
Sera nouvelle de ta mort. 2350
JUSTICE
Sire Dieu, vous me faictes tort,
Que ne perdés humain lignage,
Quant chacun jour, par grant effort,
Il s'efforcent de faire oultrage.
Voyon le dampnable courage 2355
De Adam, et le grant malefice,
Et puis le segond personnage,
Cayn, regardés son ouvrage,
Le quel il fonde en avarice.
Voullez point qu'on le pugnisse 2360
Par jugement irrevocable?
N'est point le jugement propice?
MISERICORDE
Helas! Je vous requier, Justice,

2342 C: *volunté.* — 2347 A B C: *tout.* — 2357 B C: *second.*

　　　　Que soyez ung peu pitoyable,
2365　Voullez vous que, pour le coupable,
　　　　Le juste, qui aucunement
　　　　N'a failly et n'est point coupable,
　　　　Soit dit par arrest condamnable
　　　　D'estre mené a damnement?
2370　Glorieux roy du firmament,
　　　　Dedens qui tout est bien conceu,
　　　　Se Cayn a esté deceu
　　　　Et que le Dyable l'ayt tenté,
　　　　Ainsi que l'avez apperceu,
2375　Par vous ce vouloir soit osté.

　　　　　　　　Dieu

　　　　Ce seroit contre verité,
　　　　Car j'ay donné pour ung beau tiltre
　　　　A l'homme liberal arbitre
　　　　Et liberalle voulenté.
2380　Face bien ou iniquité,
　　　　Selon que bon luy semblera,
　　　　Car en justice d'equitté,
　　　　Par ma puissante auctorité,
　　　　Son fait on remunerera.
2385　Qui bien fera le trouvera;
　　　　Qui fera mal a l'opposite;
　　　　Le mauvais son mal portera,
　　　　Et le bon selon son merite.

　　　　　　　　Abel

　　　　Mon frére Cayn, allon vite
2390　Faire sacrifices nouveaux.

　　　　　　　　Cayn

　　　　Va de ton costé, je te quitte,

2379 C: *volunté.* — 2390 A B C: *sacrifice.*

Et fay ton plaisir de tes veaulx;
Offre moutons, brebis, aigneaux,
Ainsi que voirras bon affaire.
ABEL
Je vueil eslire ung des plus beaux 2395
Aigneaux vierges de mes tropeaulx;
Je requier que a Dieu puisse plaire.
CAYN [1]
Ce m'est tout ung plaire et desplaire,
Car bref je ne bailleray point
Mes bons blés, en vella le point; 2400
Et puis, prenne en gré qui vouldra,
Qui le vouldra prendre prendra;
C'est tout ung, on n'y peult faillir.
Je vueil meschans espis queillir,
Tous amortis et tous cassez, 2405
Desquelz ne peult nul bien saillir,
Et les presenter, c'est assez.
Quoy! Quant j'ay mes blez amassez,
Que je voyse mettre en cendre
Encore les meilleurs? Penssés 2410
Que cela je ne puis entendre.

Il fault ung aigneau.

ABEL
Ce bel aigneau vierge voys prendre,
Le quel est vierge creature,
Pour digne sacrifice rendre
Au hault createur de nature, 2415
Mais, pour en faire la bruleure,
Mon feu allumer il me fault,
Et, souldain après la mort dure,

2397 A C: *puissance;* — B: *puissent.* — [1] A: *Cyn.* - 2417 H: *Non feu.*

Le getter dedans ce feu chault.

Il boute le feu en du boys et dit, en y gettant l'angnieau :

2420 Dieu tout puissant, qui es la hault,
Createur et pére aux humains,
Plaise toy prendre sans default
Le sacrifice de mes mains.
Tu nous donnez tes biens mondains,
2425 Donc nous prenons nostre substance,
C'est bien raison a tout le moins
Que nous en ayons congnoissance.

Cayn

Icy ne prens point de plaisance
Qu'on me vienne bruler ma paille.
2430 Au fort aller, vaille qui vaille,
Cecy n'est point ma recouvrance.
Puisqu'il est dit par ordonnance
Du pére, je voys alumer
Cecy en feu et a brasance,
2435 Et puis, qu'il peult, prenne asumer.

Icy met le feu en sa gerbe.

Abel

O Dieu puissant, qu'on doit aymer
Et a toute heure reclamer,
Vueilles accepter pour parfaict
Le sacrifice que j'ay fait ;
2440 Monstre moy signe qu'il te plaise
Et que la fumée s'en voyse
Droit aux cieulx, vers la digne face,
Car c'est signe qu'il te desplaise

2428 A : *plaissance*. — 2435 A B C donnent la même leçon. Ne faudrait-il pas lire : *a fumer* ? — 2436 A : *M Dieu*.

Se devant tes yeulx el ne passe.
Cayn
Que la fumée se tient basse 2445
De ce feu ; point elle ne monte,
Mais ne se part point d'une place ;
Qu'esse cy ? Dieu n'en tient il conte ?
Le fait il pour me faire honte,
Ou pour monstrer quelque mistére, 2450
Affin que Abel, qui est mon frére,
Par preminence me surmonte ?
En effect, je n'ay point mon conte ;
Ce jeu ne me semble point bel.
Quoy ! Le sacrifice d'Abel 2455
Jette fumée jusques aux cieulx,
Toutesfois le mien n'est pas tel.
Il est assez de plus beaulx jeulx.
Abel
O Dieu parfaict et glorieux,
Maintenant voy devant mes yeulx 2460
Que mon offre te soit plaisante
Et qu'elle te plaist beaucoup mieulx
Que l'autre, que de ce bas lieulx
En rien devers toy n'est tendante ;
Aussi d'une gerbe meschante 2465
Et une blée non valante
Mon frére a sacrifié, sire.
Helas, helas ! la plus pesante,
La meilleure et la plus rendante
A grant peine pourroit souffire. 2470
Cayn
Vien ça, Abel, que veulx tu dire
De mon offrande ? Parle a moy.

2445, 2447 A C : *ce*. — 2455 A : *je sacrifie*. — 2459 C : *perfaict*. — 2461 C : *office*. — 2462 A : *beaucoup*. — 2463 C : *ces*. — 2470 C : *suffire*.

ABEL

Cayn, je m'en raporte a toy,
Mais concidére l'apparence
2475 Que tu as d'avoir fait l'offence
Contre Dieu nostre puissant roy;
Regarde la cause pour quoy
De la gerbe qu'as allumée
Ne monte point hault la fumée,
2480 Mais ce rabat totallement.
Dieu te monstre evidentement
Que bien voyt que pas ne sont bonnes
Celles gerbes que tu luy donnes,
Et aussi, a la verité,
2485 Ce n'estoit que meschanceté.
Mon frére Cayn, c'est failly
Trop meschantement devant luy;
C'est ce qui la fumée rabat.

CAYN

Haa ! bref il y aura debat
2490 Ung jour, je le puis bien pencer.
Dieu veult ce paillart avancer
Plus que moy; j'aperçoy le signe :
Ma fumée ne veut hausser,
Mais de tous poins se rabaisser;
2495 Dieu ne la repute point digne.
 Quoy seray je indigne,
 Qui suis de la ligne
 Chief et principal,
 Par droit origine,
2500 Et qu'on me domine ?
 Trop me feroit mal
 Que fusse vassal
 A ung bestial,
 Et que je souffrisse

2482 A : *non sont bonnes*. — 2494 A : *tons*.

Qu'on me meist aval 2505
Du droit capital
Pour ung sacrifice.
Non pas, que je puisse,
Car, soit bien, soit vice,
Je domineray ; 2510
S'on me rapetice
Ne droit ne office,
G'y remedieray.
Abel
Vien ça, Cayn, je te diray :
Requier Dieu qu'il te face grace. 2515
Cayn
Pour quoy esse que le feray,
Esse raison que je le face ?
Abel
Tu as peché devant sa face,
Et c'est contre toy courroucé.
Cayn
Non ay ; je n'é point offencé ; 2520
J'ay autant fait que toy, ou mieulx,
Abel
Et pour quoy es tu donc honteulx,
Je le te vueil bien demander ?
Tu n'osez le ciel regarder
Pour la honte de ton meffait. 2525
Pence, se tu eusses bien fait,
Que Dieu t'eust bien remuneré ;
Mais, quoy ! tu t'es deshonnoré,
Et en portons la recompence.
Cayn
Et, devant que faire l'offence, 2530
Dieu, qui tout sçait et doit sçavoir,
Puis que mes blés vouloit avoir,

2523 *Te* m. dans A C. — 2526 A : *ce*. — 2529 A B : *partous*.

>   Que ne me a il contraint offrir
>   Des meilleurs? Devoyt il souffrir
> 2535 Que je luy baillasse du pire?

ABEL

>   Helas! Cayn, que veulx tu dire?
>   Mon frére, ne sçais tu pas comme
>   Dieu a donné a femme et homme
>   Franc arbitre, pour en user
> 2540 En bien, ou pour en abuser?
>   Voulenté avons liberalle,
>   Pour faire chose bonne ou malle.
>   Se bien fais tu le trouveras ;
>   Se mal fais, rigle generale,
> 2545 Une fois pugny en seras.
>   Se tu me crois, tu requerras
>   Pardon a Dieu de ta deffaulte.

CAYN

>   Pourtant, ce ta fumée est haulte,
>   Es tu ja si glorifié
> 2550 De dire avoir sacrifié
>   Mieulx que je n'é fait en ce lieu?

ABEL

>   Je ne sçay ; je m'en fie a Dieu,
>   Qui le veult prendre agreable.
>   Te reputes tu point coupable
> 2555 Et rempli de grant avarice,
>   En faisant cestuy sacrifice?
>   Dieu t'a son bien abandonné ;
>   Or sa, que luy as tu donné?
>   Tu scez que le bien est venu
> 2560 De luy, le quel as retenu,
>   Et toutesfois il l'a souffert.
>   Il est vray que tu as offert

2533 A B : *d'en offrir.* — 2534 A B : *Devoyt souffrir.*— 2541 C : *volunté.*

20 a	Au createur la creature,
Mais non pas la voulenté pure
De toy, qu'il demandoit avoir.	2565
Cayn, je te fais assavoir
Que tu as grandement peché.

Cayn

Et me l'avez vous reproché,
Traistre garson, paillart infame ?
Avez vous en ce point presché	2570
De mon estat et represché,
Pour me vouloir imputer blasme,
En espoir, se chacun me blasme,
Que vous aurez auctorité ?
Au Dyable je donne mon ame,	2575
Qui que m'en loue ou diffame,
S'il ne vous est cher merité !
Voulez vous a la dignité
Venir de primogeniture
Et que le droit m'en soit osté ?	2580
Du Dyable je soye emporté
En Enfer, se le vous endure !
Sus ! il m'est de necessité
De trouver quelque abilité
De faire a ce paillart injure,	2585
Que sur moy sera surmonté
Et vouldra prendre magesté,
Premier sus humaine nature.

Abel

Je voy bien que Cayn murmure
Contre moy pour l'oblacion,	2590
Mais toutesfois en ce murmure
Il a bien grant extorcion.
J'ay fait sacrificacion ;
Se la fumée de la sienne

2564 C: *volunté*.

2595 N'a monté aînsi que la mienne,
Las! il en est occasion,
Car, comme par derrision
Et ainsi que par mocquerie,
Il a fait presentacion
2600 D'une gerbe toute pourrie.
Il est honteux de sa folie
Et la congnoist notoirement,
Non obstant qu'il ne acorde mye,
Ne que plainement il ne dye
2605 Qu'il ait failly aucunement.

Cayn

Or ça, j'é advisé comment
Et le plus convenablement
De ce paillart me vengeré.
Quel mal m'a il fait? Voirement
2610 Pas ung. Si a. Finablement,
Point de luy je n'endureré
Soit bien, soit mal, ou autrement ;
J'ay mys en mon entendement
Que desplaisir je lui feré,
2615 Et ay resolutoirement
Conclud que cauteleusement,
En cestuy jour, je le tueré.
Tuer, traistre? Que as tu pencé?
Ton frére, qui n'a offencé?
2620 Tuer, chien matin? Que as tu dit?
Tuer? Ouy, tout pourpencé.
Il ne sera point advancé
Devant moy, ou je soye mauldit!
S'il a eu son feu exaussé
2625 Et que le mien soit rabaissé,
Doit il avoir plus grant credit?

2604 A : *plainerment il dye ;* — C : *pleinement il dye.* — 2614 B :
Quel desplaisir.

Le tueré je ? Ouy. Je ne sçay.
Ouy ! S'il fault qu'il soit laissé,
Me vela d'honeur interdit.
  J'ay consideré   2630
  Que le meneré
  Aux champs a l'escart ;
  Lors, quant g'y seré,
  Moyen trouveré
  Qu'il aura sa part,   2635
  Quant le lesseré.
  Il est ordonné ;
  G'y ay eu regard ;
  Tout deliberé,
  Bref je le tueré,   2640
  Ains qu'il soit plus tart.
    ABEL
Avant, frére, que dictes vous ?
Qu'est il de faire ?
    CAYN
    Il fault aller
Ung peu aux champs et entre nous
De noz necessitez parler.   2645
Laissons sacrifices brusler ;
Il suffit bien pour le mistére,
Et pençon de nous reculer.
    ABEL
Je le vueil bien, Cayn, mon frére ;
Vers Adam nostre povre pére   2650
Retournon, quant il vous plaira,
Vers Éve aussi, nostre mére,
Pour savoir que l'en nous dira.
    CAYN
Bien, bien, on y retournera ;
Il y a encore assez temps.   2655

2633 C : *je y.* — 2637 A B : *honnoré.* — 2638 C : *Je y.* — 2653 C : *l'on.*

Soit droit, soit tort, hay qui pourra,
Car j'en feray de mal contens !
Fait sera ainsi que je entens,
Se une fois je le tien ou lieu.
2660 Allon, Abel.

ABEL
Allon a Dieu,
Mon frére ; que de mal nous garde !

CAYN
Quant a ce vice je regarde,
Que je dy que je vueil commettre
Nature aucun peu me retarde
2665 Et ne sçay en quel point me mettre.
S'il est force que ainsi doyve estre,
En meurdre je poullu ma main.
Or ne mourut jamais humain ;
Par quoy, a l'ouvrage congnoistre,
2670 Reputé seray inhumain.

Or sommes nous tous faitz pour vivre
Present donc, ce par trayson
Il faille que a la mort le livre,
G'iray contre Dieu et raison.
2675 Or n'y a yl point de achoyson,
Je le congnois, j'en suis certain ;
Il ne m'a fait rien de villain ;
S'il meurt par moy a desrayson,
Reputé seray inhumain.

2680 Se le Dyable y devoit courir,
Si mourra, ains qu'il soit demain,
En dangier a pur et a plain
Que, sans plus du fait enquerir,
Reputé seray inhumain.

2658 B : *ainsi que l'enteus.* — 2659 C : *au lieu.* — 2667 B : *pollus ;* — C : *En meurdre polluray.* — 2674 C : *Je iray.* — 2675 B : *ayt.* — 2681 A B C : *Si mourra il.*

Adam

Helas! Éve, doulce compaigne, 2685
Tant il y a que nous avon
Dessus nous de peché l'enseigne,
Et si encore ne sçavon
Combien porter nous la devon
Ne quant Dieu tournera sa face, 2690
Que piteux nous la percevon
Et qu'il nous vueille faire grace.

Éve

Adam, il y a longue espace
Que vivons en peine et tristesse
Et que sommes hors de la place 2695
Ou habondoit toute lyesse;
Jamais je n'auray que destresse
Toutesfois que penseray comme
Je fu si folle pecheresse
De vous presenter ceste pomme. 2700
Jamais n'aura femme ne homme
Que pour ceste transgression
Ne faille que pecheur on nomme.
Helas! j'en fu occasion.

Adam

Attendre fault remission 2705
Et faire du mieulx qu'on pourra;
J'espoir que par compassion
Une fois Dieu nous aydera.

Éve

Las! Dieu sache quant ce sera
Que nous pourron sçavoir comment 2710

2702 A B C : *Qui.*

Le moyen deliberera
De faire ce garissement.
Adam
Nos enfans mettent longuement
A faire ce sacrifiment;
2715 Il m'ennuye qu'il ne reviennent.
Éve
Je ne sçay pour quoy tant s'i tiennent;
C'est trop demeuré voyrement.
Adam
Il y a quelque empeschement,
Ou il contemplent le mistére
2720 Des sacrifices.
Eve
Certez, voyre;
De cela n'en fault point doubter;
Arrestez sont a voyr monter
Les fumées devers les cieulx.
Adam
Dieu de lassus devant ses yeulx
2725 Doulcement les vueille accepter!

Cayn
Or sus, avant! Je vois executer
Ce que j'ay dit et a la mort bouter
Mon frére Abel; il est fait de sa vie.
De ce baston le voys persecuter
2730 Par derriére, pour mieulx l'executer,
Car je voy bien qu'il ne me apperçoit mye.
Se le Dyable me debvoit emporter
Et en Enfer grefvement tormenter,
Si feray je le coup et la follye;

2715 B: *revient;* — C: *qu'ilz ne reviennent.* — 2716 B: *tient.* —
2729 A: *boys.*

Dieu ne sçauroit de ce fait m'arrester, 2735
Ne le paillart d'entre mes mains oster,
Puis que je suis en ceste arragerie.

Il le frappe et le tue

Le vella mort;
Il en est fait!
21 a   Soit droit ou tort, 2740
Le vela mort;
Point de resort
N'a en ce fait.
Le vela mort;
Il en est fait! 2745
Toutesfois, pour que le meffait
Soit plus tardif a descouvrir,
Le sang de luy je vueil couvrir,
A celle fin qu'on ne le voye,
Se aucun passoit par ceste voye, 2750
Ainsi que le monde chemine.

La Voix du Sang *qui crie a Dieu, et ne la voit on point.*
Justice, Justice divine,
Venez le sang juste venger,
Que voyez ainsi le danger!
Abel est mort, mys a ruyne. 2755
    Justice
Il est force que je m'encline
A escouter ce messager.
    La Voix
Justice, Justice divine,
Venez le sang juste venger!
    Justice
Dieu, de toute vertu racine, 2760

2739 A : *Ayt.* — 2754 C : *le danger.* — 2759 A : *la sang.*

Vueilles ce vice corriger ;
Ce sang la n'est point mensonger,
Tu en vois manifeste signe.
La Voix
2765 Justice, Justice divine,
Venez le sang juste venger,
Que voyez ainsi ledanger !
Abel est mort, mys a ruyne.
Dieu *parlant a Cayn.*
Cayn, Cayn, pecheur indigne
D'ouyr ma voix, ou est ton frére
2770 Abel ? Qu'esse qu'en viens de faire ?
Dy le moy tost, il le fault dire :
Ou est Abel ?
Cayn
Je ne sçay, sire.
Dieu
Haa ! menteur, des pires le pire,
Veulx tu denyer ceste guerre ?
2775 Le sang qui en est sur la terre
A cryé vers moy a puissance,
Demandant contre toy vengeance
D'avoir commis ce fratricide.
Hoo ! traistre mauldit, homicide,
2780 A tout jamais mauldit seras,
Et sus terre demoureras
A tout jamais vague et fuitif !
Cayn
O traistre, pecheur deceptif
Que j'ay esté ! Bien aparçoy
2785 Que Dieu juge vindicatif,
Pour mon peché trop excessif,
Se monstrera encontre moy.

2765 C : *le juste sang.* — 2767 C : *en ruyne.* — 2779 C : *Haa.*
— 2787 A : *se monstra.*

Dieu
Or advison que faire doy
A ce meurdrier legiérement,
Qui tant a transgressé ma loy ; 2790
Procedon a son jugement.
Justice
Je requier tout premiérement
Sans faire plus long playdoiment
Qu'i soit a la mort condamné
Et avec les Dyables damné, 2795
Car son cas est irremissible.
Misericorde
Seur Justice, s'il est possible,
Que plus paciente vous voye ;
Ne vous monstrez point si terrible ;
Procedez par une autre voye. 2800
Justice
Certes, ma seur, je ne sçauroye ;
Trop a peché plus que son pére,
Et est, comme bien prouveroye,
Sept fois plus grant son vitupére.
Cayn, qui a tué son frére, 2805
A commis sept pechez mortelz,
Dieu le congnoist bien.
Dieu
     Ilz sont telz :
N'en parlon plus ; c'est assez dit.
Force est que Cayn soit mauldit,
Car trop a mal fait son devoir. 2810
Premier, quant j'ay voulu avoir
Des biens de terre oblacion,
Il m'en a baillé porcion
En ce point qu'il a advisé
Et, pourtant, ne ay je a rien prisé 2815
Le sacrifice qu'il a fait.

JUSTICE

Dieu tout puissant, juge parfait,
Consíderez ce mallefice.

DIEU

Divisé a par avarice
2820 Les biens du monde qui sont miens,
Et les a attribuez siens ;
C'est bien droit que je l'en pugnisse.
Après, le mastin, plain de vice,
Dessus son frére a eu envye ;
2825 Après, luy a osté la vie
Par trayson : au champ l'a mené,
Ou coup de mort luy a donné,
Puis a voulu nyer de fait
Celuy meurdre vil et infait,
2830 Dont je doy, par juste raison,
Le maudire a toute saison,
Car trop est la faulte villaine.

MISERICORDE

Vray Dieu, de vertu la fontaine,
Soyez piteux et debonnaire,
2835 Et du pis que vous pourrez faire
Ne faictes en ce jugement ;
Misericordiéusement
Faictes justice en ceste part.

DIEU

Cayn, qui devant mon regard,
2840 Qui sus tout le monde a esgard,
As mys ton frére Abel a mort,
Mauldit es, seras, tost et tard.
Du tout ma grace se depart
D'avec toy, car tu as eu tort.
2845 Pour ton peché villain et ort,

2826 C : *aux champs*. — 2831 C : *en toute saison*. — 2842 C :
tost ou tart.

Fuitif seras, habandonné ;
C'est jugement sur toy donné,
Ou il n'y a quelque mercy.
Cayn
Comment, fuitif? Et qu'esse icy?
Bien suys damné a tous les Dyables,   2850
Car les bestes irraisonnables
Par les champs me devoreront;
C'est sans reméde.
Dieu
       Non feront.
Quiconque a mort te livrera
En sept doubles pugny sera,   2855
Combien que soyez fratricide,
Car je deffens faire homicide,
Dont tu as esté inventeur.
Pourtant, comme tel malfaicteur
Par my la terre vaqueras   2860
Et signe sur toy porteras,
De ton grant peché caractére,
Pour que tu as tué ton frére.
Toute ta vie trembleras :
Par ce signe congneu seras,   2865
Affin que aucun ne te mefface.

Icy tremble [1].

Cayn
O chien mastin, privé de grace,
Ou iras tu ne en quel place,
Pour attendre ton damnement?
De demander que Dieu te face   2870

---

849 B : *cy*. — 2854 A : *livra*. — 2856 C : *Combien que tu soys.*
— 2857 C : *estre homicide*. — 2863 C : *Et pource qu'as tué ton frére*. — [1] C : *Il tremble*. Ces mots m. dans B qui porte ensuite : *Cayn, en tremblant*. — 2868 C : *n'en quelle place*.

Grace et pardon, cela efface,
Car trop as péché grandement.
Que ne viennent soudainement
Les Dyables me mettre a tourment!
2875 Si fusse de honte delivre.
Mauldit soit mon soustenement!
J'ay trop peché villainement;
Je ne suis pas digne de vivre.
Plus grande est mon iniquité
2880 Que n'est la divine bonté;
Dampné suis, sans quelque doubtance;
Dampné a perpetuité
Je suys, et d'estre racheté
Jamais n'ay aucune esperance.
2885 A pou que par desperance
Ne me tue en grant desplaisance,
Mais je ne puis, Dieu ne veult mye;
Mais, comme banny de plaisance,
Vague me met, en demonstrance
2890 De ma tresgrande villenye.
L'ame qui en mon corps se tient
Soit mauldite, et pareillement
Celle terre qui me soustient
Pour attendre mon damnement!
2895 Maudit soit mon engendrement
Et l'heure que fu né mauldicte!
Maulditz soient entiérement
Mon corps et mon ame despite!

DELBORA
Seur Calmana, il fust licite
2900 D'aller savoir pour quoy sejournent

2885 C : *A peu.* — 2886 C : *grande.* — 2889 C : *Vague me met*
— 2891 A : *ce trait;* — B : *se trait.* — 2897 C : *generalement*

Tant noz fréres, qu'ilz ne retournent;
Ilz demeurent bien largement.
CALMANA
Il est licite voirement;
Trop demeurent comme il me semble.
Allon y veoir nous deux ensemble, 2905
Savoir se les rencontreron..
DELBORA
Je croy que nous les trouveron
En ces champs.
CALMANA
   Je le croy aussi
Qu'ilz ne soient point fort loing d'icy,
Car vecy la ou ilz ont fait 2910
Le sacrifice.
DELBORA
  En effect,
Il nous fault suyvre ce chemin.
Seur Calmana, voicy Cayn
Qui vient a nous, a mon semblant.
CALMANA
Comment, Cayn? Il vient tremblant. 2915
Dieu de lassus, ou a il esté?
Il y a quelque adversité,
Car jamais je ne le vy tel.
CAYN
Haa! mes seurs, j'é tué Abel,
Tué je l'ay, je vous prometz, 2920
Et mauldit suis a tout jamais
De la grant puissance divine.
Vous le voyez par cestuy signe
Qui denote ma vitupére.
De revertir envers mon pére? 2925
Jamais il ne me reverra.

2924 B C : *mon vitupére*. — 2925 C : *devers*.

Tu iras, ma seur Delbora,
Et leur diras mon povre cas.
DELBORA
Que Abel est mort! Helas, helas!
2930 Helas! qui a meu ce courroux
De mortelle guerre entre vous?
Qui en a esté l'achoison?
CAYN
Je l'ay tué en traison,
Je le congnois, et par envye,
2935 Dont je suis a toute ma vie
Mauldit et excommunié;
Trop en peché me suys lyé.
Quant de mon corps hors partira
Mon ame, en Enfer ira,
2940 Damnée avecques le Dyable.
CALMANA
O adventure pitoyable
Et plaine d'admiracion!
Dire que vous estes damnable
Par jugement irrevocable!
CAYN
2945 Point n'y a de remission,
Car telle est ma transgression
Qu'il n'y a peine tant grevable
En ce monde, qui soit solvable
D'en faire la pugnicion;
2950 Mesme Dieu, qui est pitoyable,
Je ne croy pas qu'il soit vaillable
De donner absolucion.
DELBORA
O dolente perdicion,
Pour en faire relacion

2934 C: *Je le confesse.* — 2940 A B C: *Damné.* — 2942 C: *de admiration.*

  Present a povre pére et mére !   2955
Se Dieu n'a d'eux compassion,
Pour ceste grande affliction
Ilz mourront en douleur amére.
  Las ! Cayn, mon frére,
  Qui t'a fait ce faire ?   2960
  Plus ne te verré.
  Las ! quelle misére,
  Quel grant impropére
  Pour toy porteray !

ADAM

Ces enfans ont trop demeuré ;   2965
Je ne sçay qui les peult tenir.

ÈVE

Advis m'est que voicy venir
Delbora toute souspirante.

ADAM

Elle plore fort ; je m'en vante
Qu'il y a eu quelque fortune.   2970

ÈVE

Croyez qu'il en y a aucune ;
Vous verrez qu'elle vous dira.

ADAM

Que a il, ma fille Delbora,

2957 C : *ceste dure affliction.* — 2959 A B : *Las ! Abel, mon frére.*

— 2960-2964 C : *Qui tel impropére*
  T'a faict perpetrer ?
  Las ! quelle misére
  Et quel vitupére
  T'a le cueur oultre(r) ?

— 2965 C : *demeurer.*

Dont vous menez ce desconfort?

DELBORA

2975 Helas! mon pére, Abel est mort;
Cayn l'a tué pour certain.

ADAM

Que Abel est mort, vray Dieu haultain!

ÉVE

Que Abel est mort! Par quel esdit?

DELBORA

Cayn l'a de sa propre main
2980 Tué, ainsi qu'il nous a dit,
Et pour ce cas l'a Dieu mauldit;
Tout son corps tremble pour ce point,
Et si dit qu'il n'espére point
Grace avoir, mais estre damné.

ADAM

2985 O douloureux infortuné,
Homme a toute douleur donné,
A tout torment habandonné,
Ou pourras tu prendre ta joye?
O enfant de malheure né,
2990 Né de peché enraciné
Et en tout peché obstiné,
Tu m'as perdu ce que j'avoye
    Ou que je soye,
    Je ne pourroye
2995   Prendre soulas;
    Je ne sauroye
    En quelque voye
    Fors dire: Helas!
    Ce cruel cas
3000   Me met au bas,
Car tout le plaisir que j'avoye

2974 C: *Dont vous meult.* — 2981 C: *Dieu l'a mauldict.* — 2987 C: *tourment.*

J'ay perdu, et tous mes soulas.
La mort d'Abel est mon trespas,
Et de bref, se Dieu n'y pourvoye.

ÉVE

Or puis je bien present plorer 3005
Et de pleurs mon corps esplorer,
Car je suys morte, ou autant vault.
Mieulx me vault la mort desirer
Que plus en ce monde durer,
Puis que tout plaisir me deffault; 3010
C'est force que mourir me fault.
Mort aussi me livre l'assault,
Qui m'a osté mon filz Abel,
Lequel estoit tant bon et bel.
Helas! qui a meu le discord 3015
Pourquoy Cayn l'a mys a mort?
Voicy bien fortune dolente.
Las! Cayn tu as eu grant tort
De m'avoir tollu mon confort!
J'ay cause se je me tormente. 3020
Or suys je bien la presidente
Des maulx, principalle et regente
De la fontaine de tristesse;
Jamais au cueur n'auray lyesse.

ADAM

Or sommes nous au point venus 3025
Que mourir fault certainement;
Jamais il n'en estoit mors nulz,
Abel en est commencement.
Je pry Dieu que prochainement
Avecques luy soye complice; 3030
De confort prendre aucunement,
Impossible est que je le puisse.
    Helas! quel vice,

3029 B : *Je pry a Dieu.*

Quel malefice
3035 A celuy fait,
Qui l'a deffait
Contre raison, droit et justice !
ÉVE
Or fault il que je me nourrisse
Desormais de peine et tormens
3040 Et que ma vie je finisse
En pleurs et en gemissemens;
Mes confors, mes esbatemens
Seront les souspirs ennuyeulx,
Les pleurs et amers lavemens,
3045 Que je donneray a mes yeulx.
ADAM
Et je faiz veu a Dieu des cieulx
Que, tant que j'auray au corps l'ame,
Je ne sçay ce c'est pour le mieulx,
Jamais ne congnoistré ma femme.
3050 Puis que Cayn m'a fait ce blasme
D'avoir ce meurdre perpetré,
Dont c'est bien raison qu'on le blasme
Jamais femme ne congnoistré.

J'ay ja cent et trente ans passez,
3055 Vous, Éve, aussi pareillement;
Se la mort nous prent, c'est assez
Vescu pour le commencement,
Car de l'humain escroissement
Certes plus ne m'entremettré.
3060 J'en fais a Dieu veu et serment,
Jamais femme ne congnoistré.
ÉVE
Puis que Abel nous avons perdu,

3036 C: *Qu'il l'a deffaict.* — 3040 C: *se finisse.* — 3058 C: *accroissement.*

Je croy que atouchement humain
Desormais nous soit deffendu
De par le hault Dieu souverain ; 3065
Il nous fault delaisser ce train.
        ADAM
En arriére je le mettré
D'or en avant, car pour certain
Jamais femme ne congnoistré.

Prince des cieulx, quant tu permetz 3070
Que je soye ainsi acoultré,
De bonne foy je te prometz,
Jamais femme ne congnoistré.
        ÉVE
Plus a la mort ne combatré ;
Vienne quant bon luy semblera ; 3075
Jamais je ne m'en debatré ;
Face du pis qu'elle pourra !
        ADAM
Jamais mon cueur joye n'aura
Mais douleurs et tristesse grande ;
En pleurs mon cueur se nourrira, 3080
Se sera toute sa viande.
        ÉVE
Vienne la mort ; je la demande.
Puis que Abel perdu nous avon,
Temps est que mourir nous commande,
Car plus vivre nous ne devon. 3085

        CAYN
Or ça, Calmana, nous savon

B : *De Adam et de Éve ; de la mort d'Abel.* — 3067 C : *je le vueil mettre.* — 3068 C : *car, tout certain..* — 3070 C : *si tu permetz.* — 3085. *Ne* m. dans A.

Que Dieu est a nous couroucé;
Trop grandement l'ay offencé
Par le vice que j'ay commis,
3090 D'avoir Abel a la mort mis.
L'offence est si grande et maligne
Que de grace avoir suys indigne.
Je le puis bien ymaginer,
Jamais la puissance divine
3095 Ne me le vouldroit pardonner;
Pourtant nous fault il cheminer
En tirant au lieu de delice,
Dont mon pére fut pour son vice
Forbany, du vouloir de Dieu,
3100 Et adviser en quelque lieu
Ou nous et les nostres seron,
Vivans ainsi que nous pourron.
Quant est de moy, c'est pour nient;
J'ay commis l'inconvenient,
3105 Qui jamais remys ne sera.

CALMANA

Cayn, la ou il vous plaira;
Il fault noz enfans appeller,
Puis que ainsi est, et s'en aller
La ou Dieu nous conseillera.

CAYN

3110 Quelque place l'en trouvera,
Ou nous pourrons faire des blez;
Se j'ay mes enfans assemblés,
Homme ne nous contredira.
Quant d'Abel, plus ne nous nuyra
3115 S'en est fait voire a tout jamais.

CALMANA

Helas! Dieu nous en hayra.

3100 C : *en quel lieu*. — 3103 C : *neant*. — 3108 A : *ainsi et est*. — 3110 C : *l'on trouvera*.

####### Cayn

Il ne m'en chault, je n'en puis mais ;
Mais je vous jure et prometz,
Puis que aussi bien je suys damné,
Nul bien ne lesray desormais   3120
Faire a enfant de moy né.
Puis que je suis determiné
A jamais ne meriter rien,
Aussi suys je bien obstiné
De jamais ne faire nul bien.   3125

####### Calmana

Cayn, vous ne dictes pas bien ;
Mon amy, monstrez vous plus sage.

####### Cayn

Je feray ung estront de chien ;
Ne me dictes point tel langage.
   A harcellage   3130
   Tout mon lignage
   Introduiré ;
   Tout vil ouvrage
   Et plain d'oultrage
   Je monstreré ;   3135
   Je inciteré
   Tant que pourré
Les miens a user de courage,
Car jamais bien je ne feré,
De cela suys deliberé ;   3140
Qui vouldra pense du mesnage.

####### Calmana

Cayn, mieulx valist retourner
Envers la divine puissance.

####### Cayn

Ne m'en venez plus sermonner ;

3136 B : *Et inciteré.* — 3140 C : *A tout mal faict me arresteray.*
— 3142 C : *voulsist.*

3145. C'est fait, j'ay perdu esperance.
Je vueil faire mon aliance
De tous mes enfans principaulx
Et leur donner la congnoissance
Et invencion de tous maulx.
3150 De droit nous devons estre equaulx
Et observer equalité,
Mais je vueil, come traistre et faulx,
Abollir ceste equalité.

ENOCH

Mon pére est en perplexité ;
3155 Son corps est tout debilité,
Tremblant ; dont luy peult il venir ?

IRARD

Je n'en sçay pas la verité,
Ne discerner la quantité
Du gref mal qui le peult tenir.

ENOCH

3160 Ses membres ne peult retenir
De trembler, ne les soustenir ;
Tousjours tremble incessamment.

IRARD

L'auroit bien Dieu voulu pugnir
Et le faire ainsi devenir
3165 Pour la mort d'Abel seulement ?

ENOCH

Ce seroit cruel jugement,
Mais je cuide certainement
Que c'est debilitacion
Des membres que ce tremblement,   23 c

3153 C : *Abollir tout bien et equité.* — 3165 C : *de Abel.* — 3168
C : *debelitation.* — 3169 A B C : *qui ;* — A C : *De membres.*

Et non pas pour pugnissement   3170
De divine ordinacion.

CAYN.

Sus! enfans, expedicion!
N'ayons plus de regard a Dieu,
Voicy Nayda, ung beau lieu
Ou prendrons habitacion;   3175
Que chacun mette intencion
A prendre de force et de fait
Sus autruy dominacion,
Car il en est temps en effect.

ENOCH

Vostre bon plaisir sera fait,   3180
Pére Cayn, ne vous doubtez,
Car j'ay tousjours desir parfait
D'acomplir cella que appetez.

CAYN

Emblés, pilliés, frappez, batés,
Prenez sus tous auctorité;   3185
La terre entre vous departez
Et y prenez felicité.
Autrefois dis que une cité
Ferions; il la fault parfaire
Et y monstrer abillité,   3190
Car elle nous est necessaire.

ENOCH

Vous dictes bien; il la fault faire
Et que tous ceulx de vostre race
En ce lieu se viennent retraire.

CAYN

Or sus doncques, que l'en la face!   3195

3176 C : *aye intention*. — 3182 C : *perfaict*. — 3189 C : *perfaire*. — 3192 C : *been*. — 3194 B : *ce viennent*. — 3195 C *l'on*.

Jamais jour ne en lieu ne en place
A bien faire ne enseigneray,
Mais tromperies et fallace
A ceulx de mon sang monstreray,
3200 Car aussi bien dampnay seray
Finablement a tous les Dyables.
Comme meschant m'esjouyray
D'avoir avec moy des semblables.

A tousjours suis privé de grace;
3205 Jamais ne la demanderay,
Impossible est que je daingnasse.
Ainssi tremblant temps passeray
Et ceulx de ma ligne instruiray
A faire choses vilenables,
3210 Car en Enfer plaisir aray
D'avoir avec moy des semblables.

Jamais jour mes ieulx ne ma face
Devers Dieu ne retourneray,
Mais tousjours auray la veue basse
3215 Ne ja ciel ne regarderay.
En attendant jour que mourray
Pour aller au lieu miserable,
Ou mon reconfort trouveray
D'avoir avec moy des semblables.

3220 Prince d'orgueil, je appelleray
Tes attrappez et cerfz damnables,

3196 C : ny. — 3197 C : n'enseigneray. — 3198 C : tromperie.—
3203 B: avecques.— 3205 A : damgnasse ; — B C : daignasse. —
3207 A : tremзlent. — 3208 A : instruray. — 3209 C : choses
reprovables. — 3210 C : auray. — 3214 A : Mois. — 3216 C :
Attendant le jour que mourray. — 3217 A : aux.

> Car je me reconforteray
> D'avoir avec moy des semblables.

Icy font une cyté Enoch et [1] *Yrard et Lameth.*

3223 A B C : *mes*. — [1] *Et* m. dans C.

    Or y a il cent ans contables
3225   Que Cayn me destitua
    De toutes joyes delectables
Quant mon chier filz Abel tua,
De quoy tellement me argua
Que veu feilz a Dieu sur mon ame
3230 De jamais ne congnoistre femme,
Pour le regret de mon chier filz.
Las ! je ne sçay ce bien je fis
D'en faire veu et jurement,
Entendu le commandement
3235 De Dieu, que, pour humanité
Acroistre, me dit : « *Crescite* ».
S'il fault qu'en cest estat persiste
Et que de croistre me desiste,
J'ay peur qu'il n'en ayt dueil sur moy;
3240 Oultre, j'é regret quant je voy
Que c'est belle chose que de estre
Et que de l'humain genre accroistre;
Par quoy il me semble que craindre
Ne doy a ma femme congnoistre,
3245 Et le veu que j'ay fait enfraindre.
Or sa, femme, que dictes vous?
      Éve
Las ! homme, je ne sçay que dire ;
C'est grande pitié que de nous,
Nous n'avons que peine et couroux
3250 Et tousjours au dernier le pire.

3235 C : *qui, par humanité*. — 3239 B : *J'oy*. — 3241 A : *ceste belle chose*. — 3242 A : *genrre*.

De jour en jour mon mal empire;
De plus en plus mon cueur soupire,
Quant a mon chier enfant je pensé.
Helas, helas! donc vient celle ire
Que son frére l'alla destruyre ? 3255
Jamais il n'avoit fait offence.

ADAM

Si fault il avoir pacience
Quant on ne peult reméde mettre
Et quant divine sapience
En ce point l'a voulu permettre. 3260

ÉVE

Helas! voire, Dieu est le maistre;
Ce qui est a son jugement
A nostre plaisir doit bien estre,
Sans murmurer aucunement.

ADAM

M'amye, pour l'escroissement 3265
Du genre humuin, j'ay huy comprins
Que j'auray vostre atouchement
Et froisseray le jugement
Et le veu que j'ay entreprins;
Aussi, que ne soyons reprins 3270
De Dieu, qui par commandement
Nous bailla le multipliment;
Je croy que, se m'en abstenoye
A tousjours pardurablement,
Que son plaisir offenseroye. 3275

ÉVE

Conseiller je ne vous sauroye
La quelle part devez choisir
Pour aller la meilleure voye,
Mais toutesfois bien je vouldroie

3265 C : *accroissement.* — 3270 C : *Affin que ne soyons repris.* —
3273 C : *Je croy, se je m'en abstenoye.*

3280 Acomplir le divin plaisir.
Adam
Qu'il ne nous vienne desplaisir;
C'est le meilleur que ainsi façon,
Et, s'il plaist a Dieu, escroisson
Nostre posterité humaine,
3285 En priant Dieu, s'il nous amaine
Enfant aucun, qu'il ne soit mye
De la condicion villaine
Dont est Cayn, le capitaine
Et chief de toute tyrannie.

Icy est parfaicte[1] *la cité.*
Enoch
3290 Or est la cité acomplie,
Ainsi qu'elle estoit establie;
Trouvé avon subtilité,
Moyen, façon et industrie
De garder nostre seigneurie
3295 Contre toute communité.
Irard
Nous croissons en grant quantité,
Pére Enoch, a la verité;
Il fault a noz faitz adviser
Et les regions diviser,
3300 Pour colloquer nostre lignage.
Enoch
A chacun fault son heritage,
Et que chacun son fait procure.
Cayn
Ne gardez ne poix ne mesure;

3283 C : *Accroissons.* — [1] C : *perfaicte.*

Prenne chacun ou il pourra
Des biens, ou il en trouvera, 3305
Sans garder aucune amitié ;
N'ayez l'un de l'autre pitié,
Prenez a travers et a tort ;
Le foible, s'il peult, emble au fort ;
C'est tout, mès qu'on en puisse avoir. 3310
 Enoch *commence* [1]
Or sus, chacun face devoir.
Lameth, mon filz, sans vitupére,
Congneu l'enseignement du pére
Cayn, qui si bien nous instruit,
Tu, qui es fort, peulx avoir bruit 3315
Et faire choses non pareilles.
 Lameth *commence, qui tua Cayn* [2]
Taysez vous ; je feray merveilles ;
Je n'ay pas courage failly.
 Cayn
C'est bien dit, mes enfans, a luy ;
N'espargnez rien, a qui mieulx mieulx ; 3320
Ne vous chaille. Dieu est aux cieulx ;
Il ne nous a fait que de terre ;
De noz faitz ne vient point enquerre ;
Depuis que homme est sur terre né,
Franc arbitre luy est donné, 3325
Et peult faire sans contredit
Ainsi qu'il veult.
 Irard
  Vella bien dit.
Lameth, il fault noter ce point.
 Lameth
Taysez vous ; je ne m'endors point ;

3309 C : *le fort*. — [1] *commence* m. dans B. — 3315 C : *Toy, qui es*. — [2] *Qui tua Cayn* m. dans B. — 3324 A B C : *Depuis que l'homme*. — 3327 C : *Voyla*. — 3329 A B : *me dors*.

3330 Garde n'avez que je me faigne.
Ne cuide homme que je le craingne,
Que je ne face a l'adventure
Tout cela que dame nature
M'enseignera, soit bien soit mal.

CAYN

3335 Aussi esse le principal,
Et partant redoubtez serons.
Soyez traistres, meurdriers, larrons,
Quelque chose qu'il en advienne.
Qui en pourra prendre si preingne,
3340 Et puis après hay qui pourra !

IRARD

C'est bien dit; qui l'ayra l'ayra ;
Chacun face ainsi qu'il entent.

ENOCH

Je le vueil bien.

IRARD

J'en suis content ;
Autant dedans comme dehors.

ENOCH

3345 Bien, bien ; se je ne suis des fors,
Voyr a Dieu, ce sera mon dam.

LAMETH

Je ne suys pas content d'Adam,
Qui dit que c'est divine loy
Que ung homme n'ayt avec soy
3350 Que une femme ; c'est grant follye ;
Introduyre vueil bigamye
Et contre cest esdit aller ;
Deux femmes je veulx acoller,
Car en effect j'en ay pou d'une.

3336 C : *pourtant.* — 3341 C : *qui l'aura l'aura.* — 3346 B C : *Voyt.* — 3349 C : *avecques.*

Cayn

C'est bien parlé; point ne repugne, 3355
Puis qu'on peult fournir a cela.

Lameth

Avec Ada j'auray Sella
Et, comme le chief des bigames,
Monstreray avoir plusieurs femmes.
Qui vouldra face comme moy. 3360

Irard

Bien, bien; faison nouvelle loy,
Ainsi comme nous l'entendron.

Enoch

Faison tout ce que nous vouldron;
Il n'y aura rien deshonnesté.

Irard

Se nature nous admoneste, 3365
Nous ne la devons point rabatre.

Enoch

Faison, faison d'un dyable quatre,
Car nous avons arbitre franc.

Cayn

Entremeslez tout vostre sang,
Pour l'humain lignage augmenter. 3370

Lameth

Il ne s'en fault point tourmenter;
Chacun face en ce point qu'il sçait.

Adam

Or avant, mon chier enfant Seth,
Singulier espoir de ma vie,
Je regarde nostre lignye 3375

3355 C : *n'y repugne.* — 3361 C : *N'en disons plus; faisons nouvelle loy.* — 3362 C: *comme l'entenderons.*

Fort creue; se me semble bel.
Tu me representes Abel,
Mon cher filz ; quant je te apparçoy,
Il m'est advis que je le voy.
3380 Mon doulx enfant, monstre toy sage
Et instruy ceulx de ton lignage
Mieulx que ne fait Cayn, ton frére.

Seth *commence*

Se Dieu plaist, si feray je, pére ;
Ja Dieu ne me donne la grace
3385 De tant vivre que ainsi je face
Que Cayn et ses enfans font.
Toute la plaisance qu'ilz ont
Est mal faire, a l'oppinion
De Cayn et instruction,
3390 Mais, s'il plaist a Dieu, je feray
Et mes enfans introduiray
De toute equalité tenir.

Adam

Ainsi ne te peult mal venir.
Mon enfant es et ma fiance
3395 Pour ma viellesse soustenir,
Et ma singuliére esperance.
Se je ne avoye en moy constance,
Les villains maulx que fait Cayn
Me mettroient a desesperance,
3400 Et pieça fusse mys a fin.
Helas ! ne va pas ce chemin,
Seth, mon enfant ; garde t'en bien.

3374-3376 C : *Seul espoir de mon viel aage,*
Je regarde nostre lignage
Fort creu, ce qui me semble bel.

3381 A : *industruy* ; B : *industry*. — 3393 *Te* m. dans A ; — C : *ne peulx a mal venir*. — 3394 *Et* m. dans A ; — C : *Mon enfant, tu es ma fiance*. — 3399 C : *en desesperance*. — 3402 C : *garde toy bien*.

Enseigne a tes enfans tout bien
Et a garder religion ;
En saincteté les entretien,   3405
Je t'en fais supplicacion.
        Seth
Escoutez la monicion
D'Adam, mes enfans, mes amys,
Qui prie que vice commis
Ne soit par nous en aucun lieu   3410
Contre la volenté de Dieu ;
Vivon religieusement
L'un avec l'aultre doulcement ;
Fuyon avarice et envye
Et tous pechez entiérement,   3415
Tant que Dieu nous donnera vie ;
Fuyons luxure, bigamye,
La quelle a Lameth commencée ;
En une si grant diffamye
Ne metton point nostre pensée.   3420

        Enos *commence*
Chose seroit trop incensée
Que divine paternité
Fut si grandement offencée
25 a   Par nostre fresle humanité.
        Caynan *commence*
Vyvon ensemble en equité   3425
Et fuyon la malignité
De Cayn et de ses complices ;
Redouton la divinité,
Que Dieu ne soit point irrité

De m. dans B. — 3411 C : *volunté*. — 3419 C : *si grande infamie.*
— 3428 A B : *sa divinité.*

3430 A nous pugnir par noz grans vices.
Enos
Renonçon a tous mallefices
Et toutes villaines offices;
Menon vie devote et saincte;
Consideron les benefices
3435 De Dieu; ne soyons point si nices
Que de sa fureur n'ayon crainte.
Caynan
Soit nostre voulenté conjoincte
Avecques Dieu sans offensser;
Ne vueillon faire ne penser
3440 Chose qui soit contre rayson.
Noé *commence*
Pensés, pére, se nous faison
Comme Cayn et ses consors,
Une fois vendra la saison
Que nous en auron grief remors.
3445 Cayn et les siens sont amors
Present a tous vices et blasmes
Et aux plaisances de leurs corps,
Qu'il ne pensent point de leurs ames.
Enos
Mais ne sont ilz point bien infames,
3450 Plains d'appetit desordonné,
Que ung homme seul aye deux femmes
Contre ce qui est ordonné?
Noé
Par le commandement donné
De Dieu a chacun et chacune,
3455 Ung homme n'est fait que pour une,
Ne une femme que pour ung,

3437 C : volunté. — 3440 C : *Chose qui soit de mal attainte.* —
3441 C : *si.* — 3441 C : *faisons.* — 3443 C : *Viendra une fois les saisons.* — 3444 C : *griefz remordz.* — 3448 C : *Qu'ilz.*

Mais maintenant tout est comun
Par Lameth, qui a inventé
De le faire a sa voulenté,
Sans son mal fait premediter. 3460
Caynan
Tous leurs vices fault eviter,
Qui sont contre Dieu et la loy.
Adam
Seth, mon filz et ceulx de aprés toy,
Entendés une vision
Laquelle est venue vers moy 3465
Et que par escript je prenoy,
Donc j'ay grant admiracion,
Pour la grande confusion
Et pour l'abhominacion
Des pechez, qui régnent sur terre, 3470
Qui entre Dieu et homme guerre
Par chacun jour causent mortelle.
Ma vision a esté telle,
Que Dieu, nostre souverain sire,
Proposoit le monde destruyre 3475
En la fureur ou il estoit,
Et s'il me semble qu'il mettoit
Deux maniéres, comme j'é veu,
De ce faire : l'une par feu,
L'autre par eau, mais la maniére 3480
De celle qui sera premiére,
Ou derniére, je ne congnois.
Seth
Quoy? Que Dieu destruira deux fois
Le monde? Ne le croyés point.
Adam
Je le prophetise en ce point 3485

3458 A : *innenté.* — 3466 B : *Et que par esperit je prevoy ;* — C : *par escript je prevoy.* — 3469 A : *abhominocion.* — 3485 *Le m.dans* B.

Et suppose que ainsi sera.
Enos
Quoy? Que le monde perira
Deux foys, tant par feu que par eau?
Caynan
Dieu fera donc monde nouveau,
3490 A tout le moins une des foys.
Enos
Ce seroit grant fait toutesfois,
Se la chose venoit ainsi.
Adam
Mes enfans, je vous dy cecy
Affin de vous admonester
3495 De requerir a Dieu mercy
Et de le craindre et doubter.
Noé
Esbahy de vous escouter
Je suis et en grant fantasye,
Que Dieu vousist perdre et gaster
3500 De tous poins humaine lignye.
Caynan
Sa grant puissance est infinye,
Mais pour les faultes des injustes
Ce n'est pas raison que les justes
Seuffrent, vous le congnoissés bien.
Adam
3505 Mes enfans, je n'afferme rien,
Mais advis m'est certainement
Que j'aye veu ce jugement 25 c.
Et que ainsi debvoit advenir.
Seth
Enfans, il nous fault prevenir
3510 Et l'yre de Dieu rapaiser.

3496 C: *et fort doubter.* — 3502 B: *la faulte.* — 3508 A: *adenir.*

ENOS

Des biens mondains nous fault user
L'ung avec l'autre justement,
Et observer le mandement
Que nostre pére Adam nous donne,
Que Dieu luy bailla en personne, 3515
Le quel observer nous debvon.

CAYNAN

Des biens mondains que nous avon
Prenon nos partiez esgalles
Et fuyon toutes choses malles
Tout au mieulx que faire pourrons, 3520
A tout le moins, quant nous mourrons
De mort humaine, corporelle,
Que l'ame qui est eternelle
Puisse trouver aucun repos.

ENOS

Ayons tousjours ferme propos 3525
De bien faire, et il nous viendra.
Quant ores Dieu perdre vouldra
Le monde, je ne puis pencer
Que les justes vueille laisser
Ainsi comme perdus infames, 3530
Sans donner repos a leurs ames,
Ainsi comme il leur a promis.

ADAM

Or faictes du bien, mes amis,
Et Dieu ne vous laissera point.

ÉVE *mallade*

Tant je me sens en pitieux point! 3535

Icy fault une couche pour coucher Éve.

---

[1] B : *De Adam et de ses enfans.* — 3522 C : *et corporelle.* — 3535 B C : *piteux.*

　　　　Je requier Dieu qu'il me pardoint
　　　　Mes faultes et graces me doint,
　　　　Que je puisse avoir saulvement.
　　　　Je sens bien la mort qui me point,
3540　　Qui veult que mon corps soit desjoinct
　　　　De mon esperit, a luy conjoinct;
　　　　Je sens bien mon definement.
　　　　　　　ADAM
　　　　Quoy? Sentez vous quelque torment,
　　　　Éve?
　　　　　　　ÉVE
　　　　　　　Las! ouy, largement,
3545　　Adam; je sçay certainement
　　　　Que je suis de ma mort prochaine.
　　　　J'ay vescu assez longuement;
　　　　Je sens mon afoyblissement.
　　　　Vray Dieu, a ce departement,
3550　　Donne moy ta grace haultaine!
　　　　　　　ADAM
　　　　Las! qu'esse que nature humaine,
　　　　Povre, doulente, lasche, vaine?
　　　　Vivre si long temps en grant peine
　　　　Et puis finablement mourir.
3555　　Éve, ma femme et seur germaine,
　　　　Puis qu'il fault que mort t'en ameine,
　　　　Prie la bonté souveraine
　　　　Qu'elle te vueille secourir.
　　　　　　　ÉVE
　　　　Las! je la doy bien requerir
3560　　A ce pas que je doy perir,
　　　　Quant a l'ame qui tousjours dure,
　　　　Que mon Dieu la vueille garir
　　　　Du peché, que fis encourir
　　　　A l'homme, par une morsure.
5565　　Las! ame, ou iras tu courir
　　　　Pour place de repos querir?

Plore, ame, plore, creature ;
Quant du corps, mis soit a pourrir
Et les vers de terre nourrir ;
Ce n'est que sa droicte nature. 3570

ADAM

Bon couraige, femme ; souvienne toy
    De Dieu, ton roy ;
  Tu es sa creature,
Voy le peché que fismes, toy et moy,
    Contre sa loy 3575
  Et contre nostre foy ;
    Congnois et voy
  Ta faulte et ton injure.
    Tu es seure
Que une foys la mort seure, 3580
    Aspre et dure
  Tous endurer convient,
Et fault en gré prendre quant elle vient.

ÉVE

Je prens en gré, puis qu'il fault que je passe.
A vray parler, je suis de vivre lasse, 3585
Car je n'eu onc en ce monde liesse.
Dieu de lassus, tourne ta digne face
Hors de rigueur ; donne pardon et grace
Par ton plaisir a ceste pecheresse.
Helas ! je voy mes enfans, que je laisse 3590
Tous obligés a mon maternel vice.
a Adam pescha ; j'en fuz mediatrice,
Pour le tenter de menger de la pomme ;
Du faulx serpent fuz compaigne et complice.
Dont guerre fut meue entre Dieu et homme. 3595

SETH

Prenez en Dieu bonne esperance,

---

9 C : *verms*. — 3589 A : *pecherresse*. — 3590 B : *que te laisse*.
— 3591 B : *a ce meternel vice*.

Mére, et il vous aydera.
Éve
Seth, mon filz, qui es remembrance
Et me donne la souvenance
3600 De Abel, sache Dieu qu'il fera.
Las ! ou yra,
Quant partira,
Ma povre ame ?
Qui me sçayra
3605 S'elle sera
Point infame ?
Enos
Hellas ? dame,
Se aucun blasme
Avez, Dieu vous pardonnera.
Éve
3610 Mes enfans, vivés sans diffame
Et priez pour la povre femme,
Qui tantost ses jours finera.
Mes chiers enfans, a Dieu prier
Pour moy humblement entendez ;
3615 Ne me vueillez pas oublier ;
A Dieu soyez vous commandez !
Seth
S'en est faict.
Enos
C'est mon.
Caynan
Regardez ;
Plus ne tire ne pié ne main.
Adam
Mes enfans, or vous recordez
3620 Des povretés de corps humain,
Ennuyt vif et puis mort demain.
Helas ! c'est bien grant vanité,
Quant il n'y a jour de certain,

En tout l'estat de humanité.
Noé
C'est pitié, a la verité, 3625
Que de nostre debilité,
Comme l'en peult veoir en ce lieu :
Ceste femme, faicte de Dieu
Par ung miraculeux ouvrage,
Elle est morte par decours d'aage 3630
Et n'a plus vertu de nature.
Adam
Mettre la fault en sepulture,
Mes enfants; on aurions tort
De laisser ainsi son corps mort;
Couvrir de terre le convient, 3635
Car quiconques de terre vient
En la terre doit retourner.
Seth
Sepulture luy fault donner;
Mais ou esse que la metron?
Adam
Dedens la vallée d'Ebron, 3640
La ou le Champ Damascéne est,
Mettre la fault, puis que a Dieu plaist;
C'est le lieu ou Dieu nous crea,
Qui tout le monde creé a;
En ce lieu retourner nous fault, 3645
Je le voy, sans quelque deffault,
Puis qu'il plaist au souverain pére.
Mes enfants, prenez vostre mère
Et l'allez ensepulturer.
Seth
Tenir ne me puis de plourer, 3650
Voyant ma mére naturelle
A cest heure ycy estre telle,

627 C : *l'on*. — 3633 C : *nous aurions*. — 3641 A : *Anascéne*.

Et qu'il fault que son corps soit mis
En terre.

ADAM

Il le fault, mes amys;
3655 Dieu le veult, mettez y les mains.

ENOS

O mére a tous les humains,
Qui te eust creu voir en ceste sorte?

CAYNAM

Tous en auront ne plus ne mains.
S'en est fait, la mére en est morte.

DELBORA

3660 Las! mére, fault il qu'on te porte,
A ceste heure, en terre pourrir?
A nature esté si pou forte
En toy qu'il te ait fallu mourir?
Ton ame vueille secourir
3665 Le createur par sa mercy;
Nous l'en devons bien requerir
Entre nous, qui sommes icy,
Car il nous fault passer ainsi,
C'est une rigle generalle;
3670 Tous obligez sont a cecy,
Bon et mauvais, fumelle et masle.

Icy ostent Éve et l'enterrent.

CAYN

Congnue ma vie tresmalle,
De quoy est Dieu tresmal content,
Je suis esbahy qu'il attend,
3675 Que en Enfer parfont ne me livre.

3358 A : *Tout;* — B : *Tant.*— 3662 C : *peu.*— 3664 A : *secouri*
3675 C : *profond.*

Je ne suis pas digne de vivre;
Mais en ce point me veult tenir,
Sans que mort puisse a moy venir,
Pour me pugnir plus rudement;
Si ne me peult il mieulx pugnir 3680
Que de me mettre a dampnement.

CALMANA

Cayn, c'est parlé follement;
Priés plus tost devotement
Dieu, pour avoir remission.

CAYN

Qu'on ne m'en parle nullement, 3685
Car, après mon trespassement,
Je n'attens que dampnacion.

CALMANA

Cayn, ayez compassion
De nostre mére; elle est finye;
C'est bien grant approbacion 3690
Que tous nous fault perdre la vie.

CAYN

D'autre chose je n'ay envye
Que de mourir; tout mon soulas
Fut que mon ame fut ravie
Desja en Enfer le plus bas, 3695
Car, veu la grandeur de mon cas,
Aussi bien m'y fault il descendre;
Il m'ennuye de tant attendre.

ENOCH, *qui fut ravy en Paradis terrestre, commence*

3700
VEU les signes, les quelz j'ay veu regner,
Je puis sçavoir, croire et ymaginer
Qu'il soit ung Dieu, du quel creés nous s[ommes]
Qui de nous peult a son vueil ordonner
Et vie ou mort en ung instant donner
A son plaisir, tant aux femmes que aux homme[s]
3705 Dit par raison doit estre createur,
Pére premier de l'homme et plasmateur
Omnipotent, fontaine de science,
Chief de vertu, donjon de sapience ;
Par quoy, je vueil a mon intencion
3710 Trouver moyen, par aucune science,
Luy adresser a ma simple elloquence
Des parolles de deprecacion.
    C'est celuy qu'on doit aorer,
    Prier, servir, honnorer
3715   Et du tout se preparer
    A cherir et decorer
      Ses haultz faitz
    Miraculeux, qu'il a faitz,
    Ainsi que ouvrages parfaitz
3720   De grant somme et de grant faitz.
    Nous qui sommes imparfaitz,
      Devon bien
    Louer en tous nos effectz
    Celuy par qui une fois
3725   Tous sommes fais et deffaiz
    Et sans qui ne povons rien.
        NOÉ
Enoch, se trouvés le moyen

De bailler en petis memoires
Les parolles deprecatoires
Envers le Dieu celestien,　　　　　　　　3730
Vous ferez ung singulier bien,
Car bien voy qu'il est la saison
Que nous devons faire oraison
Pour sa grant fureur retarder,
En luy priant que regarder　　　　　　　　3735
Nous vueille de l'œil de pitié,
Par sa doulceur et amittié,
Car je voy que les pechez croissent
De jour en jour et point ne cessent.
Vela Cayn et son lignage　　　　　　　　3740
Qui n'employe cueur ne courage
Que a toute honte et villenye;
J'ay peur que par leur grant oultrage
Dieu ne nous face du dommage :
Faulte n'est jamais impugnie.　　　　　　　3745
　　　Enoch, *qui fut ravy* [1]
Septiesme filz de la lignye
D'Adam, puis la mort d'Abel, suis,
Par quoy considerer je puis
Que Dieu ne me sçaroit nul gré
Si en mon septiesme degré　　　　　　　　3750
Ne faisoye de luy memoire
Par parolle deprecatoire,
Pour louer son nom glorieux
Et faire chose meritoire,
Affin que celuy roy de gloire　　　　　　　3755
Ne soit envers nous furieux.
Pour tant, seray je curieux,
Selon ma possibilité
En ces bas et terrestres lieux,

3740 C : *Voyla*. — [1] *Qui fut ravy* m. dans B. — 3748 A : *cosiderer*. — 3749 B C : *sçauroit*.

3760 D'adrecer ma pensée aux cieulx
Et louer sa divinité.
          Noé
Trop est present humanité
Creue en sa malignité;
C'est la cause qui m'a fait dire
3765 Que je craing que Dieu nostre sire
Ne soit contre nous despité.
       Enoch, *qui fut ravy*
Pourtant, est il necessité
De le prier devotement,
Pour luy oster la voulenté
3770 De nous pugnir trop rudement;
Ainsi vueil mon entendement
Emploier a faire oraisons,
Pour invocquer benignement
Son sainct nom en toutes saisons.

       Lameth, *qui tua Cayn* [1]
3775 Par my les boys et les buissons
Jouer me vueil de parc en parc.
La maniére de faire ung arc
J'ay trouvée; je m'en joueray

    Il fault ung arc a Lameth.

Et aux bestes en tireray;
3780 Au mains en aurai ge les peaulx.
Dains, cerfz, biches et bichetiaux,
Qui par my les boys courent fort,
Par mon traict je mettray a mort;
Ce sera ung beau passe temps.

3769 C : *volunté*. — [1] *Qui tua Cayn* m. dans B. — 3781 B C *bicheteaulx*.

Adam

O mort humaine, que je attens, 3785
Tu es a ceste heure prochaine
De moy, ainsi comme je entens;
Plus vivre au monde ne pretens;
Assez y ay vescu en peine.
Combien que mort soit inhumaine 3790
A toute creature humaine,
Si la dis je en comun langage
Humaine, car, chose certaine,
Quant ce vient a l'heure souldaine,
Il fault tous passer ce passage. 3795
Seth, mon filz, la mort me veult prendre
Maintenant, je le puis congnoistre,
Qui de moy ne veult plus attendre ;
Aussi, comme je puis entendre,
Plus guiérez vivant ne puis estre. 3800
Va t'en en Paradis terrestre,
Le plaisant et amoureux estre,
Prier a Dieu qu'il se recorde
De moy et m'en vueile permettre
Et par ton present me transmettre 3805
De l'uille de misericorde.
Je sçay bien, quant hors il me mist,
De Paradis, pour mon offence,
Que de celle huille il me promist,
Et reallement se submist 3810
Avoir pitié d'humaine essence.
Va y, mon filz, fay diligence;
Prie la divine clemence
Qu'elle ayt compassion de moy.
Se de mon fait elle ne pence 3815

3801 A : *terreste*. — 3805 B C : *toy present*.

Et de l'uille ne me dispance,
En ung grant dangier je me voy.
Seth
Pére, je iray tresvoulentiers,
Mais vous sçavez que, chose vraye,
Que je ne congnois les cartiers
Pour y aller, ne les sentiers ;
Je n'y congnois chemin ne voye.
Se le chemin tenir sçavoye,
Toute diligence feroye
D'y aller.
Adam
Je te le diray,
Mon enfant.
Seth
Se Dieu me pourvoye,
De chemin que je ne forvoye,
Pére, mon povoir en feray.
Adam
Mon enfant, tu chemineras
Vers oryent ; la trouveras,
Entre les champs couvers de vert,
Ung petit chemyn descouvert ;
L'herbe en est seiche et devint telle
Quant je passay pardessus elle,
En venant de ce digne lieu,
Par le comandement de Dieu.
Chemin tiendras en ceste sorte ;
Oultre, quant vendras a la porte
De Paradis, tu trouveras
Ung Ange flambant, lequel porte
Une espée ; tu la voiras.
A celuy Ange parleras,

3818 C : *tresvoluntiers.* — 3825 B : *Je le te diray.* — 3838 C : *viendras.* — 3841 C : *verras.*

Lequel ce monstrera a toy,
Et l'uylle luy demanderas
De misericorde pour moy. 3845
Or va, mon filz, car j'aparçoy
Que nature en moy se deffault;
Temps est venu que mourir doy,
Et que mort me livre l'assault.

SETH

27 c De chose qui soit ne me chault, 3850
Fors que je treuve voye seure;
Je me mettré a l'advanture,
Puis que ainsi est; Dieu me conduye !

ADAM

Or va, mon enfant, je te prye,
Vers orient; c'est le cartier. 3855

Icy descendra Cherubin sur Paradis terrestre, tenant une espée flambante.

SETH

J'aparçoy desja le sentier
Par sus qui mon pére passa,
Quant l'Ange vint, qui le chassa
De Paradis, par son offence.
O peché de grant insolence ! 3860
L'erbe seiche en ceste sentelle
Monstre bien, par vraye apparence
Et raison de grant evidence,
Que trop fut l'offense mortelle,
Quant entre la verdure belle, 3865
Qui de jour en jour renouvelle,
Demeurée est seiche la sente,
Sans produire verte cotelle,
Ne rejouissement sus elle,

3865 A : *vendure.*

3870 En signe que le peché sente.
O haulte bonté excellente,
Soyez avecques moy presente
Et me preservez de misére!
Le Cherubin voy en attente,
3875 Que aucun icy ne se presente,
Qui vostre beau lieu vitupére.

Icy est Cherubin sur la porte de Paradis terrestre.

Cherubin
Que viens tu faire en ce repaire,
Homme humain ?

Seth
Las ! je viens querir
Misericorde pour mon pére,
3880 Qui dit estre prest de mourir.

Cherubin
Or vueille Dieu le secourir
Et du peché rompre la corde !

Fille de Dieu, Misericorde,
Adam a vous se recommande,
3885 Qui craint que la mort ne le morde ;
Ung peu de vostre huylle demande.

Misericorde
Accordez moy ceste demande,
Sire Dieu, que vous me promistes,
Quant Éve et Adam forbanistes
3890 De vostre delectable place.
Quant de ce lieu hors vous les mistes,
Doulcement sous condescendistes
A une fois leur faire grace.
Considerez la longue espasse
3895 Des ans, Adam qui se trespasse

Et tant a souffert de laidure;
Souffrez que ceste peine passe
Pour penitence et qu'elle efface
L'offense d'humaine nature.
JUSTICE
Ce ne seroit pas la droiture, 3900
Misericorde, car l'injure
Est trop grande et trop excessive;
Mais vous estes tousjours hastive
De venir a Dieu demander
Ce qu'il ne vous doit accorder 3905
Et que homme ne doit obtenir
MISERICORDE
Ma sœur, je vous doy prevenir,
Et doy exposer ma vigueur
A corrompre vostre rigueur,
Qui trop se monstrerait terrible. 3910
Plus a d'honneur juge paisible
Que rigoureux en jugement.
DIEU
Or sus, or sus, appointement!
Ensemble vous deux accordez;
Cela aurez suffisamment, 3915
Que l'une et l'autre demandez.
MISERICORDE
Je requier que vous recordez
De moy, sire.
DIEU
Il en est saison.
JUSTICE
Je demande que me gardés.
DIEU
Si feray je selon raison. 3920
J'entens la fin, ou l'oraison

3916 B: *l'une a l'autre.*

> De l'une et de l'autre pretent,
> Et cela que chacune entent;
> J'appaiseré bien ce discort.
3925   Quant est au regard de la mort
> D'Adam, il n'en fault point doubter;
> Preste est de le persecuter;
> Nature en luy a son cours fait.
> Quant est au regard du forfait
3930   Qu'il a encontre moy commis,
> Il ne luy peult estre remys
> Si tost et du tout pardonné,
> Tant que le moyen ordonné
> Par ma haulte provision
3935   Soit mis a execucion,
> Mais ce n'est pas chose souldaine.

MISERICORDE

> O haulte bonté souveraine,
> Ce ne luy pardonnés ce blasme,
> Ou sera mise sa povre ame,
3940   En attendant vostre bonté?

DIEU

> En ung lieu plain d'obscurité,
> C'est aux tenébres infernaulx;
> Mais el ne souffrira nulz maulx
> Et de riens ne sera grevée,
3945   Fort seulement d'estre privée
> De ma vision, jusqu'a temps
> Que je face ce que j'entens,
> Et des humains auray memoire.
> Lors aux bons donneray ma gloire,
3950   La ou chacun est pretendant.

MISERICORDE.

> Voyre, mais en vous attendant,

3925, 3929 *Est* m. dans B. — 3943 C : *Ou ne souffrira aucuns maulx*.

Sire, que feront ilz lyens?
Dieu
Il seront comme paciens,
Attendans la grace du mire.
Justice
Faictes bonne justice, sire; 3955
Ne soyez point si pitoiable
Que ne vous monstrés veritable.
Selon mon droit, tous les humains
Devez juger a tout le mains
En lieux tenebreux condampnez, 3960
Sans ce que ceans les menés
En vostre benoist sauvement.
Dieu
Ma fille, il fault faire autrement,
Non obstant l'obligacion;
Pour eux bailleray caucion, 3965
Qui en fera bien le payement.
Pour ceste heure, tant seulement
Troys grains de l'arbre cueillera
Cherubin et les baillera
A Seth, qui les est attendant, 3970
Et si luy sera fait commant
Que, après que sure mort amére
Aura tué Adam son pére,
Face fosse en terre et l'y couche,
Puis luy plante dedens la bouche 3975
Ses troys grains, les quelz une fois
Porteront ung precieux boys,
Du quel une huille descendra,
Qui Adam a santé rendra
Du mal dont il est empesché. 3980

3952 C: *leans.* — 3966 *Bien* m. dans C. — 3971 A: *commanant;*
— C: *Et si luy sera commandant.* — 3974 A B C: *luy couche.*
— 3980 A: *empesthé.*

Puis que par boys il a peché,
Il fault que par boys se garisse,
Devant que de mon benefice
Il puisse avoir pocession.

Misericorde

3985 Las ! c'est grande pugnicion
Qu'en tenébres soit jour et nuyt,
Tant que cest arbre porte fruict,
Du quel puisse huille depurer,
Pour sa maladie curer ;
3990 Le terme luy sera fort long.

Justice

Si fault il souffrir jusque adonc,
Car, puis qu'il a du fruict mengé,
Par fruict fault qu'il soit soullaigé
Et expurgié ; c'est pour le mains.

Misericorde

3995 Cherubin, or prenez trois grains ;
De l'arbre il fault que les cueillez.
Dieu veult que a Seth vous les baillez
Et luy direz signantement
Que, après le trespassement
4000 De son pére Adam, il les mette
En une fosse par luy faicte
Ou val d'Ebron ; que il descuevre
Le corps, que la bouche luy euvre,
La ou ses trois grains plantera,
4005 Puis, après, le recouvrera
De terre, comme il appartient,
Car quicunque de-terre vient
En terre luy fault revertir.
Allez, Cherubin, advertir
4010 Seth de ce que je vous recorde.

3994 A : *expurgic*. — 4002 C : *Au val*. — 4003 C : *puis la bouche*. — 4006 C : *appertient*.

Cherubin

Bien, ma dame Misericorde,
Vostre mandement sans faillir
Feray ; grains de l'arbre queillir
Voys, les quelz a Seth bailleray,
Et la maniére luy diray 4015
De les planter, que m'avez dicte.

Seth

Helas ! Misericorde, vite !

*Cy va Cherubin cueillir trois [1] grains et les baille
a Seth.*

Mon pére en a necessité ;
Mort amére, felle et despite
Le veult, par son euvre subite, 4020
Le bouter hors d'umanité.
Glorieuse divinité,
Souveraine paternité,
Prince haultain et triumphant,
Regardés la grant orphenté 4025
En quoy est Adam tormenté.
Helas ! sire, c'est vostre enfant.

Cherubin

Rapaise toy,
Seth ; parle a moy,
Car tu ayras 4030
Cella par quoy
De son esmay
Le gariras.
Tu t'en yras

4014 A : *lesquellez a Sept.* — 4016 C : *duicte.* — [1] A : *trios.* — 4019 B : *folle.* — 4021 C : *Le mettre hors.* — 4030 B C : *tu auras.* — 4032 B C : *esmoy.*

4035	Et porteras
	Ces troys grains, que le haultain roy
	Ordonne que tu planteras,
	Quant ton pére enseveliras,
	Selon la naturelle loy.
4040	Quant ton pére passé voirras,
	Une fosse en terre feras,
	En la quelle le bouteras,
	Puis la bouche luy ouvriras,
	Dedens la quelle
4045	Les trois grains d'arbre jecteras,
	Puis de terre le couvriras,
	Et en ce point le lesseras ;
	Autrement avoir ne pourras,
	Pour le guerir, vie eternelle.
4050	Quant ces troys grains germineront
	Et l'arbre et fruict apporteront,
	Ung huille en depurera,
	Que tous les humains sentiront,
	Et alors apperceveront
4055	Que leur peché gary sera.
	Va t'en, car Adam se mourra
	De bref ; plus vivre ne pourra ;
	Nature du tout luy deffault.
	Dy luy que Dieu luy aidera,
4060	Qui de son fait pitié ayra,
	Mais la mort endurer luy fault.

Icy s'en retourne Cherubin.

SETH

Haultain povoir, je te mercye

4040 C : *verras.* — 4042 C : *le metteras.* — 4049 C : *garir.* — 4051 *Et* m. dans B. — 4056 A C : *ce.* — 4060 B C : *aura.* — 4062 A : *Haultain qui povoir.*

  De ta bonté et courtoisye.
  Je m'en revoys hastivement;
8 d Si sera la chose acomplie,   4065
  Ainsi que l'Ange signifie;
  Faire fault son commandement,
  Car c'est le divin mandement,
  Qui a dit que a l'enterrement
  De mon pére plante ces grains 4070
  Dedens sa bouche proprement,
  Pour avoir le garissement
  Du mal comun a tous humains.

  Considére, humaine lignye,
  Que c'est que de humaine vie, 4075
  Qui passe si soudainnement,
  Huy en vie, demain amortye
  Et en tous estas deffaillye.
  C'est ung grant esbahissement;
  Toutesfois Dieu courtoisement, 4080
  Misericordieusement,
  A ouy d'Adam les complains,
  Et a promis finablement
  Qu'il donnera l'amandement
  Du mal comun a tous humains. 4085

  L'Ange m'a dit, sans menterie,
  Que jamais ne sera garye
  Humanité totallement
  Tant que ung sainct arbre fructifie,
  Dont la semence m'a ballye   4090
  Pour en faire le plantement;
  Trois grains m'a baillés seulement,
  Que, ainsi qu'il m'a dit justement,
  Planteray de mes propres mains;

---

083 B: *finabliment.*

4095 Dieu y envoye acroissement,
Pour avoir le soullagement
Du mal comun a tous humains.

Prince regnant au firmament,
Qui monstres evidentement
4100 Que tous tes ouvrages sont saintcz,
Perdus sommes entiérement,
Ce par toy n'est fait le payement
Du mal comun a tous humains.

Adam

Vray Dieu, se je plains
4105 Et jette mes plains
Par mons et par plains,
De grans douleurs plains,
Je le doy bien faire,
Quant par coupz soudains
4110 Mes membres attains
Sont par mort contrains,
Oultre que je crains
Mon grant adversaire,
Qui tant m'est contraire,
4115 Faulx et deputaire,
Et me veult attraire
Ainsi que adultaire
En son lieu mortel,
La ou il repaire ;
4120 Vueillez m'en retraire,
Prince debonnaire,
Juge salutaire
Et Dieu immortel.

4104 A ce. — 4118 B : *morte*.

ENOS

J'ay grant peur que Adam ne se meure
Et que Seth ne vienne trop tard, 4125
Qui fait une grande demeure,
Mais je ne sçay ou, ne quel part.

CAYNAM

Sans doubte la mort de son dart
Frappe Adam; mourir luy convient;
Nature de luy se depart; 4130
Bien voy que plus ne se soustient.

ENOS

Se en bref terme Seth ne revient,
Plus vivant ne le trouvera.

NOÉ

Sans doubtance la mort le tient;
Jamais il n'en reschappera. 4135

CAYNAM

Son heure bien brefve sera;
Il n'a plus force ne vertu.

ENOS

Jamais Seth ne retournera,
Que bien ne le treuve abatu.

ADAM

Helas! Seth, mon filz, ou es tu? 4140
Mourray je ains que je te revoye?
Se est point Dieu a toy consentu
Que sa misericorde je aye?

SETH

O pére Adam, Dieu vous doint joye
Et soit loué que je vous voye 4145

4141 *Te* m. dan B.

Encor vif a ma revenue!
J'ay misericorde obtenue,
Non pas ainsi que je cuidoye.

Adam

Helas! mon amy, que je l'aye!
4150 Tu soyes le bien revenu,
Mon enfant. Que as tu obtenu
En ce lieu ou tu es allé?

Seth

Pére, j'ay a l'Ange parlé,
Le quel ne m'a pas escondit
4155 Quant vostre cas luy ay eu dit,
Car, de l'heure et ou propre lieu,
Se est tourné a parler a Dieu,
Demandant vostre appointement;
Puis, par divin commandement,
4160 Trois grains a prins de la semence
D'un arbre de grant excellence,
— Ces trois grains voicy en ma main, —
Et si m'a dit, premier humain,
Que de mourir vous estes prest;
4165 Par quoy a nostre seigneur plaist
Que, quant on fera vostre couche
En terre, dedans vostre bouche
Ceste semence soit plantée,
Car point ne sera rachaptée
4170 Nature, tant qu'elle ayt produit
Arbre qui portera ung fruit,
Du quel une huylle descendra
Vierge, qui santé vous rendra.
Vela ce que j'ay conquesté.

Adam

4175 Vray Dieu, or ay je tant esté

4152 A: *ou es tu.* — 4156 C: *au.* — 4167 A: *Et terre.* — 4169
B: *rachetée;* — C: *racheptée.* — 4172 A: *Du qul.*

En ce monde, yver et esté
Labourant, en peine et tristesse,
De toutes douleurs molesté,
De tous opprobres incesté,
Sans avoir ung jour de liesse. 4180
Helas! au mains en ma viellesse,
Ou je voy que vie me lesse,
Se Dieu m'eust desclairé delivre
Du mal que je fis en jeunesse,
Contre sa haultaine noblesse, 4185
Mourir me fust plus beau que vivre.

SETH

Pére, vous aurez delivrance;
N'en faictes aucune doubtance,
Mais il fault que ceste semence
Germe. 4190

ADAM

O divine puissance,
De temps y aura grant distance,
Car il n'a pas fait qui commence.

SETH

Avoir vous convient pacience,
Puis que divine sapience
En ce point ordonne et le veult; 4195
Contre son vouloir nul ne peult.

ADAM

Or, mes enfans, je vous diré :
J'ay par neuf cens ans labouré
En peine et traveil en ce monde;
Maintenant, par mort furibunde, 4200
Conclud est que j'en partiré.
Rien qui soit ne vous lasseré
Par testament, quant m'en iré,

4181 C: *moins.* — 4199 B: *travail.* — 4201 C: *je partiray.* —
4202 B C: *laisseray.*

    Que le tourment, qui y habonde
4205 Trop plus que en abisme profonde;
    Je le sçay bien, je le diré.
    Toutesfois, a ma departie,
    Mes chers enfans, je vous supplye,
    Ensemble doulcement vivez
4210 Des biens de Dieu, que vous avez
    Pour entretenir vostre vie;
    Gardez aussi que par folye
    N'entremeslez vostre lignage
    Avec Cayn, car vous sçavez
4215 Que luy et les siens sont trouvez
    Remplis de toute ville oultrage.
    Gardez justice et equité
    En amour de fraternité;
    Servez Dieu, nostre pére et sire;
4220 Gardez de provoquer a ire
    La souveraine deité.
    Vous me voyez a mort cité,
    Mes enfans; c'est necessité
    Qu'il me convient a Dieu vous dire;
4225 Je vous pry, vueillez vous conduire
    Tousjours en bonne verité.
    Adieu, mes enfans, mes amys;
    Par moy vous estes touz submis
    A peché, dont mon cueur endure
4230 Grant douleur, dont je conjecture
    Le grant vice que j'ay commis.
    Puis que en ce point Dieu l'a permis
    Que de vivre soye demis.
    Je vous requier qu'en sepulture
4235 Mon corps, qui n'est que pourriture,

4206 A : *tiré;* — C : *je vous affie.* — 4216 A B : *toute villenye.* Ce mot est sans rime, mais le texte primitif portait sans doute *lignie* et non *lignage* au v. 4213. — 4226 A : *veité;* — C : *unité.*

Après ma mort soit par vous mys ;
Je vous requier a joinctes mains,
Vous qui estes fréres germains,
Que vous n'obliez pas a mettre
Dedans ma bouche les trois grains,   4240
Par qui le peché des humains
Finablement gary doit estre.
Dieu, qui est le souverain maistre,
Si amplement les face croistre
Qu'en brief temps garis soyons tous.   4245
Plus ne me fault que ung lieu terrestre
Pour mon sepulcre et dernier estre.
Mes enfans, a Dieu soyez vous.

Icy meurt Adam.

Seth

O mort, 'mort, tu monstres bien comme
Tu es commune a tout humain,   4250
Qui as tué le premier homme
Que Dieu avoit fait de sa main.

Enos

Or n'avons nous point de demain ;
Tel est ennuit en grant santé,
Qui porte la mort en son sain   4255
Et demain en terre bouté.

Caynam

O piteuse fragilité,
Qu'esse de toy ? Une verdure,
Ou une florette en esté,
Qui soudain croist et si pou dure.   4260

Noé

O dolente et fresle nature,
Qu'esse de ton povre maintien ?

---

39 B : *oubliez*. — 4246 C : *qu'ung*. — 4260 C : *peu*.

Chasteau fondé sur pourriture,
Ou il n'y a point de soustien.

Caynam

4265 Par ceste mort congnoist on bien
Que c'est que de nature humaine
Et de l'homme, le quel n'est rien
Plus que une chose qui est vaine.

Enoch, *qui fut ravy*

Mort est le chef et cappitaine
4270 Des humains — la premiére rasse,
Le quel monstre, chose certaine
Qu'il fault que tout homme ainssi passe.

Enos

Il fault que sa fosse on luy face,
En la terre pour le bouter,
4275 Puis en sa bouche faire place
Pour les trois grains d'arbre planter.

Caynam

Quant du corps, point ne fault doubter;
Il est terre, en terre sera;
On ne l'en sçauroit exempter;
4280 De terre vint, en terre ira.

Noé

Dont il vint il retournera;
Lymon fut, orde pourriture;
Lymon sera et pourrira
Pour retourner a sa nature.

Seth

4285 Or le allon mettre en sepulture,
Mes enfants; il en est saison.
En luy doit toute creature
Prendre exemple, selon raison.
Icy sa derniére maison

4267 A : *lequel est rien.*

Sera faicte, au près de sa femme ; 4290
Dieu leur face pardon a l'ame !

Ilz font la fosse.

Cayn

Or est mon pére trespassé,
Le quel, depuis que je offencé
Ne vy; mais, puis qu'il est ain
4295 De retourner j'ay empencé
Et si donneré, se je sçay,
A mes fréres aucun soucy.
Filz d'Adam sont et moy aussi,
Mais, en tant que premier issi
4300 De sa naturelle semence,
Sans replicquer ne ça ne si,
Sus tous ceulx de ce monde icy
Je doy avoir la preminence.

A mon paternel heritage
4305 Retourner doy, se je suis saige,
Puis que nous n'avons plus de pére,
Et, comme aisné filz de lignage,
Sus les aultres prendre avantage
Et dominer sus chacun frére.
4310 Ce me seroit grant vitupére
Qu'enfant qui soit né de ma mére
Eust devant moy la preference;
Il m'appartient que je préfére.
C'est une chose toute clére,
4315 Je doy avoir la preminence.

---

[1] C: *De la mort de Adam et de l'obstinacion Cayn.* — 4293 C: *j'ay offensé.* — 4296 C: *Et donneray, comme ay pensé.* — 4305 C: *si.* — 4313 C: *m'epportient.*

Sus! mes enfans; a bref parler,
Adam est mort, il fault aller
Pour prendre la pocession
Du lieu; plus ne fault reculer
Et, se aucun se veult rebeller, 4320
En faire la pugnicion.
Par droit de generacion,
Nous aurons dominacion
A cause de nostre excellence.
Combien que d'un pére soion, 4325
Comme aisné, en conclusion,
Je doy avoir la preminence,

Prince seré, qui qu'en murmure;
Du filz aisné j'ay la droiture;
Par quoy, sus ceulx de mon essence, 4330
Tous filz d'Adam par geniture,
Par excellence et prelature
Je doy avoir la preminence.

Calmana

Helas! remors de conscience,
Cayn, ne vous sauroit il prendre? 4335

Cayn

Ce n'est pas cela que je pence;
J'ay bien autre chose a entendre.
Allon, sus! plus ne fault attendre.
Enoch et tous autres aussi,
Mes successeurs, parton d'icy 4340
Et allon au Champ Damascéne,
La ou Adam a fait son régne;
Le lieu nous appartient de droit.

Enoch

Pére Cayn, qui le perdroit
Ce seroit a nous grant folye. 4345

4319 C: *point ne fault* — 4329 C: *De filz.* — 4431 C: *de Adam*

IRAD

Allon y prendre seigneurie
Et jouyr de fait et de force.

ENOCH

Se aucun de nous nuyre s'efforce,
Il luy fault monstrer qu'il a tort.

IRARD

4350 Chacun de nous est assez fort,
S'il veult, pour deffendre sa part.

LAMETH, *qui tua Cayn*[2].

Allon, devant qu'il soit plus tart;
Il ne fault plus icy muser
Et, se aucun s'i vient opposer
4355 Que nous jouysson de la terre,
Ainsi que vouldron disposer,
Soudain qu'on luy livre la guerre,
Et si bien le metton en serre
Qu'il ne saiche quel part tourner

CAYN

4360 Icy ne fault plus sejourner.
Allons, mes enfans, suyvez moy;
Je suys quasi a forcener
Et a coup de mort me donner,
Quant ainsi tremblant je me voy
4365 Mais je suys certain que je doy
Estre damné finablement;
Par quoy, je passe mon esmoy
Et ne me chault du tremblement
Asseuré suys du damnement
4370 En Enfer, la maison infaicte;
Il ne se peult faire autrement;

---

[1] B : *De la mort de Adam et de l'obstinacion Cayn;* C : .... e
l'obstination Cayn.— 4346 Y m. dans C. — [2] *Qui tua Cayn* m.
dans B. — 4358 A B : *les metton.* — 4359 A B : *Qu'ilz ne sai-*
chent.

Indigne suis de sauvement,
Car trop grande offence j'ay faicte.

Seth

Mes effans, la fosse est parfaicte;
Prenon le corps et l'y metton, 4375
Et puis en sa bouche planton
Les troys grains.

Enos

          Or de par Dieu soit.
Vous mesmes, nostre pére Seth,
Qui tous nous autres preferez,
S'il vous plaist, sa bouche ouvrirez 4380
Et dedens mettrez les troys grains.

Seth

Helas! racine des humains,
Tu n'as plus aucun sentement.
Bien piteux suis certainement
A ceste heure, quant je te touche. 4385
Vela les trois grains en sa bouche,
Que a grant peine j'ay peu ouvrir.

Caynam

Il reste de terre couvrir
Le corps, que la beste sauvage
Ne sortisse hors du boscage 4390
Par quelque grant fain de menger,
Qui peult ce corps endommager,
En le trouvant a descouvert.

Seth

C'est bien dit; qu'il soit recouvert,
Ce sera le plus honorable. 4395

4374 A : *Mais;* — B C: *enfans;* — C: *perfaicte.*— 4375 A B C: *luy.* — 4390 C: *Ne sorte hors de aucun boscage.* — 4391 C: *Par avoir grand fain.*

ENOCH, *qui fut ravi.*

O nature pitoyable,
De tant de peines cappable,
Instabile, variable,
Tant fresle, tant miserable,
Ou prens tu felicité?
Quel pencer t'est delectable?
Quel lieu te est plus estable,
Mains dangereux, mains doubtable?
Quel jour te est le plus salvable?
Douloureuse humanité,
Qu'esse de toy ? Vanité.
Ou vis tu ? En povreté.
Ou est ta ferme cité,
Se par mort tu es cité,
Pour dire : Icy je demeure ?
Ou est ton lieu de seureté ?
O povre fragillité,
Fresle sensualité,
Plaine de debillité,
Regarde Adam a ceste heure.

NOÉ

Quant la pomme est meure,
Force est qu'elle chaye.

LAMETH, *qui tua Cayn* [1]

Soit pomme, soit meure,
Il fault que tout meure ;
Tout va ceste voye,
Qui vouldra le voye;
Soit foible, soit fort,
Qui vouldra forvoye :
De mondaine joye
La fin est la mort.

4401 C : *te est.* — 4402 C : *le plus stable.* — 4403 C : *moins.* —
[1] *Qui tua Cayn* m. dans B.

ENOCH, *filz de Cayn*
Plus n'en fault parler, il est mort ;
Nous irons tous ce chemin la.
ENOCH, *qui fut ravy*
Dieu nous vueille donner confort !
Tous sommes subgetz a cela.
CAYN
Regardez deça et dela, 4430
Mes enfans, a vostre plaisir,
Ainsi que vous vouldrez choisir,
Car le droit appartient a nous.
LAMETH
Ne vous chaille, non ; viennent tous,
Je tien le droit tout debatu. 4435
Se aucun murmure contre vous,
En effect il sera batu.
SETH
Vien ça, Cayn, comme oses tu
Revenir en terre natalle,
Qui as perdu force et vertu 4440
Pour ton offense capitalle ?
CAYN
Comme ce coquin me ravalle !
Qu'esse cy ? Quel mouche le point ?
SETH
Cayn, ta voulenté est malle ;
Entens tu bien ? Note ce point, 4445
Et bref tu ne mesleras point
Ton lignage avec le mien.
Je requier Dieu qu'il me pardoint

C : *Des partages Seth et Cayn, et de Lameth et de ses deux femmes.* — 4433 C : *appertient.* — 4444 C : *volunté.* — 4447 B : *avecques.*

Se je dy que tu ne vaulx rien.

CAYN

4450 Le droit primicial est mien,
Car je suis aisné du lignage.

SETH

Pour acquerir paix, qu'il soit tien !
Mais il fault partir l'heritage ;
Bien tost sera fait le partage,
4455 Et puis choisi ta porcion.

CAYN

Soit faicte la division
Et puis après je choisiré.

SETH

Vien ça, Cayn, je te diré.
Voicy, vers Paradis terrestre,
4460 Cordam, qui est ung plaisant estre
Et pour ung d'entre nous tresbel ;
D'autre part le champ ou Abel
Tu tuas, pour y resider ;
. . . .
4465 Le lieu que vouldras posseder,
Pour demourer toy et les tiens.
Au regard de moy et des miens,
Nous voulons estre separez
De toy.

CAYN

Bien, bien, vous le serez ;
4470 Prenez Cordam, je le vous quitte.

SETH

Aussi esse le plus licite
Et pour ton estat mieulx propice
Que toy et ton lignage habite

4450 B : *Le droit principal si est mien ;* — C : *Le droit principal est le mien.* — 4455 A C : *la porcion.* — 4464 Le sens paraît indiquer qu'il manque un vers dans le texte.

Au lieu ou tu commis le vice.
Cayn
C'est raison que je le choisisse, 4475
Aussi je le prens pour ma part.
Seth
Or nous retirons a l'escart,
Mes enfans ; nous demeureron
En Cordam et point ne seron
Avec Cayn entremeslez. 4480
Enos
Faictes ainsi que vous vouldrez,
Pére Seth, nous vous suyviron.
Caynam
La ou vous irez nous iron ;
Ne faictes que adviser le lieu.
Seth
Allon, a la grace de Dieu, 4485
Qui nous vueille tousjours garder !

Lameth, *qui tua Cayn*
Je prens plaisir a regarder
Les enfans que j'ay de mes femmes,
Et repute ceulx pour infames
Qui, pour augmenter le lignage, 4490
Ont en eulx si lasche courage
Qu'i ne veullent faire devoir
Et qui sont contens de n'avoir
Que une seulle femme avec eulx.
Homme ne peult a mains de deux, 4495
Encore n'esse pas assez.

4482 C : *suiverons*. — 4483 C : *irons*. — 4484 A : *lie*. — 4485 A B : *Or allon ;* — C : *Or allons a la garde de Dieu*. — 4491 B : *Ont eu si lasche courage*. — 4495 C ; *moins*. — 4496 C : *Et encore*.

                    Quant il a ses plaisirs passez
                    Avecques l'une, sans mesprendre,
                    Mais qu'il n'ait les espritz lassez,   31 b
4500   Avecques l'autre les peult prendre.
                    Homme ne l'en sauroit reprendre,
                    Quant il a povoir de ce faire,
                    Non obstant ce que le contraire,
                    Se dist Adam, Dieu commanda.
4505   J'ay premier, de ma femme Ada,
                    Tubal, Jahel, sang de Cayn ;
                    De Sella, j'ay Tubal Cayn :
                    Beaux filz, ay je doncques peché
                    Se avec deux femmes j'ay couché,
4510   Puis qu'ilz sont gentilles comméres ?
                    Ung homme peult donner deux méres
                    A ses enfans, se bon luy semble,
                    Et les tenir toutes ensemble ;
                    Point n'y a danger a cela.

                            SELLA *commence*
4515   Ada.
                            ADA *commence*
                    Que dictes vous, Sella,
                    Ma compaigne et seur germaine ?
                            SELLA
                    Mais n'esse point chose villaine
                    De estre en ce point comme nous sommes ?
                    Se mocquent point de nous les hommes
4520   Que a ung homme seul deux soyon !
                            ADA
                    Pas ne croy que nous y ayon
                    Aucune honte et villanye,
                    Car c'est pour accroistre lignye,

4520 A : *soyn.*

Que desja nous accroissons fort,
Sella
Soyon, vous et moy, d'un accord, 4525
Quelque chose que Lameth face ;
Gardon nous bien, en quelque place
Qu'il ne nous puisse ravaller.
Ada
Je voy bien que son temps se passe,
Mais, s'il frappe ne si menasse, 4530
Nous le feron bien reculer.
Sella
Il ne peult desjà plus aller ;
Nature en luy se depart toute ;
Tantost il ne verra plus goutte ;
Par quoy, s'il se veult entremettre 4535
De nous vouloir trop au bas mettre,
Gardon bien de luy soustenir.
Ada
Ne vous chaille ; lessez venir.
S'il veult faire aucunes oppresses,
Il aura trouvé ses maistresses 4540
Pour le sçavoir faire rengier.
Sella
Il n'y aura point de dangier.
S'en la fin se trouve surprins,
Il en avoit plus entreprins
De beaucoup qu'il n'a sceu parfaire. 4545
Ada
Perdu y a son luminaire ;
Bien ne luy povoit advenir.
Sella
Cuydoit il deux femmes fournir
A une fois ? Cella repugne.

4529 A : *ce.* — 4538 C : *laissez le.* — 4543, 4544 : *...pris.*

ADA

4550 A grant peine en eust fourny une.
Ung homme a puissance trop lasche
Pour entreprendre si grant tache
D'avoir deux femmes a la foys.

SELLA

Des enfans avons toutesfois,
4555 C'est a quoy je me reconforte.

ADA

Je me sens encore aussi forte
Que jamais et aussi entiére.

SELLA

Je me trouve saine et legiére
De corps et de courage aussi.

ADA

4560 Vrayement Lameth n'est pas ainsi ;
Il est a ses declinaisons.

SELLA

Nous luy avon fait ses raisons
Tant que la veue en perdra.

ADA

Il le fault servir de blasons,
4565 Quant a nous prendre se vouldra.

LAMETH, *qui tua Cayn.*

Je ne sçay comme il m'en prendra,
Mais je sens affoiblir ma veue ;
En effect tant me diminue
Que je crains qu'elle ne appetisse
4570 Tellement que voir je ne puisse,

C. *De Lameth et de la desrision de ses femmes.*— 4560 A : *Vrayrement.* — 4561 C : *en ses declinaisons.* — 4563 C : *perdera.*— 4565 A B : *ce.* — 4566 A : *comment il me prendra ;* — B : *comment.* — 4570 *Je* m. dans A B.

Et de fait je suis en dangier.
Ce seroit bien pour enragier
Se la veue toute perdoye ;
Je ne sçay pas que je feroye ;
Fortune me tromperoit bien. 4575

ADA

Sus ! Lameth, vous ne dictes rien.
Qu'esse que vous avez, beau sire ?

LAMETH, *qui tua Cayn* [1]

Ada, je ne te sçay que dire.
Ou es tu ? Point je ne te voy.

ADA

Vous ne me voyés point ? Pour quoy ? 4580
Vous me faictes toute esperdue.

LAMETH, *qui tua Cayn* [1]

De fait, j'ay la veue perdue ;
Onc ne fus en si piteux point.
Conclusion, je ne voy point.
Nuyt ne jour, ne soleil ne lune. 4585

SELLA

Voicy bien terrible fortune.
Donc vous peult proceder cella ?

LAMETH [2]

Le Dyable le sache, Sella,
Dont il vient, car je n'en sçay rien.

SELLA

Vrayement vous n'en estes pas bien ; 4590
Ce vous est fortune terrible.

LAMETH, *qui tua Cayn* [1]

En effect, tout m'est invisible
Et ne sçaroye cheminer,
Se quelcun n'ay a me mener ;
Jamais ne creu avoir tel fin. 4595

Qui tua Cayn m. dans B. — [2] C ajoute : *qui tua Cayn.* — 4589 A : *ne sçay.* — 4593 C : *sçauroye.*

Ada

Icy avez Tubal Cayn
Pour vous duyre a vostre appetit.
Lameth, *qui tua Cayn*²
C'est bien dit; c'est le plus petit,
Il ne me conduira pas mal.
4600 De Jahel, mon filz, et Tubal,
Ilz pensseront de leur ouvrage,
Je suis desja viel et hors d'aage;
C'est bien raison qu'il me soustiennent
Et que la maison entretiennent,
4605 Puis que je n'en puis plus penser.
Sella
Aussi est il temps de penser
Vostre labeur, veu la vieillesse
De vous.
Lameth, *qui tua Cayn*²
Aussi je le delesse
Et a mes enfans me raporte

Cayn
4610 Dyables, Dyables, ouvrira point la porte
Vostre Enfer, pour dedens me bouter?
Vostre prison est elle si tresforte
Qu'il n'en faille aucunement, ne sorte,
Quelque Dyable, qui me vienne emporter?
4615 Venez, Dyables, pour me reconforter. *32 a*

B ne donne que ces premiers mots. — ² *Qui tua Cayn* m. dans B.
— 4603 C : *ilz*. — 4606-4608 C :
  Aussi est (il) temps de dispenser
  De vostre labeur, veu vieillesse
  Qui vous tient.
    Lameth, qui tua Cayn
      Aussi je le lesse.
— 4609 C : *m'en.*

Mon reconfort et consolacion
Fut de vous voyr devers moy transporter,
De toutes parts acourir et troter,
Pour me mener tost en dampnacion ;
D'estre dampné j'ay approbacion. 4620
De Dieu receu j'ay malediction
Et renoncé a grace demander ;
De me tuer fusse d'oppinion,
Pour me mettre hors de confusion,
Mais Dieu ne veult ce point la accorder. 4625
Plus du labeur ne me vueil entremettre ;
Soit en ce point conduit qu'il pourra estre !
Vague m'en vois par my buyssons et haies ;
Je suis honteulx qu'on me doyve congnoistre
Ainsi tremblant ; par quoy, je me vueil mettre 4630
Hors du chemin et fouyr les grans voyes.

Lameth
Or ay je bien perdu ma joye,
Que au temps passé mener soulloye.
Du temps que ma veue j'avoye,
Je tournioye de parc en parc 4635
Par les champs, pour tirer de l'arc,
Qui estoit ma plaisance toute ;
Maintenant je ne voy plus goute ;
Demeuré suis comme reclus
Et de l'arc ne tireray plus ; 4640
Je n'iray plus par le chemin.

Ada
Vous prendrés bien Tubal Cayn ;
Par les champs il vous menera.

Lameth, *qui tua Cayn* [1]
C'est bien dit. il m'en ennuyra

4631 B C : *fuyr*. — [1] *Qui tua Cayn* m. dans B.

4645   Beaucoup mains. Au mains par les champs
        Orray je des oyseaulx les champs,
        Qui sont doulx et melodieulx,
        Resjouissant, armonieulx,
        Tant que au monde n'est rien si doulx.

ADA

4650   Tubal Cayn, approuchiés vous;
        Vostre pére a la main prenez
        Et par my les champs le menez;
        Mais allés par le chemin plain.

TUBAL CAYN

        Pére, baillés moy vostre main.

LAMETH, *qui tua Cayn* [1]

4655   Tien, mon filz, et me conduy bien.

TUBAL CAYN

        Vers vous me monstreray humain.

LAMETH, *qui tua Cayn* [1]

        Tu seras ung enfant de bien.

TUBAL CAYN

        Ne vous chaille, ne craignés rien;
        De ce cas la façon j'entens.

LAMETH, *qui tua Cayn* [1]

4660   Beau sire, pour passer le temps
        Boute mon arc dessus ton bras;
        Peult estre que tu trouveras
        Quelque beste en quelque haillier;
        Mais que tu me sachiez bailler
4665   Ma visée sur le droit point,
        A le frapper ne fauldray point,
        Et, quant je fauldray, c'est pour rire.
        Entens tu, mon filz?

4645 C : *Beaucoup moins, estant par(mi) les champs.* — [1] *Qui tua Cayn* m. dans B. — 4656 A : *mostreray*. — 4661 C : *Port mon arc dessoubz ton bras.*

Tubal Cayn

        Ouy, sire;
L'arc et la fléche je voys prendre,
Mais je ne le sçaroye tendre ;   4670
Il fauldra que je le vous baille.

Lameth, *qui tua Cayn*

Je le tendray bien, ne te chaille ;
Apporte lay, ne te soucye.

Cayn

    Tant m'ennuye
      De ma vie,   4675
    Qui tant dure!
    Dyablerie,
    Enragie
    Trop endure,
    Qu'en laydure,   4680
    Aspre et dure,
Mon ame n'est prinse et ravye.
Dyables, vous me faictes injure
Que ne me gettés en l'ordure
D'Enfer, de qui j'é grant envye !   4685
En ce buisson obscur me voiz getter,
      Pour regretter
    Jour que seray dampné,
Pour desirer, requerir, appetter
      Et souhaitier,   4690
    Tousjours sans desister,
Que mauldit soit le jour que je fu né.
      Determiné
    Je suis et condampné
      Estre mené   4695

---

[1] B : *Comme Lameth tua Cayn.* — 4670 C : *sçauroye.* — [2] *Qui tua Cayn* m. dans B. — 4678 C : *Enragerie.* — 4682 C : *prise.*

Avecques tous les Dyables,
Comme mauldit, aux peines importables.
Dyables inumbrables,
Ors, abhominables,
4700 Satrapes dampnables,
Saillez hors
De voz grans estables ;
Mon ame en voz chables
Liez tresgrevables,
4705 Et mon corps.
Saillez, mastins, infernalle sequelle,
Liteurs, bourreaux, satrapes infernaulx.
Villains, puans, venans, je vous appelle !
Saillez dehors vostre maison cruelle
4710 Et me venez querir, traistres, bourreaux,
Chiens, infames, desloyaux !
Ouez vous point mes appeaux
Si terribles et si haulx,
Que chacun jour fais nouveaulx,
4715 Pour rememorer mes maulx
Que j'ay faiz ?
Saillez hors de voz carneaulx ;
Abatez tours et chasteaulx
Par village et hameaulx,
4720 Pour venir a mes assaulx,
Qu'en voz pallus infernaulx
Souffrir me fault une foiz !

TUBAL CAYN
Pére, je cuide qu'en ce boys
Il y a quelque sauvagine.
LAMETH, *qui tua Cayn* [2]

C : *Comme Lameth tua Cayn*. — 4710 *Traistres* m. dans C. —
[2] *Qui tua Cayn* m. dans B.

Regarde partout et chemine, 4725
Sans faire noise ne tempeste,
Et, se tu vois aucune beste
Remuer, si vien tout soubdain
Me dresser mon arc en la main,
En l'adressant [bien] a l'endroit 4730
Ou tirer pourray le plus droit ;
Peult estre que le frapperé.

TUBAL CAYN

Bien, pére, je vous dresseré,
Se je rencontre beste aucune ;
Peult estre de coup de fortune 4735
Que la tuerez, s'il vient a point.

LAMETH

Regarde bien, et ne faulx point,
Se tu voirras rien remuer ;
Point ne fauldré a le tuer,
Mais que tu me dresses bien la. 4740

TUBAL CAYN

Ne vous souciez de cela ;
Mais, ains que plus oultre passon,
Il m'est advis qu'en ce buisson
Il y a beste.

LAMETH, *qui tua Cayn*

Que t'en semble ?

TUBAL CAYN

Terriblement le buisson tremble 4745
Et, ainsi qu'il me peult sembler,
Le vent ne le fait point trembler
Si fort ne si tresaspremement ;
Il y a beste seurement,

B : *Comment Lamet tua Cayn*. — 4728 C : *Remuer, reviens*. —
4732 C : *la*. — ²C aj. : *qui tua Cayn*. — 4738 C : *verras*. —
4742, 4743 C : *Mais, ains que passons noz devis,*
      En ce buisson, ce m'est advis.
— 4747 C : *pas*.

4750 Autrement point je ne le croy,
Et, oultre plus, dedans je voy
Je ne sçay quoy, qui est espès.

   Lameth, *qui tua Cayn*[1]
Baille moy mon arc tout en paix ;
Je tireré a l'adventure.

   Tubal Cayn
4755 Beste y a, je vous asseure ;
Faire n'en fault doubte de rien.

   Lameth, *qui tua Cayn*[1]
Or me dy quant je seray bien
Et garde qu'il n'y ait deffault.
Suys je bien ?

   Tubal Cayn
     Ung petit plus hault.
4760 Tirez droit, en ceste façon,
Et, s'il y a rien au buisson,
Croyez qu'il sera attrappé.
   Il tire et frappe Cayn.

   Cayn
Dyables ! qui esse qui m'a frappé ?
C'est fait de moy ; je vois mourir.
4765 Dyables, Dyables, je suys happé ;
Venez tost mon ame querir.
Dyables, pensez tost d'acourir
Prendre mon ame ; elle est a vous ;
Qui que me soit venu ferir,
4770 Je suys mort. Dyables, venez tous !

   Lameth, *qui tua Cayn*[1]
Qu'esse que j'o ? Aprochons nous.

---

[1] *Qui tua Cayn* m. dans B. — 4753 *Moy* m. dans A. — 4755 C : *je le vous asseure.* — 4771 C : *Qu'est ce que j'entens?*

C'est quelque ung que j'ay atouché,
Qui estoit au buisson couché.
Approucher nous fault en effect.
Tubal Cayn
Pére Lameth, que avons nous fait ? 4775
C'est Cayn qui estoit mussé
Icy, et est a mort blessé.
Estendu est en ce buisson.
Lameth, *qui tua Cayn*[2]
Que ? C'est Cayn ? Traistre garson,
Filz de putain, je te tueré. 4780
Traistre, tu m'as deshonnoré ;
Par toy apparoist en ce lieu
Sur moy la vengence de Dieu,

Il le frappe de son arc.

Qui contre moy est argué.
Tubal Cayn *Fuit*[3]
Haa ! pére, vous m'avez tué ; 4785
Je suys mort, pére ; je suys mort.
Lameth, *qui tua Cayn*[2]
O pecheur diffamable et ort,
Ton filz est mort ; plus rien ne dit.
Est il estourdy ou s'il dort ?
Mon filz est mort sans contredit. 4790
Or suis je bien de Dieu maudit
Et dois en cueur avoir grant dueil,
Quant j'ay mys a mort mon ayeul,
Dont j'auré la pugnicion
En septuple augmentacion ; 4795
Jamais pire fait je ne fis.
Puis après, j'ay tué mon filz,

---

[1] B : *De Lamet et de ses enfans* ; — C : *De Lameth et ses femmes*. —
[2] *Qui tua Cayn* m. dans B. — 4781 B : *ta m'as desdeshonnoré*. —
[3] C : *fuyant*. — 4791 *Je* m. dans A.

Qui du cas estoit innocent.
Se la pugnicion descent
4800 Sus moy, ce sera bien raison.
Comment iray je a la maison ?
Je n'y sauroye retourner.
Je n'ay ame pour me mener ;
Comme me pourray je conduyre ?
4805 O traistre, des pires le pire,
Ton cas congneu et advisé,
Il est de toy prophetisé
Que tu porteras sept vengences
Et tresorribles penitences,
4810 Pour avoir Cayn a mort mys ;
Or ay je le meurdre commis
Et encouru ceste sentence.
Après, pour la seconde offence,
J'ay tué mon filz en envye.
4815 Il n'y a point de recompense ;
Perdu suys a toute ma vie.

Sella

Ada, je suys toute esbahye
Que Lameth et Cayn se tiennent
Tant en ces champs qu'ilz ne reviennent ;
4820 Je dy qu'ilz ont aucun soucy.

Ada

Je suys en doubtance aussi
Qu'ilz n'ayent trouvé aucun mal.
Il t'y vault mieulx aller, Tubal,
Voir que font ton pére et ton frére.

Tubal *commence*

4825 Tout ce qu'il vous plaira, ma mére,

4801 C : *en la maison.*— 4804 *Me* m. dans A.— 4806 A : *adulsé.*
4818 A B C : *Tubal Cayn.*

Tresvolontiers acompliré ;
Je voys voir se les trouveré,
Tournoyans par my ses desers.

ADA

Va, mon filz ; c'est païs divers,
Puis Tubal Cayn ne scet pas 4830
Toutes les voyes et les pas
Du boys.

TUBAL

Je les trouveré bien,
S'ilz y sont plus ; ne craingnez rien.
Je iray tant aval et amont
Que les trouveré, s'ilz y sont. 4835
N'en doubtez point, car je congnois
Toutes les passées des bois ;
Tantost vous en diré nouvelle.

LAMETH *qui tua Cayn* [1]
O fortune faulce, dure, cruelle,
Aspre et felle, 4840
Bien mauldire te doy,
Qui te monstres a ceste heure cy telle
Criminelle,
Chevaliére mortelle,
Trop rebelle, 4845
A l'encontre de moy.
Soucy, esmoy
Me tiennent ; c'est par toy,
Cler l'aperçoy,
Combien que ne voye goutte. 4850
Celluy est fol qui fortune ne doubte.
O homme mal fortuné

4837 A : *de*. — [1] *Qui tua Cayn* m. dans B. — 4839 A : *fortue*. —
4844 A C : *Chevalerie*.

Et sus tous infortuné,
Quant, par ung fait d'infortune,
4855 A sur toy esté donné
Jugement determiné
A l'apetit de fortune.

Tubal

Voicy mon pére Lameth,
Mais Tubal Cayn, mon frére,
4860 Je ne sçay ou il se met;
Icy n'y a que le pére.
J'ay doubte que vitupére
Aucun ne leur soit venu;
Je ne sçay, c'est chose clére,
4865 Que mon frére est devenu,
S'il ne se est caché tenu
En quelque lieu a l'escart.
Pére Lameth, Dieu vous gart!

Lameth, *qui tua Cayn* [1]

Qui esse qui parle a moy?

Tubal

4870 Je suis Tubal.

Lameth, *qui tua Cayn* [1]

Esse toy?
Tu soyez le bien arrivé.
Mon filz, je suis reprouvé
De Dieu; j'ay tué Cayn
Et ton frére en ce chemin.
4875 Méne moy en la maison,
Ou j'auray, toute sayson,
Misére, douleur et peine,
Trop plus sans comparaison
Que Cayn.

4853 C : *Et sur tous importuné.* — 4854 A B : *fait infortuné.* — [1]*Qui tua Cayn* m. dans B. — 4869 C : *Qui esse la.*

TUBAL
Chose certaine,
Icy est la place plaine 4880
De sang, ou sont les deux corps.
Allon, que je vous ammayne;
N'y pensez plus; ilz sont mors.
LAMETH, *qui tua Cayn* [1]
Or n'auray je jamais rien fors
Pleurs, tristesses et desconforts; 4885
En autre chose ne me fye.
J'ay bien perdu tous mes confors;
En tormens horribles et fors
Il me fault terminer ma vye.
TUBAL
Reconfortez vous, je vous prie, 4890
Pére; ce qui est fait est fait.
Se vous avez Cayn deffait,
Peult estre que Dieu l'a permis.
LAMETH
Ha! Tubal, je me sens submis
A estre rudement pugny; 4895
Je suis de tout espoir benny,
Car j'ay commis double homicide.
TUBAL
Mon chier pére, il n'y a remide;
C'est fait, le conseil en est pris.
LAMETH
Hellas, hellas! j'ay trop mespris; 4900
Bien sçay que pugny en seray
Tresrudement.
TUBAL
Je vous diray,
Pére Lameth, retirons nous

---

[1] *Qui tua Cayn* m. dans B. — 4882 C : *emmeine*. — 4889 C : *voye*.
— 4899 C : *prins*. — 4900 C : *mesprins*.

En l'ostel, sans prendre courroux,
4905 Car courroux engendre tout mal.
Lameth[1]
Or allons, mon enfant Tubal,
Mayne moy bien, car il le fault.
Tubal
Haussez vos piez un peu plus hault,
Pour mieulx vous garder de chopper.
Lameth
4910 Desormès me vueil occuper
A demener regretz et plains
Et n'aller par champs ne par plains,
Mais vivre ainsi que ung solitaire.
Tubal
Temps perdez ; il est necessaire
4915 De prendre a gré ceste fortune.
Lameth
Il en sourdra grande rancune
Entre mes deux femmes et moy.

Ada
Vecy Tubal que j'apperçoy,
Qui son pére Lameth ramaine.
Tubal
4920 Mére, Dieu vous doint bonne estraine !
Ada
Bien viennes mon enfant begnyn !
Que n'est venu Tubal Cayn
Avecques vous ?
Tubal
Ayez confort,
Mére ; Tubal Cayn est mort.

---

[1] A : *Lamech*. — 4918 C : *Voicy*.

ADA

Et qui l'a tué ? 4925

LAMETH *qui tua Cayn*

Ce ay je fait.

ADA

Vous, aveugle, mastin infait?
Le confessés vous ainsi franc?
Avez vous tué vostre sang,
Vostre enfant et vostre semblable?
Meurdrier infame, detestable, 4930
Dont est venue ceste achoison?

LAMETH, *qui tua Cayn* [1]

Femmes, escoutez la raison
De ce vice trop excessif.
Cayn, vagant et fugitif,
Ainsi que une beste sauvaige, 4935
Estoit dedens ung bissonnage;
Vray est que ce buisson trembloit
Et au povre garsson sembloit
Que beste y faisoit son retrait;
Adoncques m'adressa mon trait, 4940
Donc le doullent coup j'ay tiré
De qui Cayn est expiré.

34 a Après que j'ay congneu l'outraige,
De desespoir et dure raige
Ainsi que je me debatoye, 4945
J'ay rencontré en my ma voye
L'enfant, qui, pour avoir ung coup
De mon arc, est cheu tout acoup;
Mais je ne le cuydois pas faire.

ADA

O meurdrier infame, adultaire, 4950

4931 B : acoison. — [1] *Qui tua Cayn* m. dans B. — 4943 Ce v. est repété deux fois dans A — 4944 B : *dire raige*. — 4947 A : *conp*.

Te est advenu ce fait villain ?
Sella
Reculle toy, faulx inhumain,
Meurdrier aveugle, diffamable,
Qui sus ton sang as mys la main !
4955 Pire es que beste irraisonable.
Ada
Chien arragé, remply du Dyable,
Comme as tu eu la voulenté
De faire cas si villenable ?
Comme t'a le Dyable tenté ?
Lameth, *qui tua Cayn* [1]
4960 Or ça, je suis bien tormenté ;
Jamais n'auray bien ne repos ;
Ces deulx femmes a tous propos
Me feront du mal infiny,
Et seray pirement pugny
4965 Que Cayn pour son fratricide.
Aussi je suis double homicide ;
C'est chose clére et evidente
Qu'il fault que la peine j'en sente,
Car c'est le divin jugement.

4957 C : *volunté*. — [1] *Qui tua Cayn* m. dans B. — 4967 A : *cnidente*.

Caynam

Or vivent les gens longuement, 4970
Et toutesfoys plus largement
L'un que l'autre, on l'apperçoit ;
Si me semble que ce ne soit
Point envers Dieu commis d'oultraige
D'entremesler nostre lignaige, 4975
Combien que Adam le deffendit
Et en bailla certain esdit
A Seth nostre pére, en sa fin.
Or en la ligne de Cayn
I a de belles femmes, gentes, 4980
Tressubtilles et excellentes,
Comme Noema la gentille,
La quelle a esté si subtille
D'avoir trouvé l'art de tisture
Pour draper et faire vesteure, 4985
Qui est ung tresgrant bien pour eulx ;
Par quoy, je dy que par droicture
Et sans commettre aucune injure
Nous en pourrons estre amoureux.

Irard

Dieu seroit par trop rigoureux 4990
De nous hayr, comme il me semble,
Se nous avons amour ensemble,
Car cela me semble licite ;
Puisque nature nous incite,
On ne nous en sçaroit blasmer. 4995

---

[1] B : *De Lameth et de ses enfans.* — 4984 B : *tissure.* — 4995 C : *sçauroit.*

Caynam

Qu'il y ait dangier a aymer,
Nenny; non croire ne le puis,
Et de fait resolu je suys
D'aymer les filles du lignage
5000 Cayn, tant belles que c'est rage;
Ce sont mariages pour nous.

Icy besoigne Noema en layne et a ung mestier devant elle.

Sella

Sa, Noema, que faictes vous?
Noema *commence*
Mére, je fais chose haultaine.
Sella
Comme quoy?
Noema
Ouvraige de laine
5005 Et de soye, que j'entresmelle,
Et en treuve la façon belle;
Des draps en pourron faire beaux,
Sans nous vestir ainsi de peaulx
Que faict avons par cy devant.
Sella
5010 Or avant, ma fille, or avant;
Besongnés fort, soyez soigneuse.

Caynam
Noema, fille gracieuse,
Tressubtille et ingenieuse,
Requerir te viens doulcement

5007 A : *ponrron.*

Que tu soyez mon amoureuse ; 5015
Tu ne fus jamais si eureuse
Que d'avoir mon atouchement.

NOEMA

Vous parlez amoureusement,
Doulx Caynam, je suis contrainte
De vous aymer, combien qu'en crainte, 5020
Car, ainsi que j'ay entendu,
Il nous est de Adam deffendu
Nostre lignaige entremesler.

IRARD

Rien, rien ; il n'en fault plus parler ;
Cella c'est une vieille loy 5025
Que fist Adam. Raison pour quoy ?
A Cayn estoit courroussé,
Pour tant qu'il avoit offenssé
Quant il tua son frére Abel.

NOEMA

Je croy bien que le cas soit tel 5030
Et ainsi que vous en parlés.
Se nous sommes entremeslés,
Quel dangier ? Il n'y en a point.

IRARD [1]

Nenny, nenny, pas d'un seul point ;
Tout ung, puisque Cayn est mort. 5035
Entre aymon nous.

NOEMA

       J'en suis d'acord ;
A ce n'y aura point d'offence.

JUSTICE

O mauldicte concupiscence,
As tu trouvé la preminence

5033 C : *Il n'en y a point.* — A : *Irad.*

5040   Maintenant sus les filz de Dieu?
        Ouy, je le voy en ce lieu;
        Je n'y mès plus de difference.
        Sire Dieu, que j'aye audience,
        Et vueillez corriger ce vice.

                    DIEU

5045   Or dictes, ma fille Justice,
        Et proposez en jugement
        Voz causes.

                    JUSTICE

                    Roy du firmament,
        Vous me faictes extorcion,
        Si du tout a perdicion
5050   Le genre humain vous ne mettez
        Pour les grandes iniquités
        Ou ilz régnent, vous le voyez.
        Sire, ce vous n'y pourvoyez
        Et tous les mectés a ruyne,
5055   Je, qui suis Justice divine,
        Perdray nom et auctorité.

                    DIEU

        Je congnois leur iniquité
        Et leur mauvais gouvernement,
        Que selon raison d'equitté,
5060   Comme juge fort despité,
        Pugnir doy rigoreusement.

                    JUSTICE

        Les filz Cayn premiérement,
        Par reprouvables vitupérez,
        Abusent des femmes leurs frérez,
5065   Bigames sont ors et infames,
        Et tout pluralité des femmes
        Contre la raison naturelle.
        Dampner les devez corps et amez,

5056 B : *mon nom;* — A : *anctorité.* — 5064 B : *de.*

Tous, grans et petis.
MISERICORDE
J'en appelle,
Justice; trop estes cruelle 5070
De demander avoir sentence
De dampnacion eternelle
Sur tous ceulx de l'humaine essence.
JUSTICE
Dieu est trop remply de clemence
Et de doulceur vers les humains, 5075
D'endurer les maulx inhumains
Que chacun jour font a grans sommes.
Les hommes s'abusent des hommes,
Les femmes des femmes aussi;
Regardés ce peché icy, 5080
Requiert il point correction
Et, sans avoir quelque mercy,
Qu'on les mette en dampnacion?
MISERICORDE
Le fait requiert pugnicion
A ceulx qui le font seulement, 5085
Mais dampner generallement
Les mauvais et bons tous ensemble,
Justice, ma seur, il me semble
Que le juste seroit grevé.
JUSTICE
Ou sera le juste trouvé, 5090
Pour ceste heure cy? Qui le sçait?
Voyez au lignaige de Seth,
Depuis la generacion
Septiesme, quel confusion,
Quel orreur, quelle zisanye, 5095
Plaine de abhominacion,
Ou ilz sont, et quel villenye

70 A : cruelle.

Par concupiscence et envye!
N'ont il point changié leurs pensées
Et du tout en tout renuncées
Les solempnités paternelles,
Pour courir aux euvres charnelles
Et prendre les filles Cayn?
Telles façons sont elles belles
Contre commandement divin?
Ne les doit on point mettre affin
Pour leurs faulctes trop excessives?

MISERICORDE

Vous dictes raisons probatives
En jugement, dame Justice;
C'est bien raison qu'on les pugnisse,
Mais non pas estre condampnez,
Bons et mauvais, estre dampnez;
Pas ne le devez procurer.

DIEU

Bref, je n'en puis plus endurer,
Veue la grandeur du meffaict,
Et suis repentant d'avoir fait
L'homme qui des maulx commect tant.

MISERICORDE

Las! sire, estez vous repentant
D'avoir fait l'homme? Vous sçavez
Que tous ne sont pas reprovez,
Comme Abel, le bon et le juste,
Le quel tua son frére, injuste,
Qui a bien mery dampnement.

DIEU

Je suis repentant voyrement,
C'est a dire que je feray
[Fin] de l'homme et l'effaceré
Dessus la face de la terre,

3107 B: *Par.* — 5120 C: *reprouvez.* — 5123 C: *Qui a merité.*

Et luy meneray telle guerre
Que l'homme repentant doit faire
A son euvre, qu'il veult deffaire, 5130
Quant i l'a trouvé ville et orde.
Misericorde
O sire Dieu, misericorde
Faictes en judicacion !
Que Justice avec moy accorde,
Et vostre bonté se recorde 5135
De pitié et compassion !
Dieu
Promeu a indignacion
L'humain homme me a contre luy,
Qui trop grandement a failly,
Et de fait j'ay intencion 5140
De pugnir sa transgression ;
Toutesfois ne demeurera
Tousjours mon indignacion
Avec luy, car pugny sera.
Misericorde
Vous ferez ce qu'il vous plaira, 5145
Sire Dieu, juge veritable,
Mais vueillez estre pitoyable
De l'homme, sans ce qu'on le dampne.
Dieu
Je ne dy pas que le condampne,
Dampné perpetuellement, 5150
Ainsi que Dyable, a dampnement,
Car je voy sa fragilité,
Mais, selon qu'il a merité,
Raison permect que je le juge,
Et, ains que envoyer le deluge 5155
D'eau, qui la terre couvrira,

5131 A B C : *il a*. — 5138 C : *m'a*. — 5154 : *Je* m. dans A C.

Temps de penitence il ayra,
C'est assavoir cent et vingt ans
Pour attendre les repentans,
5160 Qui me vouldront demander grace,
Mais, quelque bien que je leur face,
Si precongnois je, chose vraye,
Qu'il fauldra que je les defface
Et le deluge leur envoye.

Noé

5165 Dieu regnant aux cieulx,
Puissant, glorieux,
Begnyn, gracieux,
Juge raisonnable,
Qui en ses bas lieux
5170 As ouvers les yeux
Doulx et precieux,
Comme pitoyable,
Quant cas merveillable
As fait de lymon et de terre,
5175 L'homme doit ta grace requerre.
Or as tu fait a ta semblance
L'homme, et, si t'a offencé,
De son peché n'aies souvenance;
Sire, metz lay en obliance;
5180 De son meffait soit dispensé.
S'il a encontre toy pensé
Quelque chose qui me soit bonne,
Il sera bien recompencé
Se ta grant grace luy pardonne.
5185 Ainsi qu'il te plest en ordonne;

5157 B C : *aura*. — 5179 B C : *oubliance*. — 5182 A B C : *qu'il*
— A : *bonté*.

Ne pense a la malignité
De ton peuple, qui mal chemyne,
Car sans raison et equité
A plusieurs maulx se determine.
Si ta haulte bonté divine   5190
Ne use de sa misericorde,
Tout tumbera en grant ruyne,
Car a peché chacun se acorde
Mais, sire Dieu, ne te recorde
De leurs meffais ors et villains,   5195
Et de donner ta grace acorde
A ceulx que as formez de tes mains.

    PHUARFARA, *femme Noé*
Or nous a Dieu donné la grace
D'avoir lignye, mon amy doulx,
Et que sommes en terre grasse,   5200
Ou noz biens multiplient tous,
Et pour ce deliberons nous
De noz enfans endoctriner,
Si qu'ilz se puissent gouverner
Autrement que plusieurs ne font.

    NOÉ   5205
Les filz de Seth au jourd'uy ont
Mal gardé le commandement
De Adam, qui tresexpressement
Leur deffendit ne se mesler
Aux filles Cayn, ny aller   5210
Par une façon dissolue,
Car, quant ilz ont leur beaulté veue,
Une amour tresdesordonnée
C'est dedens leur cueur adonnée,
Qui est a Dieu fort desplaisante;   5215
Leur luxure orde et bruslante
Les destruyra en la parfin.

    PHUARFARA
Gardez de suyvre ce chemyn,

Mes enfans, Sem, Cam et Japhet,
5220 Car le hault createur parfait
A vous fort se courouceroit
Et en fin vous en pugniroit,
Dont auriés honte et diffame.
Sem
J'ay Persia, qui est ma femme;
5225 D'elle me souffit, c'est assez.
Noé
Il me souffit que vous facez
La voullenté du createur.
Persia, *femme Sem* [1]
Pére Noé, du bon du cueur
Sem, mon mari, je serviray
5230 Et, selon Dieu, obeyray
A son plaisir et voulenté.
Cam
Par amour et honnesteté,
Pére Noé, s'il plaist a Dieu,
Vous serviray en chacun lieu,
5235 Et ma femme Cathaflua
De vous servir bon desir a
Honnestement, sans vitupére,
Gardant ce que Adam, nostre pére,
A ordonné selon droicture.
Cathaflua, *femne Cham* [2]
5240 Mais que ayons nostre nourriture
Honnestement, il nous souffit,
Car nostre vouloir est confit
A voye droicturiére garder.
Japhet
Voz enfans povez regarder,

5220 C : *perfaict*. — 5225, 5226 C : *suffit*. — 5227 C : *volunté*. —
[1] A : *Se;* — *Femme Sem* m. dans B. — 5231 C : *volunté*. — 5236
C : *bien desir a*. — [2] *Femme Cham* m. dans B.— 5241 C : *suffit*.

Qui en parfaicte obedience, 5245
En tout honneur et reverence
Font vostre bon commandement,
Et noz femmes pareillement,
Moyennant du hault Dieu la grace.

Fliva, *femme Japhet* [1]
N'ayez point doubte que je face 5250
Chose qui vous vueille desplaire,
Car tousjours je vouldray complaire
A vous, pére, et a mon mari,
Car j'auroye le cueur marry
De le faire autrement.

Noé
Fliva, 5255
Persia et Cathaflua,
Femmes estes de mes trois filz,
Si vous prie que ayez cueurs confis
En amour et dilection.
Hayez l'association 5260
Des enfans Cayn; rien ne vallent;
De ceulx qui vallent mieulx que eulx parlent,
De fait ilz sont fiers et felons.
Se hantez avecques les bons,
Vous serez bons a tout jamais; 5265
Mais, si vous hantez les mauvais,
Gens pervers serez appellez.

Sem
Pére, nous sommes consolez
De voz beaux ditz.

Phuarfara
Enfans, soyez
Humilians, car vous voiez 5270
Que les humbles sont exaulcez
Et les orgueilleux abessez,

5245 C : *perfaicte.* — [1] *Femme Japhet* m. dans B.

                Comme Cayn, Lameth aussi.
                Nous sommes en ce monde cy
5275   Affin que façons euvre bonne ;
                Dieu ses biens nous depart et donne,
                Uson en raisonnablement.
                Si nous le faisons aultrement,
                Dieu sera mal content de nous.
                            CHAM
5280   Mére, quant au regard de nous,
                Selon raison et equité,
                A nostre possibilité
                Voz commandemens garderons.
                            JAPHET
                Se Dieu plest, nous prospererons
5285   De bien en mieulx.
                            PHUARFARA
                            Je penseré
                De voz femmes et en feré
                Comme s'ilz avoient, n'en doubtez,
                Tourné a mes prospres coustez,
                Car j'en suis bien deliberée.
                            PERSIA
5290   Ma treschére mére honnorée,
                De nous ne vous fault soucier ;
                Ce que vouldrez sentencier
                Sur nous, il sera acomply.
                            CATHAFLUA
                Le sexe humain est fort remply
5295   De erreurs et vices au jourd'uy
                Et cuide qu'il n'y ait celuy
                Qui de peché soit exempté.
                            FLIVA
                Soit honneur a Dieu presenté !
                A son plaisir nous fault conduire,

5279 C : de tous. — 5281 A ; equité. — 5290 B : me honnorée.

Veu que nous voullez introduire 5300
A sainctement vivre et regner.
Noé
On voit gens mourir et finer
Selon la vie qu'ilz ont menée.
Nature humaine est inclinée
A faire plus tost mal que bien ; 5305
Touteffois on n'emporte rien,
Quant on meurt, fors que le bien fait.
Phuarfara
Et pour ce, mon amy parfait,
Il nous fault d'humble cueur leal
Servir Dieu, c'est le principal, 5310
A qui devons foy et hommage.

Malalael
Compaignons, vous fault le courage ;
Craignez vous de vous coppuller
Et vostre sang entremesler
Avecques les filles des hommes ?
Jareth 5315
Vous sçavez que filz de Seth sommes
Et que Adam dist a nostre pére
Que nous ferions vitupére
De nous mesler parmy les filles
De Cayn.
Irard
Ilz sont si gentilles 5320
Que de leur amour suis ravy ;
Jamais ne seré assouvy
Jusques a ce que, a mon plaisir,

Du ravissement de Enoch en Paradis terrestre. — 5308 C : *perfaict.* — 5309 C : *loyal.* — 5310 A : *rest.* — 5322 A : *assouny.*

En eulx je face mon desir,
Pour assouvir ma voulenté.
Mathusael
Compaignons, soit diligenté ;
Par devers les femmes allons.
Caynam
Si nostre vueil faire voullons
De ces mignonnes gracieuses,
Ilz en seront toutes joyeuses
Et se nous sera passe temps.

Noema
Les filz de Seth, comme j'entens,
Ont mis leur cueur a nous aymer.
Ada
Puis qu'ilz nous veullent reclamer
Et en amour nous introduire
Point ne les devons escondire ;
Se sont beaux hommes et honnestes.
Sella
En effect, si vous estes prestes
D'acomplir le charnel desir
Avec eulx pour vostre plaisir,
Ainsi que vous j'en suis contente.

Malalael
Et puis, Noema, fille gente,
Vous portez vous joieusement ?
Noema
A vostre bon commandement,
Malalael, mon amy doulx.
Malalael
Se vueil passer temps avec vous,

5325 C ; *volunté.*

Vous desplaira il point?
Noema
             Nenny..
De beaulté estes si muny
Que je ne vous puis escondire.
Jareth
Ada m'amye, que veult on dire   5350
Des filz de Seth?
Ada
          Rien que tout bien.
Mon tresgracieux entretien,
Mon amy doulx et amyable,
Acollez moy.
Jareth
     Tresagreable
M'est vostre demande et requeste.   5355
Irard
Sella, gracieuse et honneste,
Nous irons, nous, nous deux esbatre.
Sella
A cella je ne vueil debattre;
Faictes de moy vostre plaisance.
Caynam
Vecy pas notable aliance?   5360
Mathusael
Ouy certes, a bien l'entendre;
Ce fut mal fait de nous deffendre
A hanter si belles commères.
Malalael
C'est a l'apetit de noz pérez,
Qui estoient vieux et anciens.   5365
Irard
Ilz sont radobtez, car j'entens
Les motz que Dieu a recité

5360 C: *Voicy*.

Quant il dit telz motz : « *Crescite,
Et cetera* »; je n'en dy plus.
Jareth
5370 Tout fait, tout dit et tout conclus,
Nostre vouloir acomplirons
Et nostre bon plaisir ferons
Des filz, et mesmement des filles,
Car noz péres, vieux et debiles,
5375 Ont ceste maxime trouvée.
Caynam
Nostre loy nouvelle esprouvée
Sera sur masles et fumelles.
Mathusael
Les filles de Cayn sont belles
Et ne demandent autre chose
5380 Fors que avec elles on repose
Par desordonnée volupté.

Justice
Regardez la difformité
Des hommes, puissant plasmateur,
Qui contre vous, hault createur,
5385 Commettent vices execrables.
Vous les devez, comme coupables
D'incrudelité, condampner
A mort cruelle et les dampner
A jamais, sans remission.
Misericorde
5390 Justice, ayez compassion
De l'homme et sa fragilité ;
Ne requerez que humanité
Soit du tout perdue et perie.

5372 *Bon* m. dans A C. — 5377 A : *fammelles*; — C : *femelles.*

JUSTICE

    Juge, qui avez seigneurie
    Sur les humains, observez moy.   5395

MISERICORDE

Ne usez de rigoureuse loy
Contre creatures humaines.

DIEU

Leurs cogitacions sont vaines
Et ont ung courage mauldit,
Puis qu'ilz ont rompu mon edit   5400
Et desobey a leurs pérez.

MISERICORDE

De leurs faultes et impropérez
Vous aurez pitié, sire.

DIEU

          Somme,
Je me repens d'avoir fait l'homme
Et que jamais je le creay.   5405
De la terre l'effaceray
Pour ses pechez ors et incestes,
Et des hommes jusques aux bestes,
Et des bestes juc aux oyseaux,
Pour les vices et les grans maulx   5410
Qu'ilz ont perpetrez et commis,
Fors Enoch qui sera transmis
Dedens mon Paradis terrestre.
Aussi, pour donner a congnoistre
Que ne vueil pas que tous humains   5415
Soient peris, les justes et sainctz
En lieu segret preserveray.
Noé, le juste, advertiray
De faire une arche large et grande,
Car voie droicturiére demande;   5420
Du nombre n'est des gens infames.

5396 A : *rigoureuses*. — 5409 C : *jusque.*

Luy, sa femme, enfans et leurs femmes
En une arche reserveray,
Et la maniére monstreray
5425 A Noé d'icelle arche faire;
Aussi de chacune une paire
De oyseaux et bestes gardera.
Lors l'eaue la terre lavera,
Pour la nectoyer des pechez
5430 Dont les humains sont entechez;
Il me plaist qu'il soit fait ainsi.

MISERICORDE

Sire Dieu, la vostre mercy,
Quant les justes voullez sauver
Et les injustes ne grever
5435 Selon leur diffamacion.
Merité ont dampnacion
Eternelle; vostre puissance
Leur donne temps de penitence,
Car, quant les eaux ainsi verront
5440 Inunder, ilz s'amenderont,
Prenant en eulx contriction.

L'ANGE, *abaté come le filz de Dieu*

Faire ceste relacion
A Enoch et Noé m'en voys,
Et leur diray a haulte voys
5445 La sentence qui est donnée.

Icy descend l'Ange de Paradis, et vient vers Enoch.

ENOCH, *qui fut ravy*

Or est venue la journée
Que les filz des hommes font maulx

5425 C : *de celle*. — 5430 C : *entachez*. — 5434 A : *injustes*; — B : *justes*.

Infinis; comme desloyaulx
Trespersent les commandemens
De Dieu; si crains les jugemens 5450
De la haulte divinité,
Car humaine fragilité
Est a pechez habandonnée.
Les hommes vie desordonnée
Mainent luxurieusement 5455
Et ne pensent aucunement
Qu'il leur fault mourir une foys.
O tresglorieux roy des roys,
Ne te venge pas des humains,
Non obstant qu'ilz soient touz plains 5460
D'oprobres, pechez villenables,
Et facent des maulx execrables,
Sans avoir pensée pure et monde.

L'Ange

Enoch, plus ne seras au monde,
Qui est plain de peché et vice; 5465
Il est ordonné par justice
Que soudain je te raviray
Au jourd'uy, et te emporteray
Dedens le Paradis terrestre,
Ou Adam souloit jadis estre, 5470
Car Dieu, ou justice a refuge,
Envoyra sur terre ung deluge
D'eaue, qui tous humains noyra;
Tant seullement preservera
Noé, sa femme et ses enfans. 5475

Enoch, *qui fut ravy*

Or se passent les jours, les ans
Des hommes en bien petit d'eure.

L'Ange

Emporter le vueil sans demeure

---

461 A C: *D'obobres.* — 5464 A B : *seres;* — C : *serez.*

Au lieu qui est preordonné.

*Icy emporte l'Ange Enoch, par ung engin subtil,
en Paradis terrestre.*

L'ANGE

5480 Voicy ung lieu environné
De feu, garny de fleurs, de fruys,
La ou tu prendras tes deduys,
Juc a ce que Antecrist viendra,
Et a lors il te conviendra
5485 Partir de ce lieu pour prescher
Et sa faulce loy empescher,
Qui sera sans loy, sans droicture.
A lors toute humaine nature
Perira par feu, mesmement
5490 Terre et mer prendront finement,
Sans excepter quelque personne.

ENOCH

Louenge a Dieu je rens et donne
De la grant grace qu'il m'a faicte,
Quant de la terre orde et infaicte,
5495 Par les humains soullée, pollue,
Et leur luxure dissolue,
Suis hors. Je ne sauroye comprendre
La louenge que je doy rendre
A Dieu, mon haultain createur,
5500 Quant de son simple serviteur
Il a memoire et souvenance.

L'ANGE

En lieu de delice et plaisance
Desormès tu habiteras,

5480 A : *Vocy.* — 5483 C : *Jusque a;* — B : *l'Antecrist.* — 549
A B : *leurs.*

Ou le createur serviras
En fervente devocion. 5505

Icy se depart l'Ange et va, par ung subtil engin, devers Noé.

Noé
Je voy la dissolucion
Des hommes, qui régnent sur terre,
Et crains que Dieu esmeuve guerre
A l'encontre d'eulx pour leurs faultes,
Qui sont criminelles et haultes. 5510
C'est pitié, en ma conscience,
De l'erreur et de l'insolence
Qu'ilz font quant il sont assemblez,
Car de vices sont si comblez
Qu'ilz ne pensent a quelque bien ; 5515
Bref la plus part si n'en vault rien.
Je prie a Dieu qu'il les amende.
L'Ange
Noé, Noé, je te commande
Que une arche soit faicte et bastie,
De chambres parée et garnye, 5520
Ou tu seras par une espace.
Noé
O sire Dieu, qui de ta grace
Viens en ce lieu me visiter,
Il te plaira me reciter
Les pointz sur quoy tu veulx toucher. 5525
L'Ange
Noé, la fin de toute cher
Si est venue devant moy,

5516 C : *s'il*. — 5525 A : *quon*.

.Car la terre remplie je voy
De mauvaistié. Sans plus enquerre,
5530 Les hommes avecques la terre
Destruiray ; par quoy, tu feras
Une arche, que charpenteras
De boys quarré, et te evertue
A la faire large et pointue ;
5535 En celle arche maisons soient faictes.
Quant tes euvres seront parfaictes,
Alors l'oindras de terre grace ;
Et fault que la dicte arche on face
De trois cens coudées de longueur
5540 Et de cinquante de largeur,
Et trente de haulteur doit estre.
Plus y soit fait une fenestre
Et ung huys, et chambres exquises
Soient acoutrées, ou seront mises
5545 Chacune une paire de bestes
Et de oyseaux, et, ces choses faictes,
Les eaues des nuées descendront,
Fontaines se desriveront,
Et sera la terre couverte
5550 De eaues, puis après descouverte,
Quant il sera temps et saison.

L'Ange se absconce.

Noé

Obeyr je doy, c'est raison,
A ton plaisir, puissant seigneur,
Te remerciant de l'honneur
5555 Que me fais de parler a moy.
En effect, a ce que je voy,
Il fault besongner a cecy,
Et prendre travail et soucy

   D'acomplir le commandement
   De Dieu, car je voy bien comment   5560
   Il hait pecheurs sur toute rien.
   Il me fault trouver du merrien,
   Et bien tost me diligenter
   D'une belle arche charpenter.
   Mes enfans, Sem, Cham et Japhet,   5565
   Il me tarde que n'aie ja fait ;
   La faire sumptueuse espére.
      Sem
   Que voullez vous faire, mon pére ?
   Pardonnez moy se le demande.
      Noé
   Enfans, ce que Dieu me commande.   5570
37 d Il m'a commandé de sa grace
   Que une arche grande et large face,
   Pour sauver ma femme et vous tous.
   Mes enfans, or disposez vous
   De m'aider a ceste arche faire.   5575
      Cham
   Puis que le cas est necessaire,
   De bon cueur y besongnerons.
      Japhet
   Pére, nous nous y employrons
   De franche voulenté entiére.

      Jareth
   Noema, faisons bonne chére.   5580
      Noema
   Jareth, mon amy par amour,
   Je suis courcée, l'eure et le jour
   Que ne vous tiens entre mes bras.

5579 C : *voulunté*.

JARETH

Nous faisons cent mille fatras,
Vous et moy, mon amy tresdoulx.

CAYNAM

Et puis, Ada, que dictes vous ?
Vous semblé je point trop estrange ?

ADA

Il n'empire pas qui bien change.
Mon vueil au vostre se submet ;
Je vous ayme mieulx que Lameth,
Car vous estes plus amyable.

CAYNAM

Chacun appéte son semblable.
D'aymer Lameth ne sçavoit l'art ;
Se n'estoit que ung povre viellart,
Qui n'avoit ne sens ne memoire.

ADA

Par mon ame, je suis encoire
Deliberée me resjouyr.

IRARD

Sella, voullez vous pas jouyr
De mon corps ?

SELLA

J'ay la voulenté
D'acomplir toute volupté ;
Autre chose je ne demande.

IRARD

Rien que a passer temps ne demande.

CAYNAM

Ne moy aussi.

NOEMA

Esbaton nous,

5593 A : *sauroit;* — C : *seroit.* — 5596-5597 C :
    Par mon ame, vous debvez croyre
    Que j'ay desir vous resjouir.
— 5599 C : *J'ay toute volunté.* — 5600 *Toute* m. dans C.

Et nous entremeslons trestous
Charnellement ; il le fault faire. 5605

JUSTICE
Sire, pensés tost de deffaire
Les hommes, sans remission,
Et prenez vindicacion
De leurs pechez ors et infames ;
Dampnez les en corps et en ames, 5610
Sans jamais en avoir mercy.
MISERICORDE
Ha, sire, pensez sur cecy
A la fragilité humaine,
Et, se l'homme a merité peine
Et dampnacion, juge sage, 5615
Vous l'avez fait a vostre ymaige
Et creé par nobilité ;
Pensez a la fragilité
Qui est en luy.
JUSTICE
Misericorde,
Tousjours voullez que on vous acorde 5620
Voz priéres et voz requestez.
MISERICORDE
Justice, trop rigoureuse estes
Touchant ce cas, car aucuns sont
Justes, les quelz merité n'ont
Pugnicion en quelque sorte. 5625

B C : *Des causes du deluge.*— 5614 A : *merité point ;* — B : *point merité.* — 5613-5615 C :
>   A la f[r]agille humanité
>   Et, se l'homme a merité
>   Dampnation, o juge sage.

Dieu

Pour monstrer que justice forte
Est en moy, et semblablement
Misericorde justement,
Ordonneray touchant ce cas.
5630 Tous les hommes n'ordonne pas
Mourir, car j'en reserveray
Aucuns, que je multipliray;
Semence auront innumerable,
Car mieulx vault estre pitoyable
5635 Que rigoureux; c'est mon edit.
Et pour ce, sans nul contredit,
Ange, descendés vers Noé,
Qui mon nom a prisé, loé,
Et luy dictes que il est saison
5640 Que dedens l'arche, ou la maison
Faicte par luy, qu'il se transporte,
Aussi que de chacune sorte
D'oyseaux, bestes, en ce repaire
En mette chacune une paire,
5645 Avec luy, femme, filz et filles.

L'Ange

Toutes choses vous sont facilies,
Pére puissant et vertueux ;
Vous hayez les gens vicieux
Et les justes aymez tresfort.

Icy va l'Ange vers Noé.

5638 C : *prisé et loé.* — 5639 C : *qu'il.* — 5642 D? m. dans A B C.
— 5645 C : *femmes.*

Noé
Nous avons besoigné si fort 5650
Que nostre arche est faicte et parfaicte.
Sem [1]
Et assez honnestement faicte,
Pére, selon vostre plaisir.
Phuarphara
Plus belle on ne saroit choisir ;
El est trespacieuse et grande, 5655
Mais mon amy, je vous demande,
Pour quoy c'est que l'avez bastie.
Noé
Ung jour en serez advertie,
Et de bref.
Phuarphara
Quant il vous plaira.
Noé
Retirez vous, Phuarphara, 5660
Car je voy bien qu'il est saison
Que face a Dieu mon orayson.
Le cueur me admoneste et me juge
Que de bref viendra le deluge,
Comme Dieu m'en a adverty. 5665

Icy se departent Noé et ses enfans, et le lessent seul comme en orayson.

Sem
Tenir voulons vostre party,

5651 C : *perfaicte.* — [1] *Sem* m. dans A B. — 5652 C : *Est elle honnestement faicte.* — 5654 A B : *seroit ;* — C : *sçauroit.*

Pére Noé.

Cham
Deliberez
Vostre plaisir; ce que direz
Sera acomply de par nous.

Japhet
5670 Nous sommes deliberez tous
D'acomplir vostre voulenté.

Phuarphara
Puis que vers Dieu s'est presenté
A genoux, laissons lay parfaire
Son orayson vers luy, et faire;
5675 C'est le milleur, comme il me semble.
Retirons nous toutes ensemble,
Mes filles, en intencion
Faire a Dieu deprecacion,
Car nous en avons bon besoing.

Persia
5680 Nous avons la cure et le soing
De vous obeyr, nostre mére.

Cathaflua
Dieu nous preserve de misére *38 c*
Et de mauvaise affliction.

Fliva
En parfaicte devocion
5685 Servirons nostre createur.

Noé
O souverain gubernateur,
Donne moy ferme congnoissance,
Veu que suys simple viateur
En ce monde plain de insolence.

5671 C : *volunté*. — 5672 A B : *c'est*. — 5673 C : *le perfaire*. —
5675 C : *meilleur*. — 5684 C : *perfaicte*.

Tu sçays que, par ton ordonnance, 5690
J'ay faicte l'arche que voicy ;
Conseil et haulte providence
Requiers avoir sur ce cas cy.

Dieu

Noé, j'ay eu de toy mercy ;
Juste t'ay trouvé devant moy, 5695
Observant et gardant ma loy
En ceste generacion.
Despesche sans dilacion,
Entre en l'arche avec ta mesgnie ;
Qu'elle soit de bestes garnye 5700
Et de oyseaux malles et femelles.

Noé

Puis que tes voulentez sont telles,
Tresvoulentiers y entreré
Et selon ton plaisir feré,
Car raison le veult et l'ordonne. 5705

Dieu

Entre en l'arche, plus ne sermone,
Avec ta femme, filz et filles ;
Prens bestes, oyseaux volatilles,
Comme je t'ay commandé faire,
De chacune sorte une paire, 5710
Affin que, sans plus en enquerre,
Semence soit sauvée sur terre
Des hommes, bestes et oyseaux,
Car dedans sept jours toutes eaues
Croistront continuellement, 5715
Quarante jours incessamment
Pleuvera, et quarante nuytz ;
Si cloras ta fenestre et huys,

5691 C : faict. — 5694 A : ton. — 5702 C : voluntez. — 5713 B : De hommes. — 5714 A : setp. — 5715 A B C ; et continuellement. — 5717 C : Plouvera.

Car les eaues inunderont
5720 Montaignes et surmonteront
Sept piés par dessus leur haulteur;
Pour ce, Noé, mon serviteur,
Entre en l'arche et depesche toy.

NOÉ

Dieu puissant, mon souverain roy,
5725 Ton plaisir feré, c'est droiture.
Or voy je que humaine nature *38 d*
Perira de bref, fors nous huit.

Phuarfara, je suys instruit
De par Dieu que, dedans sept jours
5730 Les fontaines rompront leurs cours
Et la pluye du ciel descendra;
Pour ce, m'amye, il nous fauldra
Entrer en l'arche.

PHUARFARA

Mon amy,
Pas ne devez estre endormy
5735 A faire le commandement
De Dieu, qui ne fault nullement.

NOÉ

Or entrons, Sem, Cham et Japhet,
Mes enfans, avecques voz femmes.
Dieu sauve noz corps et noz ames,
5740 Comme il sçait qu'il nous est mestier!

Icy entrent Noé, sa femme et ses enfans en l'arche, et y mettent plusieurs bestes et oyseaux de differentes sortes.

JUBAL

Tubal, qui va le seur sentier

5722 A B C : *note*. — 5729 A : *setp*.

De raison il ne forvoie point,
Et qui fait ses choses a point
Et previent a son cas sans doubte
A son plaisir vient, somme toute, 5745
Des choses que son cueur desire.
Tubal
Et qui vous meult de cecy dire,
Frére Jubal, qu'on le desclére?
Jubal
Pour ce que Adam, nostre bon pére,
Dist que deux deluges seroient, 5750
Qui par feu et eaue viendroient,
Et que point ne nous declaira
Lequel c'est qui premier viendra,
Ne quant, j'ay pensé a cecy,
Car vous sçavez qu'il est ainsi 5755
Que de choses deprecatoires
Enoch a fait plusieurs memoires,
Lesquelles avons preservées.
Oultre plus, nous avons trouvées
Plusieurs maniéres de sciences; 5760
Jabel a donné congnoissances
De departir brebis, aigneaux
Et les acoutrer par troupeaux;
Des boucz et chiévres departir
Les voullut, pour vous advertir. 5765
Noema, nostre seur germaine,
Trouva l'art de tixture en laine,
Et moy, j'ay trouvé la praticque,
L'art et science de musique,
Qui est plaisante a escouter. 5770
Frére Tubal, on doit doubter
Les choses qui sont advenir.

5750 A : *seroint.* — 5752 C : *Et point lors.* — 5754 C : *Et quand.* — 5772 C : *a advenir.*

Pour mon propos entretenir,
Vous avez trouvé sans debatre
5775 L'art d'armeures pour gens combatre,
De faire plusieurs instrumens
De fer pour les esbatemens
Des humains; par ainsi je juge
Que, s'il venoit quelque deluge
5780 Par feu ou eaue, tout seroit
Perdu; de rien ne serviroit
La science que avons aprise;
Par quoy requis est qu'on devise
Deux coullonnes, l'une de terre,
5785 L'autre de marbre, ou on serre
Les sciences par nous escriptes.

TUBAL

Frére Jubal, ce que vous dictes
Servira au temps advenir.

JUBAL

Le deluge pourra venir
5790 Par eaue, par quoy nous ferons
Une coullonne, et bastirons
De marbre. Quant faicte sera
Et close, point ne pourrira,
Posé que en l'eaue soit tousjours.

TUBAL

5795 Venir ne saura si grant cours
D'eaue que en elle ait pourriture.

JUBAL

Et s'il advenoit d'aventure
Que le deluge vint par feu,
A ma priére et mon adveu,
5800 Sera faicte, sans plus enquerre,
Une grant coullonne de terre,
Que le feu brusler ne pourra,

5784 C : *collonnes*. — 5801 C : *collonne*.

Mais tant seullement la cuyra ;
Ainsi noz sciences seront
Sauvées et point ne periront, 5805
Et si donneront industrie
A toute l'humaine lignie
Au temps advenir, se Dieu plest.
TUBAL
Or les faisons a peu de plet,
Ainsi que l'avez devisé. 5810

Icy font des coullonnes [1] *de pierre, de marbre et de terre.*

39 b
DIEU
Nature humaine a desprisé
Mon commandement, dont j'ai dueil ;
Par quoy je commande et si vueil
Que les eaues la terre inundent
Et en tel quantité habondent 5815
Que la terre en soit toute pléne.

Icy commence a plouvoir [2].

NOÉ
Or est la chose bien certaine
Que le deluge ja commence.
PHUARFARA
Nous en voions l'experience,
Car les eaues, sans plus enquerre, 5820
Produisent du ciel et de terre
Par terrible inundacion.
SEM
Soubz la haulte protection

---

[1] C : *collonnes*. — [2] A : *a aplouvoir*.

Du createur nous sommes mys.
Cham
5825 Puis que de sa grace a permis
Nous sauver, servir le devons.
Japhet
Bon est a voir que nous avons
Obtenu sa misericorde;
Puis que de nous il se recorde,
5830 Servir le fault de part en part.
Noé
Mes enfans, il nous fault apart;
Il n'est pas temps de vous mesler
Avec voz femmes.
Sem
Et bien, pére?
Noé
Filles, allez a vostre mére;
5835 Avec elle vous retirez.
Persia
Tout ce que nous commanderez
Sera fait.

Icy se tirent les hommes apart [1] *et les femmes appart.*

Noé
En necessité,
Travail, peine et callamité
Fault vaquer, en devocion,
5840 Car Dieu congnoist l'intencion
Des gens, mes enfans, mes amys,
Qui par grace nous a permys
Estre en ceste arche cy sauvez;
Pour ce, mes enfans, vous devez
5845 Invoquer sa grace parfaicte.

5831 C : *tenez vous apart.* — [1] C : *se tirent apart les hommes.* —
5845 C : *perfaicte.*

JUBAL
Dieu merci, ma coulonne est faicte.
TUBAL
Aussi est la mienne.
JUBAL
Je pense
Que le deluge ja commence,
Car tousjours pleut incessamment.
TUBAL
Emplissons les hastivement   5850
Des sciences, que reservées
Nous avons; si seront trouvées
Quelque jour par noz successeurs.

*Icy emplissent les coulonnes de plusieurs choses,
puis les estouppent.*

IRARD
Or sommes nous certains et seurs
Que le deluge est commencé.   5855
MALALAEL
Las! jamais je n'eusse pensé
Que durant mes jours fut venu.
JARETH
Vray Dieu, que m'est il advenu?
Me fauldra il mourir en honte?
Las! ouy, l'eaue me surmonte;   5860
Jamais ne fus si esperdu.
MATHUSAEL
Tout humain lignage est perdu
Et pery.
TUBAL
Or sommes nous mors,
Ou peu s'en fault; soyons recors

5854 A : *certaines.* — 5859 C : *a honte.*

5865 Des grans pechez que avons commis.
Noema
Je peris par eaue, mes amis;
Je ne me sçay plus ou retraire.
Ada
O Dieu debonnaire
Ayez pitié de nous!
Sella
5870 Tu vois nostre affaire,
O Dieu debonnaire.
Noema
Las! qu'est il de faire?
Jubal
Peris sommes tous.
Ada
O Dieu debonnaire,
5875 Ayes pitié de nous!
Tubal
Dieu clement, vertueux et doulx,
Unanime, tout bon, tout saige,
Appaise ton ire et courroux,
Sans prendre garde a nostre oultrage.

Meurt en l'eaue.

Jubal
5880 Tu congnois que l'humain lignage
Tu as formé, Dieu sainct des saincts;
Veulx tu deffaire ton ouvrage,
Veu que tu l'as fait de tes mains?

Meurt en l'eaue.

Irard [1]
Helas! a tort ne me complains;

5865 B : *que j'ay commis.* — [1] A : *Irad.*

L'eaue sur moy superhabonde ; 5885
En regretz piteux, souspirs, plains,
Force m'est de lesser le monde.

Icy[1] *meurt.*

JARETH

O mort mortelle, furibonde,
Qui par trop asprement me picque,
Par l'eaue, qui sur moy inunde, 5890
Mourir fault sans quelque replicque.

Il[2] *meurt.*

MALALAEL

Puisque la mort par sa praticque
Veult sur moy frapper de son dart,
Je pri la puissance celique
Que en fin ait sur moy son regard. 5895

Il se meurt.

MATHUSAEL[3]

Je me repens, mais c'est trop tart,
Car il me fault passer le pas ;
L'ame de mon corps se depart ;
Je suis noyé, hellas, hellas !

Meurt[4].

NOEMA

Le plaisir, le joyeux soulas, 5900
Que avons eu avec les hommes
Est aboli, car noyez sommes ;
En ce n'y a quelque reméde.

Icy[1] *meurt.*

[1] *Icy* m. dans B. — [2] *Il* m. dans B. — [3] A B C : *Mallalael*. — 5898 A B : *le depart*. — [4] C : *Il meurt*.

Ada

Je croy que cecy nous procéde
5905 De pugnicion, car je voy
La vengence de Dieu sur moy ;
De vivre je ne suis plus digne.

Meurt [1].

Sella

Bien voy et congnoys par ce signe
Que au monde n'y a plus personne ;
5910 Tout est mort. Dieu de moy ordonne
Comme il luy plaira ordonner !

Meurt [2].

Icy surmonteront les eaues tout le lieu, la ou l'en [3] *joue
le mistére, et y pourra avoir plusieurs hommes et
femmes qui feront semblant d'eulx noyer, qui ne parleront point.*

Noé

Nostre arche voyons demener
Et haulcer mes enfans ; on notte
Que dessus l'eaue elle flotte ;
5915 Mais il fault attendre que Dieu
Nous face assavoir que, du lieu
Ou sommes, departir nous fault.

Sem

Pére de tout, ce ne nous chault,
Mais que Dieu ayt pitié de nous.

Noé

5920 Mes enfans, reconfortez vous,
Car Dieu a nostre grant besoing
Nous secourra ; il n'est pas loing

---

[1] C : *Elle meurt.* — [2] C : *l'on.* — 5913 C : *qu'on notte.*

De ses bons loyaulx serviteurs.
Sem
O protecteur des protecteurs,
Tien nous en ta saincte garde ! 5925
Cham
Hellas! mon createur, regarde
En pitié le lignaige humain !
Noé
Or suis je bien seur et certain
Que en ce monde n'y a vivant,
Homme, femme, petit ne grant, 5930
Beste, oyseau, en mer ny en terre,
Et de ce ne fault plus enquerre
Que la terre sera purgée,
Qui par peché fut oultraigée.
Mesmement l'er qui est infaict 5935
Sera lavé, net et pur fait,
Car nostre arche est en region
Treshaulte.
Japhet
Pour conclusion,
Long temps a que sommes icy.
Noé
O Dieu, aiez de nous mercy 5940
Car je ne sçay en quel contrée
Nostre arche c'est huy rancontrée,
Mais elle est terriblement haulte.
Phuarfara
Dieu nous pardonne nostre faulte,
Se faulte avons vers luy commise ! 5945
Persia
Hellas! ou est nostre arche mise,
Mére ? Sur l'eaue est vogante.
Cathaflua
La haulte majesté puissante
Nous vueille donner reconfort !

FLIVA

5950 Or est le lignaige humain mort ;
Reste nous huit tant seulement.

CHAM

Serons nous icy longuement,
Pére ?

NOÉ

Dieu nous face secours,
Car il dit que quarante jours
5955 Et quarante nuytz plouveroit,
Puis que toute cher periroit ;
Quarante jours y a passez
Que en l'arche sommes ; c'est assez,
Se c'estoit le plaisir de Dieu.

CHAM

5960 Or ne savons nous en quel lieu
Nous sommes, nostre péré cher.

DIEU

Puis que j'ay planté toute cher
Et substance d'hommes et bestes,
Et de oyseaux, les choses sont faictes
5965 Et acomplies selon justice ;
C'est bien raison que j'acomplice
La promesse que ay faicte a l'homme, .40 c
Affin qu'il saiche forment comme
Je suis misericordieulx.
5970 Abstenez vous, nuées des cieulx,
Ne gettez plus eaue si forte ;
Fontaines, de vous plus ne sorte
D'eaue en si grande habondance,

5962 A : plané ; — C : purger. — 5967 C : faict — 5968 A B C :
forme.

Car je vueil mettre pourveance
En ce cas, pour ma grant puissance. 5975

Icy cesse de plouvoir et les fontaines ne queurent plus.

Noé
Bon Dieu, nostre seulle esperance,
Conforte nous en ce besoing
Et ne souffre que soyons loing
De obtenir ta misericorde ;
Ta dignité ne se recorde 5980
Du meffait que humains aient commis.
Sem
Helas, helas ! nous sommes mys
En oubly.
Noé
Enfans, ne ayez peur,
Car croyez que nostre seigneur
Au besoing ne nous lessera. 5985
Dieu me dit bien : « Il plouvera
Quarante jours », qui sont passez ;
Ses vertueux ditz compassez,
Je puis bien ouvrir la fenestre,
Pour veoir s'il pourra apparoistre 5990
Quelque chose qui nous conforte.
Cham
A vous du tout on s'en rapporte,
Pére Noé.
Noé
Pour le plus beau
Je m'en voy lacher ung corbeau,
Que je mettray a l'adventure ; 5995
S'il ne trouve point de pasture,

5977 : *a ce besoing*. — 5987 A : *sout*. — 5981 C : *ont*.

Je cuide qu'il retournera,
Ou peult estre qu'il perira,
Si ne peult trouver seiche terre.
Japhet
6000 Pére, point ne devez enquerre
Nostre conseil sur ce passaige,
Car vous estez prudent et saige
Pour nous garder en chacun lieu.

Noé *Lache[1] le corbeau*
Or va au bon vouloir de Dieu,
6005 Qui au grant besoing nous conforte!

Phuarfara
Or est toute humanité morte,
Mes filles, n'en faictes doubtance;
Dieu par sa digne pourveance
Vueille pourvoir a cest affaire!

Persia
6010 Phuarfara tresdebonnaire,
Mére gracieuse et honneste,
Le Dieu du ciel nous admoneste
D'estre justes et raisonnables.

Cathaflua
Dieu monstre ses faiz merveillables
6015 Quant il luy plaist, je l'entens bien.

Fliva [2]
Pour ce, seurs, faisons tousjours bien
Et pensons au temps advenu.

Noé
Le corbeau n'est point revenu,
Qui me donne au cueur grant couroux.

Sem
6020 Mon chier pére, rapaisez vous;
Le corbeau est fin et rusé,
Peult estre qu'il c'est abusé

---

[1] C : *lachant*. — 6008 A : *pourneance*. — [2] A C : *Fluiva*.

A la charongne.
CHAM
Il peult bien estre,
Ou il n'a pas sceu recongnoistre
L'arche, ou revenir a temps. 6025
NOÉ
En effect, ainsi que j'entens,
Il y a eu quelque deffault,
Ou a l'eaue, qui est trop hault,
Ou au corbeau; par quoy prendray
Ung coulomb, lequel envoyray 6030
A l'advanture.
JAPHET
Bien, soit fait.
NOÉ
Mes enfans, Sem, Cham et Japhet
Devant vous je le lacheray,
Et si ne me departiray
De la fenestre, sans doubtance, 6035
Juc a ce que j'é congnoissance
De son retour ou sa demeure.
Lacher le voys tout a ceste heure;
Dieu nous envoyt bonnes nouvelles!

Icy lache le coulomb, qui volle et puis s'en revient vers Noé, sans riens apporter.

SEM
Le coulomb desploye ses esles. 6040
CHAM
De rien ne se fault desoller;
Le coulomb est doulx, amyable,
Domestique.

6036 A B : *Juc a ce que j'é vraye congnoissance;* — C : *Jusque a ce que j'aye.* — 6037 C : *son demeure!* — 6040 C : *desployé ja ses æsles.* — 6041 A C : *ce.*

JAPHET

Chose admirable,
Nous voions que, sans plus enquerre,
6045 Nous povons croire que la terre
Est des eaues toute couverte.

NOÉ

Puis que la fenestre est ouverte
Au coulomb, il retournera,
Et croy qu'il nous reportera
6050 Aucune enseigne, a bref parler.

CHAM

Il nous pourra bien consoller,
S'il nous apporte quelque chose.

JAPHET

Il reviendra, je le suppose,
Car il est assez domestique.

*Icy revient le coulomb et n'aporte rien et Noé luy tend
la main et le prent et le remet en l'arche.*

NOÉ

6055 Mes enfans, sans plus de replicque,
Vecy le coulomb revenu,
Qui ne s'est pas long temps tenu
En l'air, et si rien ne rapporte.

SEM

Je prie a Dieu qu'il nous supporte
6060 En toutes noz adversitez,
Car bien devons estre incitez
A invoquer son tressainct nom.

JAPHET

Pére, voyez vous rien sec?

NOÉ

Non;
Toute la face de la terre

6046 C : *eaux*. — 6054 C : *domistique*. — 6057 A : *c'est*.

Est couverte, sans plus enquerre, 6065
D'eaues, mes enfans, par ma foy.

Dieu

Noé et ses enfans je voy
Bien disposez de moy servir;
Ma grace ont voulu deservir,
Par quoy je les ay preservez 6070
D'estre sur la terre grevez
Et noyez; donc restabliray
Les eaues et ordonneray
Limites en mer et riviéres,
En maintes diverses maniéres, 6075
Comme de tous humains le chef.

Noé

Il me semble que de rechef
Le coulomb renvoyer je doy;
Les eaues, ainsi comme je croy,
S'abessent, car il ne pleut plus. 6080

Sem

Faictes comme l'avez conclus;
Mieulx que nous savez cest affaire.

Icy lasche le coulomb, qui volle en l'air.

Noé

Or va, va, oyseau debonnaire;
A l'adventure je t'envoye,
Priant a Dieu qu'il nous pourvoye 6085
De ce que nous avons mestier.

Cham

Arriver puisse a bon sentier

6066 A B C : *D'eaux.* — 6068 A : *vous servir;* — C : *me servir.*
— 6073 C : *eaux.* — 6087 C : *en bon sentier.* — 6088 C : *ayons brefve nouvelle.*

Et que en ayons de bref nouvelle!
           JAPHET
La haulte puissance eternelle
6090   Nous vueille pourvoir sur ce cas!
           SEM
De prier Dieu ne soions las,
Mes fréres, car, vous savez bien,
Prier fault Dieu sur toute rien;
Enoch en trouva la maniére.
           NOÉ
6095   El est tresbonne et singuliére,
Mes enfans; observer la fault.
           SEM
Le coulomb n'a pas fait deffault
De revenir; je l'aparçoy.
           NOÉ
Tu as dit vray, Sem, je le voy;
6100   Il apporte une branche verte.
           CHAM
La terre a trouvé descouverte,
Dont nous sommes tous confortez.

Icy prent le coulomb, qui tient en son bec une branche de lorier.

           NOÉ
Mon amy, vous nous apportez
Nouvelles joyeuses et bonnes.
           JAPHET
6105   Or ne sommes nous que huit personnes
Vivantes, je l'aparçoy bien.
           NOÉ
On ne sçauroit dire combien,
Enfans, a Dieu sommes tenus;
Sur tous autres nous a congneus

6098, 6105 C: *apperçoy*.

Et preservez de mort villaine. 6110
Sem
La terre a long temps esté pleine
De eaue.
Noé
Nostre arche est arrestée,
De l'eaue n'est plus supportée,
Dessus la terre se tient ferme ;
Par quoy je vueil, sans plus de terme, 6115
Le coulomb de rechef lascher,
A celle fin qu'il puist cercher
Sa vie, pour voir s'i reviendra.
Cham
Faictes ainsi qu'il vous plaira
Et comme il est de Dieu permis. 6120
Noé *Il lasche [1] le coulomb*
Le vella lasché, mes amys ;
Il a prins son vol gentement.
Japhet
Vous povez bien facillement
Regarder ou sommes artez.
Noé
Certes, mes enfans, ne doubtez 6125
Que dessus les mons d'Armenie
Ne soyons, et sur terre unie,
Dieu mercy, sommes abordez.
Sem
Pére, point ne vous recordez
Du coulomb ; il ne revient point. 6130
Noé
Mes beaux enfans, ne ignorez point
Qu'il n'ait trouvé quelque pasture.

6112 A B : *De eaux ;* — C : *D'eaux.* — 6115 C : *sans plus long terme.* — [1] C : *laschant.* — 6121 C : *voyla.* — 6122 C : *pris.* — 6131 C : *ne ignorez ce point.*

Cham

Saillon hors de ceste closture;
Trop avons esté en ce lieu.

Noé

6135 Jusques a ce que le hault Dieu
Me advertice que je departe
Vous n'avez garde que j'en parte;
Mais ceste arche, qui est couverte,
Sera maintenant descouverte.
6140 A coup, mes enfans, aidez moy !

Icy desqueuvrent[1] *l'arche et regardent la terre.*

Sem

Il est le premier jour de may,
Pére.

Noé

Tu as dit vérité.
En ce jour grant joyeuseté
Avons faicte, car, sans enquerre,
6145 Voyons la face de la terre
Descouverte, la mercy Dieu.

Cham

Si sommes nous en ung hault lieu,
Quelque chose que l'on en die.

Noé

Dessus les haulx mons d'Armenie
6150 Nous sommes, je vous l'ay ja dit.

Japhet

A ce ne mettons contredit
Et ne vous en voulons desdire.

6140 C: *Aydez moy, enfans sans sejour.* — [1] C : *descouvrent.* —
6141 C: *de may le premier jour.* — 6144 C: *Faire debvons.* —
6146 A: *morcy.*

Dieu

Noé.

Noé

Qu'esse qu'il vous plest, sire ?
Que vous plest il, mon createur ?
Que vous plest il, mon redempteur, 6155
A vostre servant commender,
Lequel vous plaise regarder
De vostre œil de misericorde ?

Dieu

Is de l'arche en paix et concorde,
Toy et ta femme assemblément, 6160
Et tes enfans subsequemment
Avec leurs femmes.

Noé

Mon desir
Est d'acomplir tout ton plaisir
Et ta grace tousjours requerre.

Icy prent Noé sa femme par la main; Cham, Sem et Japhet aussi prennent leurs femmes par la main et sortent par ordre hors de l'arche, avec leurs bestes et oyseaulx.

Dieu

Croissez, multipliez sur terre, 6165
Car ma grace vous est donnée.

Noé

O tresexcellente journée
Venue par digne pourveance,
Quant voyons la terre atournée
6170 De verdure, par l'ordonnance
De Dieu et sa haulte puissance,
Au dix et septiesme de may !
Nous sommes mys hors de souffrance ;
En nous n'y a aucun esmoy.

Phuarfara

6175 Desormais, a ce que je voy,
Serons hors de merencolye.

Noé

Mercier le createur doy ;
Humblement a luy me humilie.
Doulcement avec nous se allie,
6180 Il a dit que multiplions
Sur terre et que nous croissons
Doresnavant l'humain lignaige ;
Or nous gouvernons sans oultraige,
Mes enfans, et en paix vivons.

Sem

6185 Imaginez que nous avons
Esperance de servir Dieu.

Noé

Mes enfans, je vueil en ce lieu
Faire ung autel pour Dieu requerre ;
[Que] chacun apporte sa pierre
6190 Pour ledit autel soustenir ;

P. : *Du deluge ;* — C : *Du sacrifice Noé.* — 6176 C : *melencolie.*

Voz femmes y peuent bien venir,
Et en apporter chacune une.
Persia
Puis que cella point ne repugne,
Voulentiers nous vous aiderons.
Cathaflua
Chacun sa pierre apporterons,   6195
Puis que c'est le commandement
De vous, pére.
Fliva
      Certainement,
Vous ne serez pas escondit.
Sem
Soit fait comme le pére a dit ;
Obeir fault toute sayson   6200
A son pére ; c'est la rayson ;
De cela ne fault plus enquerre.
Cham
Tenez, pére, vella ma pierre.
Japhet
Vecy aussi la mienne, pére.
Sem
Faire en ce point que vous espére ;   6205
En vella une, a moy ne tienne.
Phuarphara
Tenez, Noé, vella la mienne.
Cathaflua
La mienne aussi je vous presente.
Persia
J'ay esté prompte et diligente
De vous apporter ceste cy.   6210
Fliva
J'ay la mienne bien près d'icy

B : *Du deluge.* — 6193 A : *repngne.* — 6194 C : *Voluntiers.* — 6204
C : *voicy.* — 6206, 6207 C : *voyla.*

    Trouvée, que je vous apporte.
      Noé
    Requis est que je vous assorte
    Pour mettre mon autel dessus.
6215 Jamais si joyeux je ne fus
    Que je suis, donc Dieu remercie.
      Sem
    Mon pére, qu'on ne se soucie
    De l'autel ; nous vous aiderons
    A le faire.
      Noé
     Le dresserons
6220 Sur ses huit pierres, si Dieu plest.
    Despechons nous a peu de plet,
    Affin que face sacrifice
    A Dieu, affin que j'acomplice
    Sa voulenté sur ce passaige.
      Cham
6225 L'autel est fait selon l'usaige,
    Que je cuide que demandés.
      Noé
    Enfans, requis est que entendez
    Me apporter quelque doulx aigneau
    Vierge, qui soit plaisant et beau,
6230 Et des oyseaux, qui soient honnestes,
    Car de oyseaux et de bestes nectes
    Sacrifice a Dieu je feray,
    Et tous troys vous introduiray
    A ce faire, mes enfans doulx.
      Japhet
6235 Voycy pas, tout au tour de nous,
    Des oyseaulx et bestes assez ?
      Sem
    Pére Noé, or choysissez

6219 A B C : *Nous le.* — 6223 C : *et que tost j'acomplice.* — 6224 C : *volunté.*

Des quelz qu'il vous plaira choisir.
Noé
Cest angnieau est a mon plaisir,
Aussi ceste paire de oyseaux ; 6240
Sont des plus honnestez et beaux
Qui soient demeurez en ce monde.
Cham
Pére, en qui tout honneur habonde,
Vostre plaisir en povez faire.
Noé *a genoux*
Dieu seul, a qui je doy complaire, 6245
Reçoy en gré mon sacrifice,
Me donnant vouloir que je puisse
Te servir a ta voulenté ;
Vers toy je me suis presenté
Et me presente a deux genoux ; 6250
Dieu misericordieux et doulx,
Mon sacrifice en gré reçoy.

Icy sacrifie des bèstes et des oyseaux, et les brusle.

Mon Dieu et mon roy,
  Obeyr te doy
Et devot sacrifice faire, 6255
  Observant ta loy.
  Ton pouvoir congnoy,
Si te vueil de tous poins complaire.
Icy me suis voulu retraire
Pour sacrifice salutaire 6260
Faire a toy seul, Dieu ou je croy.

Dieu
Or vient la fumée devers moy
Du sacrifice, que Noé

---

[1] B C : *Du sacrifice Noé.* — 6240 A B : *des.* — 6245 A : *Dieu.* — 6248 C : *volunté.* — 6257 C : *En toy j'ay ma foy.*

Me fait ; il a mon nom loué
6265 Et honoré par grande ardeur.
Du sacrifice sens l'odeur ;
Humains en recompenseray.
Noé, jamais ne maudiray
La terre, car tous humains nez
6270 Sont a plusieurs maulx inclinez ;
Je ne batray plus en effect
Toute ame, ainsi comme j'ay fait ;
Pour ce, la terre remplissez,
Croissez et la multipliez ;
6275 Toutes bestes vous doubteront,
Oyseaulx du ciel subgetz seront
Doresnavant a tous humains ;
Poissons de la mer en voz mains
Seront baillez pour nourriture,
6280 Posé que humaine creature
Au temps passé ne mengea oncques
De cher, car ilz avoient adoncques
De verdure toute substance.
Mais gardez que par inconstance
6285 Ne mengez cher crue ne sanguine,
Car je vous veulx monstrer le signe
De toute amour et alliance,
Tant a vous que a vostre semence,
Puis que vers moy avez refuge.
6290 Jamais il ne sera deluge
Par eaue, notez ce tractié.
En signe de vostre amytié,
Mon arc es nues du ciel metray ;
Nostre aliance monstreray
6295 Par ce signe a tous les humains.

Icy s'apert [1] *l'arc au ciel* [2].

6272 B : *Tout*. — [1] C : *s'apart*. — [2] A B placent l'indication du jeu de scène après le nom du personnage qui suit.

Noé *a genoux*
Or doy je bien joindre les mains
Devant ta face noble et digne,
O haulte puissance divine,
Qui as mis mes enfans et moy
Hors de tout soucy et esmoy.   6300
Quelles graces te puis je rendre,
Fors que en ton service me tendre
Et desormais prendre couraige,
Vaquer a faire labouraige,
Car la terre, a ce que je juge,   6305
N'est comme devant le deluge
Fertille, je l'apparçoy bien,
Veu qu'elle aporte peu ou rien,
Qui n'y fait aucune semence?
Or ça, mes beaux enfans, je pense   6310
Ung bien petit a nostre cas,
Et suppose qu'il ne fault pas
Tousjours vaquer en oraison ;
Aucunesfois il est saison
De besongner. Pour abreger,   6315
L'homme ne doit boire ou menger,
S'il ne fait quelque labouraige,
Et, pour ce, m'est prins en couraige
D'aller quelque vigne planter
Sur ce mont, affin d'augmenter   6320
La bonté du vin.
        Sem
        D'autre part
Nous retirerons a l'escart,
Pour labourer sans perdre temps.

---

[1] B : *Du sacrifice Noé ;* — B omet les mots : *et de son sacrifice.* —
6302 A B : *rendre.* — 6306 B : *C'est.* — 6307 B C : *aperçoy.*

Noé

    Or allez, mes tresbeaulx enfans,
6325   Mais gardez bien sur vostre vie
    D'avoir l'un dessus l'autre envye ;
    Gouvernez vons comme gens saiges.

Icy se departent Noé et ses enfans, et vient Noé vers la vigne.

    Ses vignes icy sont sauvaiges ;
    Je cuide, qui les tailleroit,
6330   Que le fruit trop mieulx en vauldroit.
    En effect, le temps passeray
    Car d'icy les aracheray,
    Pour les mettre en terre plus grasse.

Icy Noé plante la vigne et la taille, et ce temps pendant y apparest du resin noir bien tost après.

Sem

    Puis que Dieu nous a fait la grace
6335   Du deluge nous preserver,
    Il nous fault le moyen trouver
    De nous mesler de labouraige.

Cham

    Sem, se n'est que gentil couraige,
    Et te meult d'un tresbon vouloir
6340   De peine prendre pour avoir
    La vie ; ainsi donc comme toy
    Labourerons.

Japhet

    Fréres, je voy
    L'arc au ciel sans nul contredit,
    Qui s'aparest, comme il a dit,
6345   A Noé nostre pére.

6330 B : *viendroit.*

Sem

Ainsi
Nous voyons qu'il a prins mercy
De nous, et que plus n'envoyra
Deluge au monde. Ainsi sera;
Qu'en dictes vous ?

Cham

C'est ung signe,
Que la prescience divine   6350
Nous envoye, qui est merveilleux.

Japhet

Fréres, nous ne vauldrons que mieulx
De besongner.

Sem

Japhet, mon frére,
Vray est que Noé, nostre pére,
Est allé tout seullet au champs;   6355
Nous sommes ses propres enfans,
Qui le devons de mal garder.

Cham

Fréres, il y fault regarder;
Que d'y aller on se dispose.
Ung homme seul est peu de chose;   6360
Par quoy, me semble, qui yroit
Vers luy, que bon gré en sauroit.
I devons nous point aller, Sem?

Sem

Il souffira bien de toy, Cham;
Tu iras, icy demourrons   6365
Et tandis nous labourerons.
Va passer le temps jucque la.

6347 B : *Et nous et que plus voyra.* — 6348 Les mots : *Ainsi sera*; || *Qu'en dictes vous?* m. dans A B qui ne donnent pas de rime à *envoyrra*. — 6355 A : *Et.* — 6364 *Bien* m. dans B. — 6366 *Nous* m. dans B. — 6367 C : *jusque.*

CHAM
Je m'y en voys.

NOÉ
Ha ! dea, dea, dea,
Vrayement vecy ung tresbeau fruit ;
6370 Je vueil prendre ung peu mon deduit
A faire jus de ce resin
Et en gouster, a celle fin
Que je saiche le goust qu'il a.

Icy espraint une grappe ou deux de reisin en quelque vesseau.

J'en buray, va, de par Dieu, va.

Boyt[1] *la moytié.*

6375 Il me vault mieux achever tout.
Sur mon ame, vecy bon moust ;
Il monte jusques au cerveau.
Vecy ung bruvaige nouveau,
Qui est d'un goust delicieux ;
6380 Conclusion, il vault trop mieulx
Que l'eaue ; certes j'en buray
Tout mon saoul et en espraindray
Encore dedens mon vesseau.
Le jeust me semble si tresbeau
6385 Que de joye je suis tout transi ;
Le goust m'en semble bon aussi ;
Par quoy tout mon saoul en prendray,
Puis après m'en reposeray ;
Je cuide que j'en vauldray mieulx.

Icy boyt Noé, et puis s'en dort tout descouvert.

6369 C : *voicy*. — 1 B : *Il boyt*. — 6376, 6378 C : *voicy*. — 6388 B : *me*.

CHAM

J'ay cheminé en plusieurs lieux, 6390
Et si ne sçay en quel quartier
Mon pére est, ne en quel sentier;
Je le cerche de part en part.
C'est il retiré a l'escart?
Je croy que ouy, pour reposer. 6395
Ainsi que je puis supposer,
N'a guére qu'il estoit icy.
Ha, ha! est il vray? Qu'esse cy?
Mon pére, estez vous descouvert?
Assez clérement il appert 6400
Que ce n'est pas fait d'un saige homme
De reposer et prendre somme
Ainsi descouvert; je m'en ry.
Honneur est bien en vous pery
Quant ne mussez vostre nature; 6405
Je prens de vous regarder cure,
Mais c'est en me mocquant de vous.

Mes fréres, approuchez vous tous
Et venez voir la vitupére
Et lacheté de nostre pére; 6410
Dormant a son membre honteux
Descouvert; je suis despiteux
De l'avoir en cest estat veu.

JAPHET

O homme de sens despourveu,
En qui deffault nobilité, 6415
Tu deusses la debilité
De nostre bon pére excuser,

A : *De la tour Babel;* — B : *De l'ivresse du cheval.* — 6390 A B : *Icy chemine.* — 6393 B : *cherche.* — 6406 C : *prins.* — 6409 B C : *le.*

    Et tu t'es voulu amuser
    A regarder sa nudité.
      CHAM
6420 Se n'est que par joyeuseté.
      JAPHET
    La joyeuseté n'est point belle.
    Ung jour en seras en tutelle
    Detenu, je te le dis franc.
    C'est ton pére; ta cher, ton sang
6425 Est procreé de sa semence;
    Or as tu vu sa corpulence
    Et ses simples membres honteux,
    Et t'en es mocqué, se m'ait Dieux;
    Se n'est pas fait d'enfant de bien.
      CHAM
6430 Autant que d'un estront de chien
    Je fais compte de ton language.
      SEM
    Cham, tu ne te es pas monstré sage.
      CHAM
    Ne m'en parlez plus, bon gré Dieu.
      JAPHET
    Qu'as tu fait? C'est grant impropére
6435 A toy se mocquer de son pére;
    Tresmal as voulu proceder :
    Point ne le devoys regarder,
    Mais le couvrir humainement.
      SEM
    Besongné y as laschement,
6440 Et te meult d'un lasche couraige.
      JAPHET
    Sans tourner vers luy le visage,
    De par nous recouvert sera.

Icy requeuvre Noé et tourne le visaige de l'autre costé

6427 A : *honten.x.*

CHAM
Tout le monde l'en raillera,
Quant on saura sa cornardise.
JAPHET
Ha! Cham, Cham, tu sçais mal la guise 6445
De supporter l'honneur du pére;
C'est a toy ung grant vitupére
De l'avoir descouvert lessé.
CHAM
Dire fault qu'il est insensé,
Ou qu'il radobte. 6450

NOÉ
Qu'i a il,
Mes enfans? D'ou vient ce babil?
I a il debat entre vous?
SEM
Nenny.
NOÉ
D'ou meult vostre courroux?
Je le vueil savoir.
JAPHET
Se n'est rien.
NOÉ
Si est, si est; je congnoys bien 6455
Qu'il y a quelque chose a dire.
CHAM
Pére Noé, c'est tout pour rire;
N'en faictes point difficulté.
NOÉ
J'en vueil savoir la verité;
Sur peine d'inobedience, 6460

6444 B : *conardise*. — 6447 *Grant* m. dans A C.

Dy moy que c'est.
JAPHET
En consequence,
Je vueil faire vostre commant.
Cham vous a trouvé tout dormant;
Or monstriez vous d'avanture
6465 Voz secretz membres de nature;
Il est par devers nous venu
S'en moquer. Quant avons congneu
Le cas, recouvert vous avons,
Ainsi que faire le devons,
6470 Voire le plus secrétement
Que nous avons peu.
NOÉ
Et comment
As tu eu si lache couraige?
Ta semence et tout ton lignage
Soit maudit, et, plus, le maudit
6475 Chanaam si soit interdit,
Car il sera doresnavant
Dit et appellé : le servant
Des serviteurs de tes deux fréres.
CHAM
Malledictions tresaméres,
6480 Pére, vous gectés dessus moy.
NOÉ
Ainsi que j'ay eu joye de toy,
Tu auras de tes enfans joye.
Le Dieu de Sem en toute voye
Soit benist, car il est parfait;
6485 Dieu vueille aussi croistre Japhet,
Et ta semence soit maudicte!
CHAM *a part*
Si asprement je me despite

6484 C : *perfaict*.

De ses maledictions cy
Que j'en suis de despit transsi,
Et en meurs quasi de couroux.   6490

Chanaam *commence* [1]
Et de quoy vous souciez vous?
Que craignez vous, mon pére Cham?
Cham
De Noé es maudit, Chanaam,
Mesmement toute ta semence.
Chanaam
Pére, je n'ay fait nulle offence;   6495
Pourquoy me maudiroit Noé?
Je ne l'ay blasmé ne loué;
Asservira il ma lignie?
Que je soye serf? Ha je luy nye;
Jamais je ne l'endureray.   6500
Cham
Chanaam, je y remedieray.
Puis que je t'ay eu en la vielle,
Seras tu tenu en tutelle
Par les serviteurs de mes fréres?
Il y fauldroit de grans mistéres,   6505
Devant que d'en venir a bout.
Chanaam
La parolle ne fait pas tout;
Il y fault ouvrer de main mise.
Cham
Nostre pére bien peu me prise,
Qui pour ung esbat seullement   6510
Me mauldit vehementement,
Au moins toy, mon filz Chanaam.

Commence m. dans B. — 6494 A : *sa*.— 6502 A B C : *Puis que je l'ay en la vielle*.

CHANAAM

N'avons nous pas Chus et Jetran,
Gens puissans et bien entendus,
6515 Qui sont de nous deux descendus,
Pour leur faire bien leur raison ?

NEMBROTH

Quesse cy? D'ou meult ce blazon?
Ne cellez rien, dictez lay tost.

CHAM

Tu soyez le bien venu, Nembroth.

NEMBROTH

6520 S'il y a quelqun qui se mesle
De nous nuyre, qu'on le revelle ;
Je luy monstreray qu'il a tort,
Car il n'y a homme si fort,
Ne si puissant que ne combate.

CHANAAM

6525 Il fault que pour bon droit debate ;
Nembroth dit bien.

NEMBROTH

Noé a dit
Ses motz : « Chanaam soit maudit
« Et sa generacion serve ! »

NEMBROTH

Sem hardiement son droit observe,
6530 Et Japhet aussi ; quant de nous,
Point ne voullons estre si foulx
De nous mettre en leur servitude.

CHAM

Puis que nous avons habitude,
A vous, Nembroth, c'est le plus fort.

6525 A B : *Il fault pour son bon droit combatre,* faute évidente,
puisque la rime n'est pas respectée.

CHANAAM

Nous avons pour nostre confort 6535
Chus et Jetran.

NEMBROTH

Sont gens hardis
Pour departir coups estourdis
Et bailler maint lourt passavant.

CHAM

Nembroth, veulx tu estre servant ?

NEMBROTH

Servant ? Et ! je seray le Dyable ; 6540
J'auroye plus cher estre coupable
D'avoir tué cinq cens mille hommes.

CHUS

De voz oppinions nous sommes,
Jetran et moy.

CHAM

Ça, ça, mignons ;
Il fault que soyons compaignons 6545
Et fréres en ceste partie.

JETRAM

Et qui feroit la departie
D'entre nous, se seroit a peine.

CHAM

Noé dist, c'est chose certaine,
Que seriez serfz soubz ses filz ; 6550
Or serez vous tous desconfis
Si vous endurez ceste injure.

NEMBROTH

Par le trespuissant Dieu j'en jure,
Ilz en mentiront par la gorge,
Car, s'il fault que une fois je forge 6555
Sur leurs testes et sur leurs dos,
Pas ne seront bien a repos
Entre les deux bras de leur pére.

CHUS
Se nous seroit grant vitupére
6560 D'estre serfz.
JETRAM
L'endurerons nous?
NEMBROTH
Nenny sans departir des coups,
Se le Dyable ne nous entraine.
CHANAAM
Il nous fault faire ung capitaine
Par dessus nous.
CHUS
Mais ung seigneur,
6565 Qui sera nostre gouverneur
Et aura sur tous nous audace.
NEMBROTH
Or regardons lequel sera ce
D'entre nous.
CHAM
Qu'on y pense tost.
JETRAM
Quant est a moy, je eslis Nembroth.
CHANAAM
6570 Aussi je luy donne ma voix.
CHUS
De plus expert je n'en congnois
Pour bien exercer ceste office.
CHAM
C'est mon; il [y] est tout propice,
Car il est, sans aucune fable,
6575 Moins piteux que n'est ung grant Dyable
Quant il tient son croc en sa main.
NEMBROTH
A espandre le sang humain

6571 *Je* m. dans A B.

Je prens singulier passetemps.
Chus
Nembroth, nous sommes tous contens
Que ayez dessus nous seigneurie.   6580
Nembroth
Messeigneurs, je vous remercie ;
Je l'acorde acceptablement.
Chanaam
Besongner fault subtillement
En nostre cas.

Nembroth
        J'ay compassé
Ung peu le temps qui est passé ;   6585
Par quoy le cueur me dit et juge
Que encoire viendra ung deluge,
Se Dieu voit que façons deffaulte ;
Par quoy fault faire une tour haulte
Pour de ce cas nous preserver,   6590
Mais il la fauldroit eslever
Juc au ciel.
Chus
       C'est bien advisé ;
Soit plus tost fait que devisé,
Ou au moins qu'on y mette peine.
Jetram
Nembroth, mon gentil capitaine,   6595
Il fault ouvriers especiaulx.
Nembroth
Il nous fault faire des tuilleaux,
Que par feu desormais cuyrons ;
Par ce point les endursirons ;

6586 A : *qnoy*. — 6592 C : *Jusque*.

6600 Et puis faisons appertement
De chaux et de sable cyment,
Pour maçonner nostre edifice.
Chanaam
Vostre conseil est trespropice ;
Assez entendons les façons.
Nembroth
6605 Qu'on ait charpentiers et maçons,
Affin qu'on commence l'ouvrage.
Chus
Ne reste que d'avoir courage ;
Cercher des ouvriers je m'en vois.

6607 A B : *ouvrage.*

Casse Tuilleau [1], *maçon*

Que veulx tu dire, Gaste Bois ?
Sçais tu rien qui soit de nouveau ? 6610
Gaste Bois, *charpentier*
Par Dieu nenny, Casse Tuilleau,
Rien de nouveau n'est inventé.
Casse Tuilleau
Pille Mortier, Cul Esventé,
Est ja vostre tasche acomplye ?
Cul Esventé
Ma bouteille n'est point remplie 6615
De gourde pie, a ce matin.
Pille Mortier
Trois jours a que ne beuz de vin,
Par faulte d'avoir ung vesseau.
Chus
Sus, Gaste Boys, Casse Tuilleau,
Cul Esventé, Pille Mortier ! 6620
Ouvrer fault de vostre mestier ;
On a tresgrant besoing de vous.
Gaste Boys
Nous nous sommes preparez tous,
Et noz hostilz pareillement
Pour besongner joyeusement 6625
En maisons, manoirs ou chateaulx.
Chus
Bastir fault ouvraiges nouveaux

A : *Casse Tuilteau.* — C écrit uniformément : *Cassetuilleau, Gasteboys, Pillemortier,* et, au contraire, *Cul Esventé.* — 6624 C : *houstilz.*

Et edifier quant et quant,
Mais je croy que n'estes pas tant
6630 D'ouvriers que je vueil bien avoir.
Casse Tuilleau
Vous ne sçauriez concepvoir
La science que nous avons,
Car tousjours les moyens trouvons
De parvenir a noz atainctes.
Cul Esventé
6635 Nous ne besongnons point par fainctes.
Car vecy charpentiers, maçons,
Couvreurs de diverses façons,
Qui nous congnoissons au mestier.
Et puis vecy Pille Mortier,
6640 Qui de nous servir sçait l'usaige.
Pille Mortier
Jamais nul homme, s'il est saige,
A servir maçons n'entreprenne ;
Toutesfois, advienne que advienne,
Je suis en leur subjection.
Chus
6645 Il fault faire expedicion
De venir par devers Nembroth,
Qui veult qu'on luy despeche tost
Une tour qu'il devisera.
Gaste Boys
Si tresbien on le servira
6650 Qu'il n'y trouvera que redire.
Chus
Hastez vous, car il vous veult dire
Ce qu'il a entrepris de faire.
Casse Tuilleau
Tout ce qui sera necessaire
Nous ferons, ne vous soucyez ;

6643 C : *qu'il advienne*. — 6652 B : *entreprins*.

Mais que nous soyons advoyez, 6655
Il nous fera beau veoir en face.

Cul Esventé
Sire, que vous plest il que on face ?
Pille Mortier
Vecy gens pour faire edifices,
En ce cas que nous monstrons nices,
Mais sommes expers sans doubtance. 6660
Nembroth
A vous veoir je prens grant plaisance,
Car je croy, et m'est bien advis,
Que vous comprendrez le devis
D'une tour que voullons portraire.
Gaste Boys
Commandez et nous laissez faire. 6665
Nembroth
Si de la faire prenez charge,
Il fault qu'elle soit si treslarge
Et de si fors fondemens faicte
Que, devant qu'elle soit parfaicte,
El puisse juc au ciel toucher. 6670
Casse Tuilleau
Autres ouvriers ne fault cercher
Que nous ; nous entendons le cas.
Nembroth
Gardez bien que ne faillez pas
A la faire grosse et massive ;
Je vueil qu'elle soit exessive, 6675
C'est a dire qu'on puisse aller
Par elle au ciel.

6655 B : *advyez*. — 6657 B : *qu'on*. — 6658 C : *Voicy*. — 6664 C : *pourtraire*. — 6668 C : *perfaicte*. — 6670 C : *jusque*.

Cul Esventé

Sans plus parler,
Nembroth, nostre souverain maistre,
En besongne nous allons mettre,
6680 Puis que nous l'avez ordonné.

Ilz s'en vont besongner.

Pille Mortier

Si est Nembroth desordonné
De la vouloir faire si haulte.

Gaste Boys

Faicte sera, s'il n'y a faulte,
Puis que nous y mettons les mains.

Casse Tuilleau [1]

6685 L'entreprise beaucoup je crains;
L'ouvraige est fort a assaillir.

Cul Esventé

On ne peult en fin que faillir.
Besongnons, mais que on nous paie bien.

Pille Mortier

Telles gens que nous ne acroient rien,
6690 Mais tousjours sont prestz d'emprunter

Gaste Boys

Si se fault il diligenter
De commencer a nostre ouvrage.

Nembroth

Sus, enfans ! prenez bon courage
Et vous serez bien contentez.

Chus

6695 Je vous prie que diligentez;
Tard m'est que la voie commencée.

Gaste Boys

J'ay ja la maniére pensée
D'y besongner, n'ayez soucy.

6678 A : *Nembroch.* — [1] A : *Casse Tuille.* — 6685 B : *beaucop.*

NEMBROTH
Nous reviendrons de bref icy
Pour veoir vostre façon de faire.   6700

CASSE TUILLEAU
Commencer fault qui veult parfaire,
Gaste Boys.
GASTE BOYS
Tu dis verité;
Besongne bien de ton costé
Et de moy ne prens nul soucy.
CASSE TUILLEAU
Cul Esventé!   6705
CUL ESVENTÉ
Hau?
CASSE TUILLEAU
Vien icy.
GASTE BOYS
Pille Mortier!
PILLE MORTIER
Je vois a vous;
Preparé suis vous servir tous;
J'ay ja l'instrument sur le col.
CASSE TUILLEAU
Cul Esventé!
CUL ESVENTÉ
Hau?
CASSE TUILLEAU
Gache mol.
CUL ESVENTÉ
Combien?   6710
CASSE TUILLEAU
Une demye augée.

6701 C : *perfaire.*

GASTE BOYS

Ça, du mesrien! Fais tu du fol?

CASSE TUILLEAU

Pille Mortier!

PILLE MORTIER

Hau?

CASSE TUILLEAU

Gache mol.

PILLE MORTIER

Delyé?

CASSE TUILLEAU

Nenny, de plain vol.

GASTE BOYS

Aporte ma large congnée.

CASSE TUILLEAU

6715   Cul Esventé!

CUL ESVENTÉ

Hau?

CASSE TUILLEAU

Gache mol.

CUL ESVENTÉ

Combien?

CASSE TUILLEAU

Une demye augée.

PILLE MORTIER

C'est une droicte dyablerie
Que servir maçons au jourd'uy.

CUL ESVENTÉ   46 a

Maleureux est qui sert autruy,
6720   Pourveu qu'il s'en puisse passer.

GASTE BOYS

Sus, sus! il se fault advancer;

6713 C : *Delyée*.— 6714 A B : *congnie*.— 6715 C place au-dessus de ce v. l'indication du jeu de scène : *Icy font la tour de Babel*. — 6721 A : *il le fault*.

Vous aymez trop besongne faicte.

Icy font la tour Babel [1].

Nembroth
Mais que nostre tour soit parfaicte,
Qui esse qui nous sauroit nuyre ?
Nous pourrons triumpher et bruyre   6725
Et avoir sur tous seigneurie.
Chanaam
Que soions serfz a la lignie
De Sem et de Japhet ? Ha ! rien.
Nous sommes par trop gens de bien
Pour nous tenir en servitude.   6730
Chus
Ilz ont l'entendement trop rude
Pour nous cuider assubgetir.
Jetram
Pour nous y faire consentir
Il fauldroit gens expers sur tous
A donner et departir coups,   6735
Car gens sommes de resistence.
Nembroth
Allons veoir de quelle excellence
Sera nostre ouvrage, seigneurs.
Chanaam
Il n'y a point ouvriers meilleurs
Au monde que sont noz ouvriers,   6740
Car ilz besongnent voulentiers,
Incessamment, en cest affaire.

C place ce jeu de scène après le v. 6715. — 6723 C : *perfaicte*. 6734 A B : *expres*. — 6740 A : *mode*. — 6741 C : *voluntiers*. — 6742 C : *a cest affaire*.

####### Nembroth
Aussi en ont ilz bon salaire
Et l'amour d'entre nous trestous.

####### Chus
6745 Et puis, gallans, besongnez vous
Gentement?
####### Gaste Boys
Vous voyez de quoy.
####### Nembroth
Ouvriers, a ce que j'aparçoy,
Vous besongnez d'entendement.
####### Chanaam
Ceste tour merveilleusement
6750 Est haulcée depuis peu de temps.
####### Nembroth
El ira, ainsi que j'entens,
Juc au ciel, ung jour qui viendra.

####### Justice
Triumphant juge, il vous faudra
Faire pugnicion terrible
6755 De ces gens, qui, chose impossible
Veullent faire, en despit de vous.
A mort les convient livrer tous,
Et qu'ilz soient après condampnez
Estre en enfer, et soient dampnez
6760 A jamais, sans remission.
####### Misericorde
Ayez consideracion
Sur ce point, tresredoubté juge.
Vous dictes, après le deluge,

6752 C : *Jusque,*

Que espargneriés les humains,
Qui de fragilité sont plains ; 6765
S'ilz ont voulu une tour faire,
Et vous trouvez qu'il soit contraire
A la vostre divine essence,
Monstrez leur qu'ilz ont fait offence
Et soit leur ouvrage imparfait. 6770
JUSTICE
Dampnez doivent estre en effect,
Pour plusieurs inhumanitez
Qu'ilz ont fait.
MISERICORDE
Justice, escoutez
Et ne soyez si tresterrible.
Leur entreprise est impossible, 6775
Puis qu'il plaist au hault createur,
Qui ne doit user de rigueur.
A Noé en a fait promesse.
DIEU
Je rabesseré leur haultesse
Et leur povoir desordonné. 6780
Le peuple de Chanaam né
Sera espars, comme j'ay dit.
Or n'y a il nul contredit
Au parler de tous les mondains,
Car nous sommes surs et certains 6785
Qu'ilz ne parlent tous que ung langage ;
Si vueil, en faisant leur ouvrage,
Le changer. Quant demanderont
Leurs matiéres, point n'entendront
L'un l'autre, charpentiers, maçons ; 6790
En soixante et douze façons
Parleront, et nul n'entendra
Ce que son compaignon vouldra.

6770 C : *imperfaict*.— 6784 C : *humains*.— 6792 C : *ne entendra*.

Par quoy, ilz seront tous contraintz
6795 De partir et oster leurs mains
De l'ouvrage que ont commencé.

JUSTICE [1]

Veu ce qu'ilz ont tant offencé,
Vous leur faictes une grant grace.

DIEU

Pugnis seront de leur fallace,
6800 Non pas trop rigoureusement.

MISERICORDE

Je vous mercie du jugement,
Dieu puissant, juge incomparable.

NEMBROTH

Vecy une tour merveillable,
Qui est de terrible haultesse.

CHUS

6805 C'est aux ouvriers grant hardiesse
D'avoir fait si grande entreprise.

JETRAN

A ce que je voy et advise,
Jucques aux cieulx el montera,
Et croy que Dieu ne nous pourra
6810 Nuyre, mais qu'elle soit parfaicte.

CHANAAM

C'est une ouvraige si bien faicte
Que nul n'y sçauroit contredire.

NEMBROTH

Il n'est pas possible de dire
La beaulté qui en la tour est.

6794 A : sont. — [1] A : Jnstice. — 6802 C : Dieu tout puissant. — 6803 C : Voicy. — 6808 A B : il ; — C : Jusques au cieulx bien montera. — 6810 C : perfaicte. — 6812 A : ne.

Gaste Boys
Pillemortier! 6815
Pille Mortier
Hau ?
Gaste Boys
Es tu prest ?
Pille Mortier
Ouy, de vous bailler a boyre.
Casse Tuilleau
Cul Esventé, tost, sans arrest
Besongne ; si acquerrons gloire.
Apporte du mortier.
Pille Mortier
Encoire ?
Casse Tuilleau
Despeche toy, Dieu te maudie ! 6820
Pille Mortier
Tenez, vella vostre dolloére.
Est elle pas belle et jollie ?
Casse Tuilleau
Ça ! du cyment.
Cul Esventé
Vostre congnie?
Viens la porter sur l'esmoulleur.
Gaste Boys
Ma besaguë! 6825
Pille Mortier
C'est du milleur,
Que vous veystes la sepmaine.
Gaste Boys
Dieu te mette en fiévre quartaine !
Baille moy a coup mon compas,

6819 A B C : *Encore.* — 6821 C : *Voyla.* — 6824 A : *le porter.* — C : *Je l'ay portée a l'esmouleur.* — 6825 B : *meilleur.* — 6826 B : *de la sepmaine.* — C : *Que vous beustes de la sepmaine* — 6827 A B : *met.*

    Affin que je ne faille pas
6830 De faire ceste tour tresbelle.
      CUL ESVENTÉ
    J'ay apporté vostre truelle.
    Esse pas ce que demandez ?
      CASSE TUILLEAU
    Du mortier !
      PILLE MORTIER
     La tuille prendrez,
    Puis que nous l'avons apportée.
      CASSE TUILLEAU
6835 Du cyment !
      CUL ESVENTÉ
     J'ay ja aprestée
    L'ardoyse, avec le clou a late.
      CASSE TUILLEAU
    Haste toy ; mon mortier se gaste.
      PILLE MORTIER
    Vecy ung chevron escarry ;
    C'est dommage qu'il est pourriy,
6840 Veu ce qu'il a la pointe aguë.
      GASTE BOYS
    Apporte moy ma besaguë
    Et mon marteau, que je martelle.
      CASSE TUILLEAU
    El est belle vostre truelle ;
    Je l'ay de nouveau esclarcie.
      GASTE BOYS
6845 Que j'aye ma moyenne congnie !
    Entens tu, hay ! maistre *accipe* ?
      PILLE MORTIER
    Le mortier, je l'ay bien trempé ;

6832 A : Asse. — C : *vous demandez*. — 6833-6834 C : *La main tost tendez A tuille qu'avons apportée*.— 6838 C : *Voicy*.— 6844 C : *esclacie*.

Il est ainsi mollet que laine.
Chus
Nembroth, nostre grant capitaine,
Mes gens sont quasi affolez ;   6850
Il semble qu'ilz soient desolez
Et que ayent perdu l'entendement.
Nembroth
Sus ! besongnez incessamment,
Ouvriers, a tort et a droicture.
Casse Tuilleau
47 a Ça, du plomb pour la couverture !   6855
Pille Mortier
J'ay apporté uug instrument
Pour commencer le fondement,
Car il n'a pas fait qui commence.
Jetran
Vecy une grande insolence
Maçons, charpentiers, qu'esse cy ?   6860
Gaste Boys
Oriolla gallaricy
Breth gathahat mirlidonnet
Juidamag alacro brouet
Mildafaronel adaté.
Nembroth
Vella nostre ouvraige gasté.   6865
Casse Tuilleau
Quanta queso a lamyta,
La seigneurie la polita.
Volle dare le coupe toue ?

6859 C : *Voicy*. — 6865 C : *Voylla*. — 6866-6868. Ces mots paraissent être de l'italien corrompu.
        Quant' a questa...?..
        La signoria l' ha pulita.
        Vuole dare...
— 6868 A C : *coupe tourne*.

CHANAAM

Qu'esse cy? Faut il qu'on se joue
6870 De nous? Mais d'ou vient cest erreur?
CUL ESVENTÉ

Bianath, acaste folleur
Huidebref abastenyent.
CHUS

Bref je ne sçay d'ou cecy vient;
Jamais ne vis tel fantasie.
PILLE MORTIER

6875 *Rotaplaste a la casie*
Emy maleth a lacastot.
JETRAN

Nous perdons icy temps, Nembroth,
Car nous pouvons assez congnoistre
Que Dieu ne nous veult point permettre
6880 Que ceste tour parachevons.
CHANAAM [1]

Au vray parler, nous ne sçavons
Pour le jourd'uy l'un l'autre entendre.
NEMBROTH

Autre chemyn il nous fault prendre
Et nous separer.
CHUS

Je le vueil.
NEMBROTH

6885 Imaginez que j'ay grant dueil
Qu'il faille lesser tel ouvraige.
JETRAN

Et aussi esse ung grant dommaige,
Mais du reméde il n'y a point.

6878 B: *povons*. — [1] A: *Chenaam*. — 6881 A: *nons ne sçanons*.

XIII — DE L'YDOLLE BELLUS

47 b

Nynus, *filz de Bellus, commence*

Le cueur de desespoir m'espoint
　Quant je pense a Bellus, mon pére; 6890
　Sa mort m'est venue mal a point,
Non obstant que en grant bien prospére.
Affin que son hault nom supére
J'ay fait faire ce bel ymaige
　Au nom de luy, la chose est cIére;　　　6895
Par quoy vueil que on luy face hommaige.

Icy fault qu'il ait, comme sur ung pillier, une ydolle, qui tiendra ung dart en sa main.

Je vueil, je ordonne et si devise
Que ceulx et celles qui viendront
Vers l'ymaige, qu'ilz aient franchise,
Aussi tost qu'ilz la requerront,　　　6900
Et ceulx qui honneur luy feront
Le visiter en ceste place,
Je les aymeray, et auront
Devers moy singuliére audace.

Nembroth

Nynus, hault prince de efficace,　　　6905
Dieu vous tienne en prosperité !

Chus

Venus sommes en peu d'espace
Pour veoir vostre nobilité.

C : *De la tour Babel et de l'ydolle Bellus.* — 6891 A : *m'et ;* — C : *m'est mal venue.* — 6893 C : *impére.* — 6904 C : *grace.*

JETRAN

Si vostre liberalité
6910 Ne nous reçoit, nous sommes mal.

CHANAAM

Nynus courtoys et liberal,
Nostre tour n'avons sceu parfaire;
Dieu nous a esté si contraire
Que noz langaigez a muez.
6915 Du lieu nous sommes remuez,
Pour venir en ce quartier cy.

NYNUS

Messigneurs, la vostre mercy
Que m'estes venus visiter
En mon lieu, et soliciter.
6920 En honneur vous voy resolus;
Mais saichez que au nom de Bellus,
Mon pére, j'ay commandé faire
Ceste ydolle cy et portraire;
Si vueil bien qu'on luy face honneur.

NEMBROTH

6925 Sire, c'est fait d'un noble cueur,
Et vous meult d'un gentil couraige.

NYNUS

Je vueil, quant on luy fait hommaige,
Qu'il y ait ung feu alumé,
Aux Caldiens acoustumé;
6930 Faire vueil du feu sacrifice,
Donc vous en aurez la notice
Au jourd'uy.

NEMBROTH

C'est belle devise.
Ung tel prince beaucoup je prise,
Qui fait nouvelles ordonnances.

6917 B C : *Messigueurs;* — *Messeigneurs.* — 6923 B C : *pourtraire.* — 6927 C : *fera.* — 6929 C : *Caldeans.*

NYNUS

Plusieurs sont de mes alliances ; 6935
Autres y veullent contredire.

NEMBROTH

S'il est qui vous vueille desdire,
Sur luy on mettra la main tost.

NYNUS

Puissant et redoubté Nembroth,
Cent mille fois je vous mercie. 6940

CHUS

Sire, voions la fantasie
Du feu, que ainsi vous adorez,
Affin que soyons preparez
De l'adorer, ainsi que vous.

NYNUS

Il sera fait et devant tous 6945
Publiquement, ainsi l'ordonne,
Et, s'il y a quelque personne
Qui vueille contredire au cas,
Pugny sera, n'en doubtez pas,
Si bien qu'il en sera memoire. 6950

Icy font les Caldiens ung feu assez [1] *près de l'idolle.*

THARÉ, *pére Abraham.*

Dieu tout puissant, regnant en gloire,
Voy la folle adoracion
Des Caldiens, et prens victoire
De leur mauvaise intencion.
Ilz ont leur cogitacion 6955
A adorer le feu ; par quoy,
Je hay leur frequentacion
Et ne vueil point tenir leur loy.

A : *Assez y*. — 6953 C : *Caldeans.*

Abraham *commence*

Pére Taré, non fais je, moy ;
6960 Bien sçay qu'il est ung Dieu regnant,
Qui est seul regent domynant ;
Il a toutes choses creées,
Composées, faictes et formées ;
C'est celuy que adorer devons.

Aran

6965 Mon frére Abram, vouloir avons
De croire en ung Dieu seulement,
Non pas adorer follement
Le feu, ny autre creature.

Nacor

Aussi n'esse pas la droicture
6970 D'adorer chose corruptible,
Mais Dieu seul qui est invincible,
Puissant et vertueux sur tous.

Tharé

Or mes enfans transportons nous
Vers le lieu ou c'est qu'ilz adorent
6975 Le feu et l'idole decorent,
Pour veoir ung petit leur sabat.

Abram [1]

Allons par maniére d'esbat,
Non pas pour faire sacrifice.

Icy s'en vont vers le feu et l'idolle.

Nynus

Qui me vouldra faire service
6980 Face honneur au feu et salus
Au feu et l'idolle Bellus,

6962 A B C : *creés*. — 6963 *Et* m. dans C. — 6964 C : *nous debvons*. — 6965 C : *Abraham*. — 6970 C : *De adorer*. — [1] C : *Abraham*. — 6981 C : *Aussi a l'ydolle*.

>   Car, qui autrement le fera,
>   J'ordonne que on le bruslera
>   Dedens le feu.
>
> ARAM
>
>   Que faictes vous,
>   Gens infames, obstinez, foulx ?   6985
>   Adorez vous autre que Dieu ?
>
> NYNUS
>
>   Le Dyable t'a fait en ce lieu
>   Venir, pour ainsi nous reprendre.
>
> ARAM
>
>   Ne povez vous pas bien entendre
>   Que le feu se passe en peu d'heure   6990
>   Et ung seul Dieu tousjours demeure,
>   Sans ce qu'il diminue en rien.
>
> THARÉ
>
>   L'enfant ne vous dit rien que bien,
>   Mes amys.
>
> ABRAM [2]
>
>   Nous le soustenons,
>   Et en ceste loy nous voulons   6995
>   Tous mourir.
>
> NYNUS
>
>   O gens obstinez,
>   Qui desja estez condampnez
>   A mourir de mort trescruelle
>   Si vous m'eschauffez la cervelle,
>   Getter en ce feu vous feray.   7000
>
> ARAM
>
>   Pére Taré, je vous diray
>   Qu'il est de faire a mon advis.
>   Lessez moy seul faire devis
>   Avec eulx et vous retirez ;

B omet les mots : *et de la mort d'Aram* ; — C : *De l'ydolle Bellus*. — [2] C : *Abraham*. — 6994 C : *Sustenons*.

7005 Certes autrement vous serez
En dangier. N'ayez point de peur,
Car bien sçay que nostre seigneur
Au besoing ne me lessera.
        ABRAM [1]
Nostre pére retournera
7010 En sa mayson.
        THARÉ
            J'en suis d'acord.
        ARAM
Tantost vous ferons le record
De leur folle adoracion.
        THARÉ
Ne faictes pas oblacion
Au feu, enfans.
        ABRAM [1]
            Vous n'avez garde.
        THARÉ
7015 Je vous metz soubz la sauvegarde
De Dieu, enfans.

Tharé se [2] retourne en sa maison.

        ARAM
            N'ayez soucy ;
Nous demourrons nous deux icy,
Pour comprendre ung peu leur follie.
        NYNUS
Tost, tost ! Que chacun se humilie
7020 A adorer le feu !
        NEMBROTH
            Il fault
Adorer le feu sans deffault,
Sur peine de mort encourir.

---

[1] C : *Abraham.* — 7014 C : *Nous n'avons garde.*— [2] C : *s en.*

ARAM
Ung seul Dieu vous peut secourir,
Seigneurs, et le feu est passible.
De plaire a Dieu c'est impossible   7025
Quant on adore choses vaines.
ABRAM
Les voyes de Dieu sont trescertaines ;
C'est par ou il fault cheminer.
CHANAAM
Si vous fault il determiner
D'adorer le feu comme nous.   7030
NYNUS
Acop, acop ! despechez vous,
Sur peine d'estre a la mort mys
Et vous declairer ennemys
Des Caldiens, qui sont puissans.
JETRAN
Adorez le feu, beaulx enfans,   7035
Et on vous fera tout service.
ARAM
Seigneurs, avez vous pas notice
Que avons dit qu'il n'est qu'ung Dieu seul,
Du quel devons faire le vueil?
Autre que luy ne adorerons.   7040
CHUS
Mais est il dit que endurerons
De ses mignons?
NEMBROTH
      A bien grant peine.
NYNUS
Sus ! Nembroth, gentil capitaine.
Vous avez souvent mys la main
A espandre le sang humain,   7045

B : *De la mort Aram.* — 7027 C : *sont certaines.* — 7031 B C : *Acoup, acoup.* — 7034 C : *Caldeans.* — 7039 A : *vucis.*

Gettez en ce feu ses paillars.
NEMBROTH
Tantost seront bruslez et ars,
Puis qu'ilz ne font nostre plaisir.

Icy prent Aram et le gette dedens le feu, qui est allumé, ou il meurt.

Ça, paillart, je vous viens saisir;
7050 Comme ung outrecuidé infame,
Vous getteray en ceste flame;
Homme ne vous peult secourir.
ARAM
S'il est dit que doive mourir,
A Dieu seul je me recommande.
NYNUS
7055 Veulx tu payer pareille amende
Que luy? N'adoreras tu point
Le feu? Mais quel mouche te point
Que tu ne fais ainsi que nous?
ABRAM[2]
Et pour ce que vous estes tous
7060 Abusez, on voit bien comment.
Vous n'avez sens ne entendement;
Plains estes de crudelité.
NYNUS
Qu'il soit dedens le feu gecté
Et bruslé tout soudainement!
NEMBROTH, *en le gectant au feu*
7065 Je l'y ay getté promptement,
Car j'ay assez force et puissance
Pour faire a tel paillars nuysance.
Tousjours je me myrre a mal faire;

---

[1] C : *Caldeans*. — 7050 *Ung* m. dans B. — 7056 A : *tn.* — 7057 C : *quelle*. — [2] C : *Abraham*. — 7062 Ne doit on pas lire : *credulité*? — 7065 A B C : *luy*.

Depuis que quelcun m'est contraire
48 c   Il peult bien dire qu'il est mort.   7070

Icy Abram sault¹ du feu sans lesion et s'en va devers² son pére.

ABRAM[3]
Or m'a Dieu donné reconfort
Et osté du feu de Caldée.
Puis que j'ay la mort evadée,
Vers mon pére retourneray;
Plus icy ne sejourneray   7075
Avecques ces tirans pervers.

NYNUS
Il est passé tout a travers
Le feu, sans quelque mal sentir,
Et ne c'est voullu consentir
Du feu adorer.   7080

NEMBROTH
Quelque jour,
Qu'il fera vers nous son retour,
Plus grant feu on allumera,
Puis dedens on le gettera,
Affin qu'il n'en puisse eschapper.

NYNUS
Il le fauldra bien gallopper,   7085
Se jamais vers nous il retourne.

ABRAM[4]
Pére, plus n'est temps que on sejourne
En ce lieu, car mon frère Aram
Est bruslé.

---

[1] C : *Abraham sort.* — [2] C : *s'en retourna a.* — [3] C A : *Abraham.*
7076 A B : *ses.* — [4] C : *Abraham.*

Tharé
Mon amy Abram,
7090 Quelle nouvelle m'as tu dite?
Or est de mon cueur interdite
Toute joye, tout plaisir aussi.
De fait je suis quasi transi
Pour la mort d'Aram, ton bon frére.
Abram [1]
7095 Du feu je suis eschappé, pére,
Par le vouloir du createur.
Tharé
Plus ne seray habitateur
En ce lieu; je m'en partiray,
Mais, premier, je vous mariray,
7100 Vous et Nacor, mes deux enfans,
Car, Dieu mercy, vous estes grans
Pour acroistre humaine nature;
Mais il fault mettre en sepulture,
Premier, Aram.
Nacor
C'est la rayson,
7105 Et puis, en après, advison
Que c'est que nous avons affaire.
Tharé
O enfant doulx et debonaire,
Tu es mort pour l'honneur de Dieu.
Enterré seras en ce lieu,
7110 En demenant dueil et tristesse.
Nacor
Despechons nous, car c'est simplesse
A nous de nous tenir icy
Longuement.
Icy enterrent Aram.

7089 C : *Abraham.* — 7090 C : *me as.* — 7092 C : *et tout.* — [1] A :
Aram; — B : *Nacor* (la faute est corrigée par B*); — C : *Abraham.*

Loth
Dieu prenne mercy
De toy, Aram, mon treschier pére !
On te a fait ung grant vitupére 7115
De te livrer ainsi a mort.
O mort, mort, qui durement mort
Les humains par aspre morsure,
Vers mon pére te es monstrée sure,
Dangereuse, fiére et rebelle ! 7120
Nacor
Il n'y a ne celuy ne celle
Qui puisse eschapper ce passage.
Tharé
Abram prendra en mariage
Sarray, et Nacor Melca,
Et Loth aussi prendra Pierra ; 7125
Ainsi vous serez assortis
De femmes ; ainsi garantis
Serez de peché, mes amys.
Puis que en mariage estez mys,
Ne vous joignez a autres femmes 7130
Que les vostres ; gardez vos ames
Nectement et vivez sans vice.
Abram[2]
C'est bien raison qu'on acomplisse
Vostre plaisir et voullenté.
Tharé
Mes enfans, soit diligenté 7135
De partir.
Nacor
Cheminons, Abram.

---

[1] B : *De Cordelamor et ses chevaliers ;* — C : *De Cordelamort et de ses chevaliers.* — 7123 C : *Abraham.* — 7124 C : *Sarra.* — 7125 A : *ausi.* — 7130 A : *joignez.* — [2] C : *Abraham.* — 7134 C : *volunté.* — 7136 C : *Abraham.*

Tharé
Jusques en la terre d'Aram,
S'il plaist a Dieu, cheminerons
Et la ung peu demourerons,
En attendant de Dieu la grace.
Loth
Tout ce qu'il vous plaira qu'on face
Sera acompli.
Abraham
Or allons
En Cananée; devallons,
Et tous noz gens nous suyviront.

7137 C : *de Aram.* — 7144 A : *suyvront;* — C : *suyveront.*

CORDELAMOR, *roy de Sodome*[1]

Q UEL grant honneur, quel bruyt me donneront 7145
　　Dorenavant, ceulx qui parler orront
　　Que subjugué j'ay cinq cités prochaines,
Qui me ont payé tribut et payeront !
Par chacun point ne me contrediront
S'ilz ne veullent encourir des grans paines.　7150
Centurions ilz ont et capitaines,
Qui en mon nom gouvernent leurs demaines ;
Douze ans y a que a moy les ay reduittes
Et que les feilz rentiéres et villaines.
Leurs petis roys prins par chasses souldaines ; 7155
Roy n'estoye, si non des Elamites.
　　CENTURION DES ELAMITES
Sire, vray est ce que vous dittes ;
Conquis furent par grans poursuyttes
Et vaincus par divers assaulx,
Tant qu'ilz prindrent diverses fuittes,　　　7160
Sans oser attendre les luyttes
De voz gens d'armes et vassaulx.
　　DECURION DES ELAMITTES
Nous y souffrismes moult de maulx
Et moururent des principaulx

---

[1] C aj. : *commence*. — 7147 A : *subingne*. — 7148 Ce v. m. dans B. — 7149 *Ne* m. dans A ; — C : *Par chascun an ; point ne me contrediront*. — 7150 C : *de*. — 7153 *Y a* m. dans A B. — 7157 C : *ce que present vous dictes*. — 7158 C : *par voz grandes*. — 7160 C : *soudain diverses fuittes*. — 7161 A : *Sans user* ; — C : *Sans point user ny endurer les luyttes*. — 7162 C : *De voz subjectz, gens d'armes*. — 7163 C : *de grans maulx*. — 7164 A : *Et y mourront* ; — B C : *Et y moururent*.

7165 De volz gens, mais finablement
Nous abatismes leurs chappeaulx
Et conquismes tours et chasteaulx
Par poursuivre vaillantement.

LE PREMIER CHEVAILLIER ELAMITTE

Nous les conquismes voirement,
7170 Voyre chevaleuresement,
Par armes et vertueux fais.
Fors furent du commencement
Et combatirent rudement,
Mais en la fin furent deffaiz.

LE SECOND CHEVAILLIER ELAMITE

7175 Il n'est que chevailliers parfaictz
En armes pour porter les faiz;
Bien fut veu en ceste conqueste
Car telz y furent contrefaiz
Qui jamais ne seront refaiz;
7180 Point ne s'i failloit monstre beste.
Plusieurs a la feste
Lessérent la teste
Et les piedz aussi.
Qui cités conqueste
7185 Bien fault qu'il s'apreste
A porter soucy.

CORDELAMOR

Nous sommes en paix de cecy;
Paissibles sommes jouyssans,
Se les gardons tousjours ainsi
7190 Que nous avon fait puis douze ans.

CENTURION ELAMITE

Vous n'avez nulz contredisans,

---

[1] B : *et de ses*. — 7166 : C : *lors leurs chappeaulx*. — 7167 C : *et fors chasteaulx*. — 7173 C : *combaterent*. — [1] B : *Le II*ᵉ. — 7175 C : *perfaictz*. — 7180 C : *ne se y failloit*; — B C : *monstrer*; — A : *Centnrion*.

Fors seullement ceulx d'Assirie,
Qui fussent joyeulx et plaisans
D'avoir tant en leur monarchie.

Decurion
Qui peult tenir sa seigneurie 7195
Sans homme craindre ne doubter,
Et sans que autre le seigneurie
S'il peult, ne s'i doit point bouter.

Le premier Chevaillier
Mes seigneurs, il fault escouter
Se aucun veult sus nous entreprendre; 7200
Gens sommes pour les rebouter
Et vaillentement nous deffendre.

Le second[1] Chevaillier elamite
Lessés venir, il fault attendre;
Mais gardés qu'il n'y ayt abus
Au payement de voz tribus, 7205
Que voz recepveurs ne s'abusent,
Ou que les gens ne leur refusent
En faisant la solucion;
Gardez vostre possession
Entiérement, sans perdre rien. 7210

Cordelamor
Chevaillier, vous dictes tresbien
Et me conseillés sagement.
Pour soustenir que tout est mien,
Garder doy le jouyssement.

Loth
Cheminé avon longuement 7215

7193 C : *Qu'ilz ne feurent joyeulx ne plaisant.* — 7194 C : *Vous avoir en.*— 7202 B: *Et vaillamment nous en deffendre;*— C : *Et vaillamment tous nous deffendre.* — [1] B : *Le IIe.* — 7206 C : *se abusent.*

Et sans dangier; loué soit Dieu!
Chaynam
Tant que trouvé avon le lieu
Ou nostre seigneur nous envoye.
Heber
Cheminé avon longue voye
7220 Pour trouver ces beaulx territoires.
Chaynam
Il y fault mettre nos tentoires
En lieu propre pour reposer.
Heber
Il fault premier lieu adviser
Qui soit propice pour ce faire.
Caynam
7225 La place la plus salutaire
Fault choisir pour nostre proffit.
Abram[1]
Ne cheminon plus; il souffit.
Icy noz tentores tendon
Et la grace Dieu attendon,
7230 Qui en ce lieu nous a transmis
Ainsi comme ses vrays amys;
De le louer sommes tenus.

Pharaon, *premier roy d'Egipte, commence*
Ou sont humains au monde soustenus
Plus en honneur que les Egipciens,
7235 Mieulx gouvernés, gens mieulx entretenu
Je ne croy pas que au monde il en soit nu
Ne qui puissent posseder si grans bier
Tous biens mondains et honneurs terr

---

[1] C : *Abraham.* — 7227 A : *soffit;* — C : *suffit.* — 7228 C : *ten-toires.* — 7237 C : *Qui posseder puissent de si grands biens.*

Egipte tient, tant grande que petite,
Des quelz present le royaulme je tiens, 7240
Et suis celuy qui les rigle et soustiens,
Dit Pharaon, le premier roy d'Egipte.

Le plus grant suis des humains, se me semble,
De biens, d'onneur, d'avoir et de richesse;
Je ne sçay roy vivant qui me ressemble. 7245
Tout royaulme devant mes soudars tremble
Et redoubte ma grande hardiesse.
Trosne d'honneur et temple de noblesse,
Intitulé suis, par tiltre de eslite,
Le chief des preux, l'escu de gentillesse, 7250
Fleur des royaulx, ou tout honneur s'adresse,
Dit Pharaon, le premier roy d'Egipte.

Au près de moy j'ay des terres voisines,
Monarchies, ainsi comme Sirie,
Babillone et les terres confines; 7255
Mais toutesfois elles ne sont pas dignes
De comparer a ma grant seigneurie.
Je suis vray roy; nul ne me seigneurie;
Je domine sans quelque contredite;
Tout me obeist, nul ne me contrarie; 7260
Des puissans roys suis la vraye armarie,
Dit Pharaon, le premier roy d'Egipte.

    Putiphar, *prince des chevailliers.*
  Sire, vous avez en conduite
  Et puissance seigneuriale
  Une terre, la mieulx conduyte, 7265
  La mieulx riglée et mieulx instruite

7239 A B : *tien;* — C : *tiens.* — 7241 B C : *reigle.* — 7244 A B : *et richesse.*— 7259 C : *sans nulle.*— 7261 A : *je suis;* — C : *je suis vraye armarie.*— 7266 B : *La mieux riglée, la mieux instruite.*

Qui soit soubz majesté realle;
Jamais vostre honneur ne ravalle;
Tousjours acroist et en bruyt monte
7270 Si hault que, rigle generalle,
Tout le monde de vous tient conte.   49 d

Xercès [1], *premier chevaillier d'Egipte, commence*

Il n'y a nul qui vous surmonte
Vivant entre tous les mondains;
Sus cella faictes vostre compte
7275 Que vous estez chief des humains.
Le septre avez entre voz mains,
Du quel la noblesse redonde
En tous lieux, loingtains et prochains,
Plus de mille lieux en la ronde.
7280 Vous avez richesse profonde,
Et si croy par comparaison
Qu'il n'y a pas en tout le monde
Si noble realle maison.

Meffrès, *IIe chevaillier, commence* [2]

Vostre terre en toute saison
7285 Rend biens mondains a grant foeson
Pour maintenir voz vasselages,
Et puis avez gens de rayson,
Gens devotz pour faire oraison,
Pour vous conseiller qui sont saiges.

Pharaon

7290 J'ay soubz moy de grans personnaiges,
Je le sçay bien certainement,
Tant a la ville que aux villaiges,
Qui ont soubz moy gouvernement;
Aussi vueil je que saigement
7295 Mon royaulme soit maintenu

7270 C : *reigle.* — [1] A B C : *Xerpès.* — 7278 *Et* m. dans A.
7283 C : *royalle.* — [2] *Commence* m. dans B.

Et tousjours prengne escroissement
Par mon sage pourchassement,
Puis que au royaulme suis venu.

Putiphar

Par ainsi serés vous tenu
Sage et prudent, amé, de tous   7300
Honoré, prisé, soustenu,
Qui auront à faire soubz vous.

Xercès [1]

A vostre peuple soyez doulx
Et humain, gracieux, courtoys,
Ainsi que vous estes a nous;   7305
Si serés dit prince des roys.

Meffrès

Roys rigoureux aucunes fois
Se font hayr du populaire,
Et sont leurs royaulmes deffaiz,
Tant soyent grans, fors et parfaiz,   7310
Quant ilz ont le peuple contraire.

Pharaon

Je vueil a moy le peuple attraire
En tant qu'il me sera possible,
Selon leur estat, et leur faire
Tout ce qui sera necessaire   7315
Et que doit faire roy paisible.

Putiphar

Ainsi n'aurez aucun nuysible
Et ne serés d'ame hay,
Mais de tous amé et obey;
Il n'y a prince qui vous faille.   7320

---

296 C : *accroissement*. — 7300 C : *aymé*. — A : *des tous*. —
[1] A B C : *Xerpès*. — 7303 A : *vastre*. — 7310 C : *perfaictz*. —
7319 *Et* m. dans C qui compte *obey* pour trois syllabes.

Abram [1]

Or n'est il creu ne pain ne paille
Ceste année en nostre terre,
Qui nous est une dure guerre ;
Tout le pais de Cananée
7325 Demeure sans fruyt ceste année ;
Je ne sçay que nous puisson faire.

Loth

Mon oncle, il seroit necessaire
De tirer en quelque contrée,
Ou l'année fut rencontrée
7330 De blés mieulx qu'elle n'est icy.
Il nous le convient faire ainsi ;
Je n'y sçay moyen plus licite.

Heber

On dit que la terre d'Egipte
Est bonne et qu'el ne fault jamais.

Loth

7335 Elle est bonne, je vous prometz,
Plus que terre d'elle prochaine ;
C'est grant cas de ce qu'elle amaine
Des biens de terre chacun an.

Heber

Se vous me croyez, Abraham,
7340 Tous ensemble chemin prendron
Et en Egipte descendron,
Ou il y a grant habondance
De bledz.

Chaynam

Sans aucune doubtance
En ce point faire nous convient,

---

[1] C : *Abraham*. — 7330 C : *bled*. — 7334 C : *et ne fault a jamais*. — 7339 A B : *Abram*.

XIV DE ABRAM, QUI S'EN VA EN EGIPTE¹

  Congneu que la famine vient. 7345
  Nous n'avons plus ne blé ne pain ;
  Il ne fault pas mourir de faim.
  De ceste terre recullon
  Et aux Egipciens allon ;
  Estre nous fault en leur dangier, 7350
  Se voullon avoir a mengier ;
  Necessité n'a loy aucune.
   ABRAM ²
  Congnue la malle fortune,
50 b Qui nous a privez de tous biens,
  Nous yrons aux Egipciens, 7355
  Et la, se Dieu plaist, trouveron
  Moyen que des vivres auron,
  Soit par servir ou autrement.
   LOTH
  Ung dangier y a seullement
  Que aucun Egipcien infame 7360
  Ne vueille ravyr vostre femme,
  Ma tante, qui est jeune et belle.
   HEBER
  Il n'y aura dangier que d'elle ;
  Quant des hommes, ilz sont asseur.
   ABRAM ³
  Dire fauldra que c'est ma seur, 7365
  Non pas ma femme proprietaire,
  Et que jamais el n'eut affaire
  A homme aucun, mais est entiére.
  Sarra, venés sa, m'amye chiére :
  Fain contraint de nous en aller 7370
  Et en Egipte devaller,

---

¹ C : *De la fuite de Abraham en Egypte pour la famine.* — 7345
A B : *Congnue.* — 7350 B C : *danger.* — 7351 B C : *menger.*
— ²C : *Abraham.* — 7353 C : *Congneu.* — ³ C : *Abraham.* —
7366 B : *propietaire.* — 7367 C : *Et que elle n'eut jamais.*

Pour avoir nostre nourriture;
Or est vray que, de leur nature,
Les Egipciens sont infames
7375 Et fort envieux sus les femmes;
Tous sont adonnés a cela,
Et pour tant, quant nous viendrons la,
Vostre frére m'appellerez
Et pour rien ne confesserez,
7380 Estre ma femme droicturiére.
Sarra
Je sçairay bien tenir maniére
En ceste façon que avez ditte
Contre les bigames d'Egipte;
Oultre, j'ay en Dieu esperance,
7385 Qui des justes est la conduite;
Il nous gardera de nuysance.
Abram [2]
Toutesfois si n'ay je doubtance
Que de cela, ma doulce amye.
Sarra
Je pry la divine puissance,
7390 Ou j'ay singuliére fyance,
Qu'elle vous gard de villanye.
Abram [2]
Or cheminon donc, je vous prye;
Prenon pavillons et tentoires
Et toutes nos preparatoires
7395 Pour les tendre en aucun lieu,
La ou, par le plaisir de Dieu,
En Egipte nous trouveron.
Heber
Cheminon tant que nous pourron;

---

[1] B : *De la fuite d'Abram en Egipte.* — 7375 C : *sur.* — 7381 B : sçauray; — C : *sauray.* — [2] C : *Abraham.* — 7388 A : *cele.* — 7391 C : *vilenie.* — 7395 A : *aucus;* — B : *aucuns.*

Il en est temps, la fain nous chasse.
J'ay espoir que nous trouveron 7400
Ou pais quelque bonne place.

Ilz s'en vont.

CORDELAMOR

Il m'est advis que le terme se passe
Que mes citez me doibvent aporter
Ce qu'il m'est deu ; il ce fault transporter
Par devers eulx et demander pour quoy 7405
Ilz ne sont point venus par devers moy,
Ainsi qu'ilz ont de ce faire coustume.

CENTURION

Doubte n'y a, fors que aucun ne presume
Les inciter a mutinacion
Et qu'ilz facent quelque rebellion, 7410
En denyant les annuelz tribus.

CORDELAMOR

Par ce point la y auroit il abus ?
D'autre n'ay je nulle suspection.

Icy Cordelamor et ses gens vont vers les Sodomites.

DECURION

Pour vous faire du tout rebellion,
Ilz se sont ja trestous sur les champs mys. 7415

CORDELAMOR

Entre vous tous, qui estez mes amis,
Prenez armes et vous preparez tous,
Car ilz seront assailliz d'entre nous,
Et en ferons en bref de mal contens.

ABRAM [1]

Mes enfans, ainsi que j'entens, 7420

7413 *Nulle m. dans* A C. — 7415 *Ja m. dans* C. — [1] C : *Abraham.*

Voicy la terre egipcienne;
C'est le mieulx que icy on se tienne,
Sans que chemynon plus avant,
Que ne parlon au roy, devant
7425 Que nous mettre sus son demaine.
Chaynam
Voicy terre de tous biens plaine;
Toutesfois il ne fault aller
Point plus oultre, avant que parler
Aux gens du lieu premiérement.
Heber
7430 Il y fault parler voyrement,
Car il y auroit des dangiers
Et, plus, nous ne sçavons comment
On se gouverne en ses cartiers.
Xercès, *le premier Egipcien*
Voicy gens qui sont estrangiers,
7435 Qui viennent de terre loingtaine.
Meffrès, *IIe Egipcien*
Ce sont quelques gens voyagiers;
Il fault sçavoir quel vent les maine.
Xercès
Parler fault à leur capitaine
Et congnoistre de leur arroy,
7440 Et demander qui les amaine
En ces parties et pour quoy.
Meffrès, *IIe Egipcien*[2]
Homme sans le congié du roy
Ne doit en ceste terre entrer.
Xercès, *premier Egipcien.*
Il leur fault aller remonstrer,
7445 Et qu'ilz ne facent pas des foulx.
Meffrès, *IIe Egipcien*[2]
Gens sommes pour les acoutrer,

---

[1] B : *De la fuitte de Abram en Egipte.* — [2] *IIe Egipcien* m. dans B. — 7446 C : *acouster.*

Xercès

Venez sa, gens ! Qui estez vous ?
Que venez vous en ce lieu faire ?

Abram [1]

Sire, ne vous vueille desplaire, 7450
Icy venons de Chananée,
Et nous y a faillu retraire.
Noz blés ont failly ceste année
Et n'en sçarions ou querir ;
Pour ce, vous venon requerir 7455
Par charité et amitié
Que de nous vous ayez pitié
En nostre grant necessité.

Xercès

Vous ne dictes pas verité ;
Mieulx cuide qu'il y ayt fallace. 7460

Abram [1]

Certes, sire, sauf vostre grace,
La necessité est ainsi.

Meffrès

Or bien, bien ; tenez vous icy.
Au roy allon faire assavoir,
S'il luy plaist de vous recevoir 7465
Pour demourer en son pays.

Loth

Sire, nous sommes esbahis
Se le roy par benignité
Ne regarde la povreté
Qui nous amaine en ce quartier.
Secourez nous. 7470

C : *Abraham* — 7469 C : *de la povreté.*

XERCÈS, *le premier Egipcien* [1]
    Il est mestier
D'aller dire au roy la venue
De ces gens.
    MEFFRÈS, *second* [2] *Egipcien* [1]
        Une femme ay veue
Entre eulx belle et honnorable.
    XERCÈS, *premier Egipcien* [1]
7475 Elle a contenance notable
Et croy, mais que le roy la voye,
Que a la regarder prendra joye,
Car elle est gente et gracieuse.
    MEFFRÈS, *second Egipcien* [3]
Pour faire une belle amoureuse,
7480 Congneu ce qu'en elle j'ay veu,
Le roy seroit tresbien pourveu.
Allon, il luy fault annuncer,
Car nous pourrions offenser,
Qui ne luy annunceroit point.
    XERCÈS, *le premier* [1] *Egipcien* [2]
7485 Roy tout puissant, voicy le point.
Nous avons estrangiers trouvez,
En vostre pays arrivez ;
Chananeans sont, ce dient ilz,
Et bien en sommes advertis,
7490 Car ilz en parlent le langage.
    PHARAON
Et comment en mon heritage
Viennent ilz faire residence,
Sans premier demander licence
Et sans me presenter hommaige ?
7495   Donc vient cest oultraige ?
        Qui les avantage

---

[1] B omet les mots : *premier Egipcien et second Egipcien.* — [2] C. II. — [3] *Le* m. dans C. — 7496 A : *entre.*

D'entrer en mes lieux
Sans me faire hommaige,
Qui suis personnaige
Consemblable aux dieux ? 7500

MEFFRÈS, *second* [1] *Egipcien*

Il y a une femme entre eulx,
Sire, la plus belle mignonne
Que jamais sçairoit voir personne ;
De contenance, de figure,
C'est la plus belle creature 7505
Que homme sçairoit au monde dire.

PHARAON

Qu'elle est si belle ?

XERCÈS, *le* [2] *premier Egipcien*

Voyre, sire ;
Elle est tresbelle par ma foy.

PHARAON

Faictes les venir devant moy,
Que je voye s'elle est si belle ; 7510
Je prendray, se peult estre, en elle
Mon plaisir et esbatement.

MEFFRÈS, *second Egipcien* [3]

Sire, je ne croy pas que telle
Il y ayt soubz le firmament.

PHARAON

Faictes les venir promptement, 7515
Que je voye ce que vous dictes.
Ces beautés ne sont point petites,
S'elle est telle que dit avez,
Mais je croy que vous ne sçavez
Que c'est que de beauté de dame. 7520

---

[1] B C : *II*ᵉ. — 7506 B : sçaroit ; — C : sçauroit. — [2] *Le* m. dans B C. — [3] *Second Egipcien* m. dans B ; — B : *II*ᵉ.

XERCÈS, *premier Egipcien* [2]
Venez hommes, vous aussi, femme,
Parler au roy, car il vous mande.
ABRAM [3]
C'est raison, puis qu'i le commande ;
Obeyr fault a son seigneur.
SARRA
7525 Vray Dieu, a toy me recommande ;
Preserve moy de deshonneur !

ABRAM
Dieu acroisse bruyt et honneur,
Joye, santé, planté de biens
Au roy du monde le greigneur,
7530 Regnant et principal seigneur
Du pays aux Egipciens.
PHARAON
Qui estes vous ?
ABRAM
Chananiens.
PHARAON
Et qui vous maine en ceste terre
D'Egipte ?
ABRAM [3]
C'est faulte de biens
7535 Et famine, qui nous fait guerre.
Ainsi nous vous venon requerre,
Sire, que pour l'amour de Dieu,
Nous puisson aucun petit lieu
En vostre seigneurie acquerre.

---

[1] C ? *De la fuite de Abraham en Egypte pour la famine.* — [2] *Premier Egipcien* m. dans B. — [3] C : *Abraham.* — 7524 A : *D'obeyr.* — 7532 C : *Chananeans.* — 7538 A : *pnisson.*

Pharaon
Or sa, sa, il vous fault enquerre 7540
De ceste femme. Qui est elle?
Abram[1]
C'est ma propre seur naturelle,
Sire, que avecque moy amaine.
Pharaon
Quoy? Que c'est vostre seur germaine
Je ne le croy pas, somme toute. 7545
Abram[1]
Telle est, sire, sans quelque doubte;
C'est ma seur de pére et de mére.
Pharaon
M'amye, esse cy vostre frére
Comme il dit, vous l'avez ouy?
Dictes moy vray. 7550
Sarra
Certes ouy,
C'est mon frére, soyez en seur.
Pharaon
Or donc vous n'estes que sa seur,
Tant mieulx vrayment, j'en suis joieux;
Pour estre de vous possesseur
La chose n'en vauldra que mieulx. 7555
En sa beaulté tant metz les yeulx
Que ne la voy pas a demy.
Or je vous diray, mon amy,
Allez la ou il vous plaira;
Vostre seur me demourera. 7560
Vous irez la ou vous vouldrés
Et en mon royaulme prendrés
Vivres pour vous et vostre gent;
N'espargnés ne or ne argent
Plus que ceulx de la nacion; 7565

---

[1] C: *Abraham.*

Mais quant de la belle au corps gent,
J'en auray la possession.
ABRAM[2]
Hellas ! sire, remission !
Se ainsi est, vous nous faictes tort.
PHARAON
7570 Je l'auray, pour conclusion.
SARRA
Hellas ! sire, remission !
Vous me faictes extorcion.
PHARAON
Bref vous demourrez a ce port.
ABRAM[1]
Hellas ! sire remission !
7575 Se ainsi est vous nous faictes tort.
Pour Dieu, faictes moy mettre a mort
Plustot que luy faire ce blasme ;
Elle est encor entiére femme,
Qui oncque ne sceut que c'est d'homme.
PHARAON
7580 Elle demeurera en somme.
Sus, tost ! vistement recullés,
Ou, si non, que l'en vous assomme,
Se plus ung seul mot en parlés !
SARRA
Las ! fault il que vous en allés,
7585 Abraham ? Qui me gardera ?
ABRAM
Las ! quant nous seron recullés,
Que feras tu, povre Sarra ?
Cest homme ne te laissera
Point sans te faire vitupére.
7590 Hellas ! ma seur.

---

[1] C : *Abraham.* — 7573 A C : *demourés.* — 7582 C : *l'on.* — 7585 A B : *Abram.*

XIV EN EGYPTE POUR LA FAMINE

SARRA
Hellas ! mon frére.
En nous n'a que desconforter ;
L'un et l'autre a douleur amére.
Dieu nous vueille reconforter !

PHARAON
Faictes moy ces gens deporter ;
Ilz me rompent toute la teste. 7595

XERCÈS, *premier Egipcien*
Recullés vous, Dieu en ait este !
Vous le faut il tant de fois dire ?

LOTH
Certes vous nous faictes tort, sire,
De ceste femme avoir ravye.

MEFFRÈS, *second Egipcien*
Recullés vous, bon gré ma vie ! 7600
Vous le fault il dire meshuy ?

ABRAM
O doulent et cruel ennuy,
Comment te pourray je passer,
Hellas ? Et se te doy laisser,
Sarra, deussé je point mourir, 7605
En esperant te secourir
Pour assayer t'en mettre hors,
Sans ce vitupére encourir,
Que l'en te villéne le corps ?

LOTH
Nous ne sommes point assés fors ; 7610
C'est fait d'elle, puis qu'i la tient.

HEBER
Recullon nous ; nous sommes mors,

---

[1] B : *De la fuitte de Abram en Egipte*. — [2] *Premier Egipcien* m. dans B. — 7596 B : *feste* ; — C : *Recullez, Dieu ait malle feste*. — [3] C : *IIᵉ*. — [4] *Second Egipcien* m. dans B. — C : [5] *Abraham*. — 7604 A : *de te doy* ; — B : *de toy delaisser* ; — C : *et te doit je laisser*. — 7607 B : *essayer*.

Se une fois en teste luy vient.
Chaynam
Abraham, reculler convient,
7615 Puis que la chose est en ce point.
Heber
De reméde n'y querez point,
Se Dieu ne l'y met de sa grace.
Abram[1]
Quelle douleur en mon cueur passe !
Doulx Dieu, qu'esse que je feray ?
7620 En quel lieu esse que je yray ?
Las ! comme me doy je conduire ?
Hellas ! ay je bien fait de dire
Qu'elle estoit ma seur seullement ?
Se j'eusse dit tout plainement
7625 Que elle estoit mon espousée femme,
Eust il esté bien si infame
De l'avoir de moy separée
Et par peché deshonnorée ?
Vray Dieu, hault et souverain juge,
7630 Qui Noé gardas au deluge
Et ses filz et leur compaignye,
Vueilles garder de villenye
Ceste femme, que tient se roy
Donc estre ne peult garantye,
7635 Mon Dieu, si ce n'est de par toy !
Sarra
Vray Dieu puissant, en qui je croy
Par esperance et ferme foy,
Je te suply, conforte moy
En ce grant et cruel esmoy,
7640   En qui je suis.

7614 A : *Abram;* — B : *Abram, reculler nous convient.* — 7617 A B C : *luy.* — [1] C : *Abraham.* — 7633 A : *qni.* — 7640 B : *En quoy.*

Tant doulente que plus n'en puis.
Le cueur froyt plus que chaine en puys,
Tant que plain de divers ennuys,
Bien estre dolente je doy;
Las! Abraham, plus ne te voy; 7645
Pour moy es en piteux arroy,
Je le sçay bien de verité;
Il y a bien cause pour quoy.
Nous devon, chacun en droit soy,
L'un et l'autre estre tormenté. 7650

Misericorde
Haulte et puissante majesté,
Voyez Abraham molesté,
Sa femme aussi pareillement;
Ne permettez aucunement
Que Pharaon par adultaire 7655
Sa voulenté en puisse faire,
Car grant dommaige ce seroit.
Justice
Qui droite justice feroit,
La terre se deveroit fendre,
Transgloutir Pharaon et prendre, 7660
Qui veult commettre ce grant vice.
Misericorde
Je ne dy pas cela, Justice;
Il fault a pitié regarder.
Dieu peult bien le veul retarder
De Pharaon, sans que aproucher 7665
Puisse, ne la femme toucher
En nulle façon qui soit orde.

7645 A : *Abram*; — C : *plus je ne voy*. — 7647 A : *de bien de verité*. — 7652 A : *Abram*. — 7654 A : *permetz*. — 7656 C : *volunté*. — 7659 A B C : *devroit*.

DIEU

Vous dictes bien, Misericorde.
La voulenté retarderay
7670 De Pharaon, je m'y accorde;
Son appetit luy changeray,
Empechement luy donneray
Par maladie expressement;
Par quoy, bien je le garderay
7675 Qu'il n'ayt point son attouchement.

PHARAON

Je me sens je ne sçay comment;
Venu m'est quelque mal soudain;
Malade suis diversement;
Jamais ne me senty si vain;
7680 En grant dangier suis pour certain
Que la mort au cueur ne me touche.
J'ay le cueur de douleur si plain
Que l'eaue m'en vient a la bouche.
Sus! vistement que l'en me couche
7685 Et que j'aye praticiens,
Medicins et phisiciens
Pour juger de ma maladie.

PUTIPHAR

Il y a quelque dyablerie
Et fault a ce cas abreger;
7690 Le prince icy est en dangier,
Se de bref on n'y remedie.
Medecins, gens de cirurgye,
Clers promeux en astrologie,
Philozophes grans et petis,

---

[1] B : *De la malediction de Pharaon.* — 7669 C : *volunté.* — 7677 A m'et. — 7683 A : *bonche.* — 7684 C : *l'on.* — 7686 B C : *Medecins.* — 7687 *De* m. dans A C. — 7692 B C : *Medicins.*

Clers anciens contemplatis, 7695
Venés, aprouchiez de cest homme,
Et pensés de regarder comme
On le remettra en santé.
Pharaon
Haa! le cueur.
Le premier Sage Medecin[1]
Il est tormenté.
C'est une fiévre causonique. 7700
Le second[2] Medecin[1] commence
Il est en grant chaleur bouté.
Pharaon
Haa! le cueur.
Le premier Medecin[1]
Il est tormenté,
Et ne sçay a la verité
Quel medecine on luy applicque
Pharaon
Haa! le cueur.
Le second[3] Medecin
Il est tormenté; 7705
C'est une fiévre causonique.
Le premier Medicin[4]
Regardons en nostre pratique
Quel reméde luy donnerons.
Le second[5] Medecin[6]
Regardons que nous luy ferons
Et ce qui luy est necessaire. 7710
Le premier Medecin[6]
Je ne luy sçaroye que faire;
Perdu g'y ay l'entendement.

7696 C: approchez. — [1] C: Medicin. — [2] BC: Le IIe. — 7704 C: medicine. — [3] B: Le IIIe; — C: Le IIe. — 7705 B: tourmenté. — [4] B: Medecen. — [5] BC: Le IIe. — [6] C: Medicin. — 7711 B: sçauroye; — C: sauroys. — 7712 C: je y.

LE SECOND[1] MEDECIN
Aussi ay je pareillement ;
Sa maladie est trop estrange.
LE PREMIER MEDECIN[2]
7715 Incessament sa fiévre change,
Et n'y a propos ny arrest.
LE SECOND[1] MEDECIN[2]
En effect, je ne sçay que c'est
De sa fiévre, tant est terrible
Et, de fait, seroit impossible
7720 De luy assigner medecine.
LE PREMIER MEDECIN
C'est donc pugnicion divine ;
Il le fault estimer ainsi.
LE SECOND[4] MEDECIN[2]
Je le croy bien.
LE PREMIER MEDECIN[1]
        Il n'y a signe
Vray judicatif en cecy.
LE SECOND[1] MEDECIN[2]
7725 Et suis d'oppinion aussi
Que c'est quelque pugnission.
LE PREMIER MEDECIN[2]
Bref, se Dieu n'a de luy mercy,
Il est en grant suspection.
LE SECOND[1] MEDECIN[2]
Faison une collacion
7730 Icy, entre nous, de son fait.
Quel peché peult il avoir fait ?
Pensson y.
LE PREMIER MEDECIN[2]
     Il y fault songier.

---

[1] *Le IIe*. — [2] *Medicin*. — 7718 B : *fivre*. — 7720 C : *medicine*. — 7725 A B C : *Et je suis*.

LE SECOND¹ MEDECIN²
Pour la femme de l'estrangier
Pellerin, qu'il a retenue,
Seroit point la cause venue ? 7735
Penssez y entre vous, juristes,
Contemplateurs et grans legistes;
Autre occasion n'y congnoys.

52 d   LE PREMIER MEDECIN²
C'est bien allegué toutesfois
Et n'y a point autre achoison, 7740
Car il a fait contre raison
Et, de fait, ce mal en procéde,
A mon advis.
        LE SECOND¹ MEDECIN²
            Je le concéde,
Et, bref, il luy fault faire rendre.
        LE PREMIER MEDECIN²
Il a fait peché de la prendre; 7745
Pour tant luy a Dieu envoyé
Ce mal.
        LE SECOND¹ MEDECIN²
            Il est bien employé
Plus encore a luy qui est roy
Et sus tous doit garder la loy,
Et luy mesmes l'a corrompue. 7750
        LE PREMIER MEDECIN²
Il ne fault plus qu'on arguë;
Le mal procéde de cela.

PUTIPHAR
Or sus! quel mal esse qu'il a?
Notables clers, venés luy dire.

¹ B C : *Le IIe*. — ² C : *Medicin*. — 7740 C : *d'autre*.

PHARAON

7755 Je suis mort.
    Le premier Medecin [1]
      Tout bellement, sire ;
Vous serés tantost resjouy.
    Pharaon
Congnoissés vous mon mal ?
    Le premier Medecin
        Ouy,
Non pas par art medicinal.
    Pharaon
Dictes donc procéde ce mal,
7760 Hastivement, que je le saiche,
Et s'il est possible qu'il lasche.
Quoy qu'il couste, n'espargnés rien.
    Le premier Medecin [3]
Sire roy, clers et gens de bien
Ont regardé par leur science
7765 Que ce mal vous vient de l'offence
Que avez faicte a l'homme estrangier,
Qui en ce païs est voyagier ;
Sa femme retenue avez,
Ce que pas faire ne devez.
7770 Congnoissés que ce n'est pas jeu
Que des pugnicions de Dieu ;
L'homme se doyt bien retarder
De faire mal, et regarder
Que sa justice ne le morde.
    Pharaon
7775 Vray Dieu puissant, misericorde !
J'ay failly contre ta bonté
De voulloir a ma voulenté
Traitier ceste femme estrangiére,

---

[1] C : *Medicin*. — [2] A ajoute ici : *Fin*. — 7777 C : *volunté*.

En ceste terre voyagiére ;
J'ay peché contre ta haultesse, 7780
Mon sire Dieu, je le confesse
Et m'en repens amérement.
Si te prye que mon mal cesse
Et je te faiz veu et promesse
Que j'en feray l'amendement 7785

PUTIPHAR

Comme vous va, sire ?

PHARAON

Comment ?
Mon mal est cessé, Dieu mercy.
Qu'on me face venir icy
L'estrangier, et que je luy crye
A luy et sa femme mercy. 7790
Qu'ilz me pardonnent je leur prye.
Par mon oultrageuse folye
Sa femme avoir ay proposée ;
Toutesfois ne sçavois je mye
Que ce fut sa femme espousée. 7795
Mais la chose est bien disposée ;
Dieu mercy, il n'y a nul mal.

LE PREMIER MEDECIN

C'est encore le principal
Et vous a Dieu grant grace faicte,
Car se une fois eussés parfaicte 7800
Vostre folle et ville entreprinse,
Vous eussiez eu plus grant reprinse
Que vous n'avez eue du cas.

PHARAON

Nobles clers, je n'en doubte pas,
Dieu l'a fait pour me retenir. 7805

7790 B : *et a sa femme.* — 7793 *Ay* m. dans A C. — 7800 C : *eussiez perfaicte.* — 7803 B : *eu.* — 7804 A : *Nobes.* — 7805 B : *retirer.*

PUTIPHAR

Mon amy, il vous fault venir
Au roy, qui querir vous envoye.
Lessés dueil et demenés joye,
Car il n'a fait a vostre femme
7810 Quelque violence ne blasme,
Je le vous prometz par ma foy,

ABRAM [1]

Loth, mon nepveu, vien avec moy ;
Allon sçavoir qu'i nous dira.

LOTH

Faire fault ce qu'il luy plaira ;   53 b
7815 Nous sommes en sa seignourye.

ABRAM

Sire, Dieu vous doint bonne vic
Et a toute vostre maison !

PHARAON

Mon amy, pour quelle achoison
Ne me dis tu tout franchement,
7820 Quant tu vins de commencement,
Que tu estoiez le mary
De ceste femme ? Bien marry
Je suis que je ne le sçavoye.

ABRAM [2]

En effeict, sire, je n'osoye,
7825 De crainte que pour sa beaulté
Je ne fusse a la mort bouté ;

7809 A : vosttre. — [1] B : Aram ; — C : Abraham. — 7815 B C : seigneurie. — 7819 Tu m. dans A C. Il y avait peut-être primitivement : Ne me deis tout franchement. — 7823 A : sacvoye.—
[2] C : Abraham.

Pour tant ma seur je la disoye
Et a moy mesme suposoye
Qu'on ne luy feroyt aucun tort.
Pharaon
Elle seule par son record 7830
Je croy, sans aultre tesmoingnaige,
Que on ne luy a fait nul oultrage.
Prens la et pour Dieu me pardonne ;
Toute ma terre te habandonne,
Ou il y a biens largement ; 7835
Prens en a ton commendement.
Vous aussi, seigneurs chevailliers,
Mes serviteurs et familliers,
Faictes du mieulx que vous pourrés
A ces gens, quant les trouverés, 7840
Sans en rien qui soit les reprendre.
Abram [1]
Sire, Dieu le vous vueille rendre
Et vous sauve le corps et l'ame !
Sarra
A Dieu, chier seigneur.
Pharaon
A Dieu, dame ;
Je vous pry que me pardonnez. 7845
Des biens de ma terre prenez ;
Je les tiens a vous comme a moy.
Sarra
Dieu le vous rende, sire roy ;
Plein estez de grand courtoysie.

Abram [1]
Or sa, Sarra, ma doulce amye 7850
Que te a fait ce roy ?

7839 B : *devous*. — 7840 A : *le*. — [1] C : *Abraham*. — 7844 C : *ma dame*.

SARRA

    Rien qui soyt,
Je le vous jure et Dieu le sçayt,
Car, si tost que fustes party,
Malade fut par tel party
7855 Qu'il fallut qu'il fut acouché,
Et puis fut par clers adverty
Que ce luy venoit par peché;
Mais au regart qu'il me ait touché,
Certes point ne s'i est joué.

ABRAM [1]

7860 Le puissant Dieu en soit loué,
Qui nous a fait grace si grande !

Icy fine la jeune Sarra.

7852 A B C : *Je vous jure.* — [1] C : *Abraham.*

Loth

Sa, mon oncle, je vous demande
Qu'il est de faire.

Abram [1]

Mon nepveu,
Nous avons ce pays bien veu ;
Retourner nous fault en Bethel, 7865
Ou tendu est nostre appareil ;
Trop avons icy demeuré.

Loth

Dieu soit loué et honnoré
Que n'avons eu point plus de mal !

Abram [1]

Dieu tout puissant a labouré 7870
Pour nous.

Heber

Faisons luy tous hommaige.

Loth

Je ne vueil plus mettre en herbaige
Mes bestes avecque les tiennes,
Jetham ; mais vueil que tu te tiennes
A ton cartier, et moy au mien. 7875

Jetham

Soit sans debat, je le vueil bien.
Abram les champs nous partira,
Ainsi que bon luy semblera ;

C : *Abraham*. — 7866 *Est m. dans* A ; — C : *est tendu*. — 7871 B : *Qu'il est de faire ? — Faisons luy, etc.* — 7877 C : *Abraham*. — 7869. Il doit manquer ici un vers, car il n'y a qu'une simple assonnance entre *mal* et *appareil*.

Ainsi seron hors des dangiers
7880 Et des noyses que font bergiers
Aucune fois pour leur pasture.
ABRAM
Qu'esse que dit Loth?
JETHAM
Il murmure
Et veult que devisés leurs pars
Et que tous en ayent leurs pars;
7885 Si fault que tout soit devisé.
ABRAM
Ce n'est que tresbien advisé;
Je l'auray party tout soudain.
Prengne sus le fleuve Jourdain
Tout le lieu ensemble nombré,
7890 Ou la vallée de Maubré :
Vella, je luy donne le choys.
LOTH
Mon oncle, doncque je m'en voys
Aux chateaulx des Sodomiens;
Celle partie je retiens
7895 Vers Jourdain pour ma porcion.
ABRAM
Et j'auray habitacion
Vers Maubré, valée plaisante.
Je pry la deité puissante
De Dieu, nostre souverain maistre,
7900 Que si bien y puisson acroistre
Que n'ayon plus occasion
D'aller en autre region,
La ou nous soyon en dangier.
LOTH
J'ayme plus chier a hebergier
7905 Mes bestes a par moy, aux champs,

7883 C : *les pars*. — 7891 C : *Voyla*.

Que d'avoir ung tas d'empeschans
Comme Caynam.

HEBER
C'est parlé.
On en est rompu et foullé;
Il n'est tel que d'estre a par çoy.

LOTH
Je seray plus aise a par moy   7910
Sus Jourdain, ce gracieux fleuve;
Il n'est plaisance qu'on n'y treuve,
Et y a biens de tous costez.

HEBER
Et puis aussi les cinq citez,
Qu'ilz sont en ce cartier prochaines,   7915
Ou il y a puys et fontaines;
Il n'est point de si grant plaisir.

LOTH
Aussi ay je voullu choisir
Le lieu, puis que le chouays avoye.

HEBER
C'est le meilleur lieu que je voye   7920
Pour avoir la facondité
Des biens, et en grant quantité;
C'est terre de promission;
Dont en prenez possession.
Le lieu est bien orienté,   7925
Bien garny d'arbres, bien planté;
C'est ung plaisir c'est ung soullas.

LE PREMIER SODOMITE
54 a   Or pensson bien a nostre cas.

7924 Ce v. m. dans A B, qui ne donnent pas de rime au v. prédent.

Cordelamor est sus les champs,
7930 Qui amaine de fins marchans;
Si est temps que nous entendon
A nous et que nous deffendon,
Car point ne nous espargneront.

LE SECOND [1] SODOMITE

Facent du pire qu'il pourront,
7935 Nous sommes gens pour bon tenir.
Mesme sans les lesser venir
Juques icy, qui me croiroit,
Au devant d'eulx on s'en yroit,
Pour plus aisé les reculler.

LE PREMIER SODOMITE

7940 C'est bien dit; il y fault aller.
Mais que nous nous tenons ensemble,
Nous n'aurons nul mal, ce me semble;
Mais s'il fault que aucun torne en fuite,
Vela nostre armée destruite;
7945 Pour tant, tenons nous assemblez.

LE PREMIER GOMORISTE

N'ayez ja peur.

LE PREMIER SODOMITE

Point ne trembléz;
De vray nous avons l'avantage.

LE PREMIER GOMORISTE

Il ne fault point estre troublés.

LE SECOND [2] GOMORISTE

Nenny non.

LE SECOND [2] SODOMITE

7950 Attendon les a ce passage,
Car ilz y viendront arriver.

7929 A B : *le*. — [1] A C: *Le premier*. — 7943 C : *tourne*. — 7944 C : *Voyla*. — 7946 C : *paour*. — 7948 C : *Il ne fault point tant estriver*. — [2] B : *Le IIe*.

Loth

J'ay grant peur que sus mon herbage
Guerre ne se vueille lever;
Je ne sçay, Dieu vueille saver,
S'elle léve, que je feray,   7955
Ne en quel lieu m'en fouyray;
Cela me tient le cueur en serre.

Centurion

A l'assault, vaillans gens de guerre!
Voicy noz mutins enbuchés.

Le premier Sodomite

Desmarchiez, ribaulx, desmarchez!   7960
Frappés a travers et a tort!

Le second Sodomitte

A l'arme!

Le premier Gomoriste

A l'assault!

Le second Gomoriste

A la mort!
Bon couraige! Deffendon nous!

Cordelamor

Rendés vous, traistres, rendés-vous!
A ceste fois estes vous mort.   7965

Ilz bastent ung peu et les Sodomites fuyent.

---

[1] B : *De Cordelamor et des Sodomites.* — 7952 C : *paour.* — 7953 : *esmouvoir.* — 7954 A B C : *sçavoir.* — Nous rétablissons la forme primitive, rajeunie par A B, qui ne donnent pas de rime à *sçavoir*. C tourne la difficulté en changeant les rimes qui précèdent. — [1] B : *Le IIe.* — 7965 C : *estes a mort.*

LE PREMIER SODOMITE

Recullon, il nous est mesprins ;
Il y a ycy trop d'enseignes.

. . . .

LE PREMIER GOMORISTE

Fuyon nous en sus les montaignes,
7970 Ou autrement nous sommes mors.

DECURION

Or sa, nous sommes les plus fors ;
Ilz s'en sont fouys, les meschans.

CORDELAMOR

Tout ce que trouveron au champs
Prenon et menon en servage.

CENTURION

7975 Voicy des bestes en herbage
Et des pasteurs ; il fault tout prendre.

LE PREMIER BABILLONIEN

Rendés vous tost, villains !

LOTH

      Quel rendre,
Messeigneurs ? Je suis tout rendu.

HEBER

Loth est prins ; il sera pendu.
7980 Icy en grant dangier je suis ;
Eschaper me fault, se je puis.
A Abraham je le voys dire ;
Tout le cueur luy crevera d'ire,
Quant il sçaira que son nepveu
7985 A esté prins a despourveu
Et que prisonnier l'en amaine.

7966 C : *il nous est mespris fort.* — 7967 : Il manque dans A B un v. rimant avec le v. 7965. La correction de C rétablit les rimes tant bien que mal, mais donne une syllabe de trop au v. 7961.— 7969 C : *sur.* — 7977 C : *Rendez vous tous* — 7978 A : *Meseigneurs.*— 7982 A : *Abram.* — 7983 C : *de yre.* — 7984 B : *sçara.* — 7986 C : *on l'ameine.*

DECURION

Or sa, mon gentil capitaine,
Avez vous gaigné la journée.
S'ilz n'eussent la queue tournée,
Ilz ne fussent pas eschappez.   7990

CORDELAMOR

C'est tout ung; ilz sont attrappez,
Ou le seront dedens bref terme.
Il fault repaistre fort et ferme
Pour ce vespre et se reposer,
Et puis, le matin, disposer   7995
Comme nous les assailliron.

LE PREMIER BABILONIEN

Bevon d'autant!

LE SECOND BABILONIEN

             A luy tiron,
Puisque nous avons bien des vivres!

LE PREMIER BABILLONIEN

Qui me croyra, tant nous buron
Au jourd'uy que nous seron yvres.   8000

LE SECOND BABILONIEN

Nous en seron demain delivres,
Après que nous auron dormy.

Ilz boyvent tant qu'ils s'en yvrent.

HEBER

Hellas! Abraham, mon amy,
Vostre nepveu est prisonier
Et fut mené en prison hier   8005

---

96 C : *assaillerons.* — 7997 B : *Beuvon;* — C : *Beuvons.* — B : *Le IIe.* — 7998 C : *force vivres.* — ² A : *primier.* — 7999 : *vevrons.* — 8003 A : *Abram.*

Des Elamites, qui sourvindrent
Sus les herbages et le prindrent;
J'ay grant peur qu'il n'ayt desplaisance.

Abram [1]

Mon nepveu?

Heber

Voyre, sans doubtance,
8010 Je sçay bien qu'il fut attrappé,
Mais a fouyr je m'eschappé;
La fuite me fut necessaire.

Abram [1]

Vray Dieu puissant, qu'est il de faire?
Doy je lesser mon nepveu vivre
8015 En servaige, ou le poursuyvre
Par faict d'armes hastivement,
En espoir que je le delivre?
Voicy grant esbahissement.

Chaynam

Abraham, n'ayez nul torment.
8020 Si vous voullez leigérement
Aller aprés et les surprendre,
Pour faire vostre nepveu rendre,
Vous le povez faire.

Abram [1]

Comment?

Chaynam

Moy mesme, tout premiérement,
8025 A ce vous tiendray compaignye
Et mes fréres pareillement.

Abram [1]

De cecy a Dieu je me fie.

8006 C : survindrent. — 8007 B : les; — C : qui le prindrent.
8008 C : paour qu'il ne ait. — [1] C : Abraham. — 8011 C : s*
eschappé. — 8019 A : Abram; — C : tourment. — 8021 A : l*

Heber

Vous avez de vostre lignye
Grans gens; poursuyvre les vous fault.
Quant de nous, je vous certifie   8030
Que avec vous yron bas et hault.

Chaynam

54 d Qui les pourroit prendre d'assault
A despourveu, ce fut grant fait.

Heber

Le long procès rien ne nous vault;
Il les fault poursuyvre en effaict.   8035

Chaynam

Sans plus parler ouvron de fait.
Abraham, prenez quelque armure
Et les suyvon; je vous assure
Que nous en viendron bien a chief.

Heber

Armés vous et le faictes brief,   8040
Et qu'il n'y ayt icy personne
Qui ne se arme et enbastonne,
Ceulx qui pourront armes porter.

Ilz se arment.

Abram [1]

Dieu nous vueille reconforter!
Jamais je ne fu en la guerre;   8045
Je ne la faiz pas pour acquerre
Seigneurie en aucun lieu
Plus que j'en ay de don de Dieu,
Mais seullement en esperance
De mettre Loth a delivrance,   8050
Hors de prison et de misére;
Sang naturel a ce me avance,

8031 *Et* m. dans A B.—8033 C *seroit bien faict.*—8037 A B : *Abram.*
— 8041 C : *ne y.* — [1] C : *Abraham.* — 8050 C : *en delivrance.*

En tant qu'il est de ma substance,
Engendré de mon propre frére.

Icy boyvent Cordelamor et ses gens ²

Le premier Babilonien
8055 Gaudisson fort.
Le second ³ Babilonien
Pensson de boyre,
Bon archiers, pour garder frontiére.
Centurion
A luy! enfans, faictes grant chiére,
Et puis hardiement vous dormés.
Noz mutins sont bien enformés;
8060 Ilz n'ont garde de faire bruyt.
Decurion
Ilz n'ont garde, pour ceste nuyt,
De revenir en ces cartiers.
Le premier Babilonien
Nous avons de bons prisonniers
Au mains pour mener en servage.
Le second ³ Babillonyen
8065 Nous gaignerons de grans deniers,
Puis que nous avon l'avantaige.
Le premier Babillonien *Fin* ⁴
Bevon d'autant et faison rage
A ce bon vin, tant comme il dure.
Le second ³ Babilonien *Fin* ⁴
Quant est de vin et de fourage,
8070 Nous en avons plus que mesure.

C : *De la prouesse de Abraham et la recouvrance de Loth.*
² A B portent simplement : *Ilz boyvent.* — ³ B : *Le II*ᵉ.— 805
C : *enfermez.* — 8065 B : *de bons deniers* ; — C : *force deniers*
— ⁴ *Fin* m. dans C. — Ce mot indique la fin d'un rôle. De
indications de ce genre sont rares dans les imprimés; on l
ajoutait à la main en mettant la pièce en scène, ainsi que nou
l'apprend B·. — 8067 C : *Beuvons.*

Chaynam
Or sus ! a chacun son armure.
Heber
Ouy.
Caynam
    Sus doncques ! tiron voye
Chemin secret, qu'on ne nous voye.
Suyvez moy ; je vous guyderay
Et droitement vous meneray   8075
Au lieu ou nous les trouveron.
Abram
Se Dieu plaist, nous delivreron
Loth, mon nepveu, d'entre leurs mains.
Chaynam
Essayer y fault pour le mains
Et en faire son plain devoir.   8080
Heber
Pour mourir, il le fault avoir
En quelque subtille façon,
Car, se en cest estat le lesson,
Vous le lessez la hart au col.
Chaynam
C'est bonne oppinion, Escol.   8085
Allon, a Dieu ; qu'i nous conduye !

Le premier Sodomite
Venu est en grant compaignye
Cordelamor saillir sus nous.
Le premier Gomorriste
C'est une grande dyablerie

8074 A : vons. — 8082-8083 C : *quelques subtilles façons... laissons.* — 8085 A C : *bon.* — 8088 C : *sur.*

8090 Qu'i nous a fallu fouyr tous.
            LE PREMIER SODOMITE
Ilz nous eussent tués de coups ;
Ils estoient six contre deux.
            LE PREMIER GOMORRISTE
Amraphel est avecques eulx,
Qui a tousjours grant exercite.
            LE PREMIER SODOMITE
8095 L'assault a esté dangereux,
Et puis ce sont gens rigoreux,
Que celle nacion mauldicte.

            HEBER
Or ne cheminon plus si vite,
Seigneurs ; pençon a nostre cas.
8100 Les voicy ; ilz dorment a tas
Et sont yvres comme pourceaux.
            ABRAM [1]
Departon nous en trois monceaux
Et saillon sus eux en trois pars,
Car ilz dorment et sont espars ;
8105 Nous les avons beau reveiller.
            CHAYNAM
Mieulx ne sçauriez conseiller.
D'une part vous vous tirerez,
Et de vos subjectz menerez
Une certaine quantité ;
8110 Moy je iray de l'autre costé
Une autre porcion mener,
Et mon frére Escol et Aver
De l'autre iront.

8096 C : rigoureux. — [1] C : Abraham. — 8104 Ilz m. dans A B

Abram [2]
J'en suys d'acort.
Or pençon donc de cheminer.

Ilz [3] les assaillent.

Chaynam
N'espargnon ne faible ne fort. 8115
Heber
A mort, ribaulx, a mort, a mort !
Vous avons nous trouvez icy ?
Abram [2]
Frapon a travers et a tort !
Cordelamor
Dyable ! que denote cecy ?
Chaynam [4]
Tués ! 8120
Cordelamor
Je me metz a mercy.
Decurion
Et moy aussi.
Centurion
Et moy aussi.
Abram [2]
Ou est mon nepveu ?
Decurion
Le voicy,
Sire. Vueillez nous pardonner.
Abram [2]
Vous le voulliez emmener
Captif au pays elamite, 8125
Mais il ira a l'opposite,
Car captifz vous emmeneron.

B porte simplement : *La delivrance de Lot.* — [2] C : *Abraham.* — [3] C : *Icy.* — 8115 C : *N'espergnons.* — [4] B : *Abram.* — 8024 C : *Vous le vouliez donc emmener.*

CORDELAMOR

Ce qu'il vous plaira nous feron,
Mais que nous ayon la vie franche.

ABRAM [1]

8130 Icy a monstré sa puissance
Le createur, je l'aparçoy,
Puis que, sans peine ne grevance,
J'ay fait de Loth la delivrance;
Cela me vient du bien de foy.

55 c

CORDELAMOR

8135 Abraham, je me rens a toy;
Fay a ta voulenté de moy;
Je suis ton serf, je le congnois.

ABRAM [2]

Sus! Heber, il fault une fois
Aller nuncer aux Sodomites
8140 Qu'ilz sont quittes aux Elamites
De leurs tribus.

HEBER

Sire, g'y vois.

CHAYNAM

Or jurez par vostre foy, roys,
Puis que vous estes noz captifz,
Que viendrez a noz appetiz
8145 Sans mettre aucune difference
Et monstrerez obedience,
Ou autrement nous vous lyeron.

CORDELAMOR

A vostre plaisir nous feron;
Point ne vous en fault deffier.

CENTURION

8150 Ja n'est besoing de nous lyer

---

[1] C: *Abraham*. — 8131 B: *aperçoy;* — C: *je le apperçoy*. —
8134 A B C: *soy*. — 8135 A: *Abram*. — 8136 C: *voulnté*. —
[2] *Abram* m. dans B; — C: *Abraham*. — 8141 C: *je y voys*.

Pour rebellement que façon ;
Se nous sommes mis a rançon,
J'espoir que nous la paieron bien.

Icy Heber parle aux Sodomites.
HEBER
Seigneurs Sodomites, je vien
Vous dire que facez grant chére 8155
Et ne craingnez plus la baniére
De Cordelamor Elamite,
Car il a eu de la poursuyte.
Present est en captivité,
Car Abraham l'a conquesté 8160
Maintenant et le tient captif.
LE PREMIER SODOMITE
O messagier consolatif,
Tu soyes le bien arrivé !
Cordelamor a donc trouvé
Son maistre, dont je suis joyeulx. 8165
LE SECOND SODOMITE
Aller nous fault au devant d'eux
Les recepvoir honnestement,
Comme dignes et vertueux.
LE PREMIER SODOMITE
Il y fault aller voirement.

55 d   MELCHISEDECH *commence*
Voicy quelque advertissement, 8170

---

¹ C : *De Abraham et Melchisedech.* — 8151 C : *Nous ne usons point de desraison.* — 8152 C : *Se sommes mis a raçon.* — 8153 C : *Espoir ay que la payerons bien :* — ¹ A B : *Il parle.* — 8158 A B : *Car il y a eu.* — 8160 A : *Abram.* — 8163 A B C : *sois.* — ¹ En tête du f. 66 r°, où commence cette scène, B* ajoute 9ᵉᵐᵉ *.xiiij.*

Qui donne resjouissement
Aux Sodomites maintenant;
Vela ung homme la devant
Qui leur a dit quelques nouvelles;
8175 Il me fault aller sçavoir quelles.
Je vueil bien sçavoir et ouyr
Qui les fait ainsi resjouyr,
Car ilz demainent grant lyesse.
   Le premier Sodomite
Aprochez, Melchisedech.
   Melchisedech
       Qu'esse?
8180 Ce messagier que a il porté?
   Heber
Je leur ay dit et raporté
Que Abraham a mys en servage
Cordelamor, qui en l'erbage
Loth, son nepveu, avoit ravy;
8185 Mais Abraham l'a poursuivy
Si bien qu'il a eu l'avantage,
Et l'a Abraham asservy.
   Melchisedech
Dieu soit loué de ce message!
Passeront ilz a ce passage?
   Heber
8190 Ouy, sire, c'est leur chemin.
   Melchisedech
Preparer je vois pain et vin,
Affin de leur en presenter,
S'il leur plaist icy arrester,
Affin qu'ilz soient confortez
8195 Des grans travaulx qu'ilz ont portez,
Car jamais on ne fait bataille

8180 A B C: *apporté.* — 8182 A B: *Abram.* — 8185, 8187 A: *Abram.* — 8186 C: *eu advantage.*

Que le corps d'homme ne travaille
Et endure beaucoup de peine ;
Par quoy, refection humaine
De pain et de vin delectable   8200
Leur est utile et prouffitable,
Si est droit que je leur en donne.

Le premier Sodomite

Abraham, divine personne,
Vous soyez le tresbien venu,
Qui l'honneur avez obtenu   8205
De guerre sus noz ennemys.

Abram [1]

Or merciez Dieu, mes amys,
Qui est le hault roy immortel,
Et non pas moy, qui suys mortel,
Et si mettez en voz memoires   8210
Que de Dieu viennent les victoires
Aux hommes.

Le premier Sodomite

Nous le croyons tel.

Chaynam

Vecy Cordelamor, le fel,
Que roy avez desavoué ;
Prins l'avon.   8215

Le second [2] Sodomite

Dieu en soit loué !
Fait nous avoit ung grant eschec.

Heber

Sire, vela Melchisedech,
Souverain prestre, qui attent

8197 C : *Que a ce l'homme fort ne travaille.* — 8203 A : *Abram.*
— 8206 C : *sur.* — [1] C : *Abraham.* — 8213 C : *Voicy.* — [2] B :
Le IIe. — 8217 C : *Voyla.*

A vous recepvoir et vous tent
8220 Pain et vin.
Abram [1]
Dieu luy vueille rendre!
Icy Melchisedech luy presente pain et vin.
Melchisedech
Pére Abraham, plaise toy prendre
Pain et vin, en passant ce lieu.
Abram [1]
Voulentiers, pour l'honneur de Dieu,
Pain et vin je recepveray
8225 Et a mes gens en donneray
Pour prendre leur refection.
Enfans, de la provision
A Melchisedech, le grant prestre,
En ce lieu nous convient repaistre;
8230 Chacun prengne boire et menger!
Melchisedech
Bevez, enfans, sans l'espargner
Pour Dieu!
Chaynam
Nous vous mercion, sire.
Tout le monde en avant se tire,
Et beuvon chacun une fois.
Melchisedech
8235 Presentez a boire a ces roys,
Cordelamor, qui fut cruel.
Abram [1]
Loué soit le roy eternel!
Voicy bon repas en la voye.
Or me monstrez toute la proye,
8240 Qu'en cest assault avon conquise.

---

[1] C : *Abraham*. — 8221 A B : *Abram*. — 8223 C : *Voluntiers*. — 8224 A C : *recepvray*. — 8231 C : *Beuvez, enfans sans l'espergner*.

A tel fin que je la devise
Aux prestres de noz sacrifices.
56 b   Abel presenta les premices
Par sacrifice legitime;
Je vueil presenter le decime,   8245
Comme je croy qu'il soit requis,
De tous les biens que j'ay conquis.
Melchisedech, prestre de Dieu,
Les dismes des biens de ce lieu
Je vous donne en oblacion.   8250

Melchisedech
Dieu sçayt vostre devocion,
Abraham; ce que vous donnez
C'est a Dieu que vous l'ordonnez,
Qui vous en a donné l'usaige.

Abram [1]
A Dieu puisse plaire l'hommaige   8255
Que luy fait son simple servant !
Heber, faictes tirer avant
Nostre peuple; il fault retirer
En nostre lieu pour labourer;
Icy avons assez songé.   8260

Chaynam
De vous, sire, prenons congé
Et des Sodomites aussi.

Heber
Loth, vous demeurerez icy
En la terre que avez choisye.

Loth
Je vueil y demourer aussi.   8265

8241 B : *cel fin;* — C : *A celle fin que la devise.* — 8244 B : *Pour.*
— 8246 C : *est requis.* — 8249 A : *de biens;* — C : *en ce lieu.* —
8252 A : *Abram.* — [1] C : *Abraham.* — 8258 C : *il se fault.* —
8259 C : *affin labourer.*

LE PREMIER SODOMITE
Loth, nostre amy, on vous en prie.
LOTH
Je tiendray une hostelerie
Dedens Sodome, la cité,
Ou en amour et charité
8270 Receveray tous estrangiers,
Pour l'amour de Dieu voyagiers ;
Ce sera ma solicitude.
MELCHISEDECH
Pour acquerir beatitude
Lassus au reaulme des cieulx,
8275 Loth vous ne povez faire mieulx
Que, comme le vray serviteur
De Dieu, le pére createur,
Loger la povre creature.
ABRAM
Mon nepveu, mettez vostre cure
8280 Envers Dieu ; il vous aydera.
Vous avez ma niepce Pierra ;
Mes deux niepces pareillement,
Vivez de bon gouvernement,
Comme Dieu vous enseignera ; *56 c*
8285 Gardez son sainct commendement
Et le merciés humblement
De telz biens qu'il vous donnera.
Melchisedech, il vous plaira
Prier Dieu pour nous, nostre maistre.
MELCHISEDECH
8290 A Dieu Abraham.
ABRAM
A Dieu, prestre ;
Retourner fault a nostre marche.

8274 B C : *royaulme*. — 8275 A : *en*. — 8276 C : *le bon*. — 8290 A B : *Abram*.

####### Melchisedech

O sainct et devot patriarche,
Tant tu es plain de grant vertu,
Qui sans frapper as combatu
Le tirant et son alliance! 8295
Tu as son orgueil abatu,
Sans que ton corps ayt consentu
Frapper coup d'escu ne de lance ;
Plain es de divine puissance,
Je n'en fais point difficulté, 8300
Mais en ay ferme congnoissance,
Car jetté as hors de souffrance
Loth, lequel y estoit bouté.

####### Dieu

Il me fait mal que humanité
Demeure en la necessité 8305
La ou Adam les obliga,
Qui du fruyt de vie menga,
Contredisant ma voulenté.

####### Justice.

Vous estes trop plain de bonté,
Sire ; trop avez de doulceur. 8310

####### Misericorde

Justice, que dittes vous, seur ?
Ne seriez vous point honteuse
D'estre ditte trop rigoreuse
Et trop rebelle en jugement,
De condamner si rudement? 8315

8297 A B : *ayt sentu*. — 8300 A : *je n'en point de difficulté ;* — B : *il n'y a point de*. — 8306 C : *obligea*. — 8307 B C : *mengea* — 8308 C : *volunté*. — 8313 C : *si rigoureuse*.

Dieu

Le procès est assez mené ;
J'ay le moyen determiné
Pour humanité rachatter,
Par ung enfant de vierge né,
8320 Digne, sainct, bien moriginé ;
Hors d'Enfer les feray jetter.

Justice

Se vierge faictes enfanter,
Comme vous povez, sans doubter,
Se le cas vous est agreable,
8325 De peché povez acquiter
L'homme, se le fruit veult porter
La peine, donc l'homme est coupable.

Dieu

J'ay mon filz.

Justice

Il est veritable,
C'est vostre filz, vostre semblable,
8330 Coequal en divinité.

Dieu

Pour combatre contre le Dyable,
Faire le vueil mon dissemblable
Par habit de mortalité.

Misericorde

Las ! esse necessité
8335 Que vous joingnez deité
Avec humaine nature
Et que vostre filz endure
Si fort par humilité ?

Dieu

Mon filz Jesus proprement
8340 Descendra soudainement,
Que Abraham adorera

8318 C : *l'humanité*. — 8341 A B : *Abram*.

Par divin inspirement,
Et luy monstrera comment
Ceste chose se fera.
Mon filz Jesus parlera, 8345
Qui homme se monstrera,
Et si croira fermement
Abraham que homme sera,
Et si luy annuncera
D'un enfant l'engendrement. 8350

MISERICORDE

Sire, c'est commencement
De prefigurer comment
Rachatterez les humains,
Que avez formez de voz mains.

DIEU

Pour monstrer ceste noblesse, 8355
Sarra, qui est en vieillesse
De quatre vingts et dix ans,
Toute pleine de foiblesse,
Ainsi que femme en jeunesse
Et en ses beaux jours plaisans 8360
Peult concepvoir des enfans,
Ung enfant concepvera ;
L'Ange luy annuncera,
Dont moult sera esbahye ;
D'esbahyssement rira, 8365
Et ce ris signifiera
Le nom de celle lignye.

Icy descend l'Ange.

8348 A : *Abram.* — 8362 A B C: *concepvra.* — 8365 A : *esbahyssiment.*

Abram

Dieu tout puissant, createur souverain,
Regarde nous de ton oeil tant humain.
8370 Formez nous as; nous sommes ton ouvrai[ge]
En ce monde nous labourons en vain,
Ma femme et moy; or sçais tu nostre train,
Nostre façon, condicion, couraige;
Nous ne povons croistre l'humain lignaige,
8375 Veu que sommes ja venus en vieillesse;
Tu congnoys bien que sommes hors d'aage,
Ma femme et moy; au besoing ne nous laisse.

Sarray

Hellas! Abram, je suis fort desplaisante
Que je ne suis plus forte ne puissante
8380 Pour concepvoir semence naturelle.
Le temps passé, j'estoye florissante,
Propre, gente, gracieuse, advenante,
Mais viellesse me tient dessoubz son esle,
Mon cher amy; pas ne suis dicte celle
8385 Qui escroistra le peuple, mais sterile
Suis appellée, et, quant je me voy telle,
Me resjouyr il m'est fort difficille.

Abram

Ah! Sarray, le treshault createur,
Seul Dieu regnant, eternel plasmateur,

C ici et plus loin : *Sarra.* — 8368 A : *souveraen*. — 8371 C
Nous labourons en cestuy monde en vain. — 8375 C : *Veu que
venus sommes ja.* — 8378 C : *Abraham.* — 8379 C : *et puissante*. — 8381 C : *je estoye.* — 8382 C : *Gente, propre.* — 838[3]
C : *Mais ja me tient vieillesse.* — 8385 C : *accroistra.* — 838[6]
A : *appelé.* — ²C : *Abraham.* — 8388 C : *Sarra.*

Sçait et congnoist tout nostre povre affaire ; 8390
Servir le fault tousjours du bon du cueur,
Le recongnoistre a prince et seigneur
Et, par ce point, ne povons nul mal faire.
Pour ce, m'amye tresdoulce et debonnaire,
Ne prenons point en nostre cueur couroux ; 8395
Nous suffise au Dieu du ciel complaire,
Car, s'il luy plaist, il nous pourvoira tous.

SARRAY

Mon cher amy, courtoys et doulx,
Vous povez congnoistre et sçavoir
Que je ne puis plus concepvoir, 8400
Veu l'aage, et jamais n'espére,
Moy vivante, que soyez pére
Appellé, si ne me croyez ;
Et pour ce, mon amy, oyez
Ma voulenté et mon plaisir. 8405
J'ay ung tressingulier desir
Vous bailler Agar, ma servante,
Qui est belle et bien advenante
En sa tendre fleur et jeunesse ;
Contente suis qu'el vous congnoisse 8410
Et que la congnoissez aussi.

ABRAM [1]

Vous me mectés en grant soucy,
Quant je vous escoute parler,
Qui permectez que puisse aler
A autre naturellement 8415
Comme a vous.

SARRAY

Pour l'acroissement
De l'humain lignaige, je vueil,

8392 C : *et a seigneur*. — 8396 C : *suffise nous*. — 8401 C : *ne espére*. — 8402 A B C : *vivant*. — 8405 C : *volunté*. — [1] C : *Abraham*. — 8414 A B : *promectez*.

Sans en avoir argu ne dueil,
Que a Agar vous soyez conjoint

ABRAM

8420 Puisqu'il ne vous en deplest point,
Aussi que en bonne intencion
Nous aurons copulation
Esperant de lignée avoir,
Pensez que feray mon devoir
8425 Selon ma possibilité.

SARRAY

Agar, il est necessité
Que facez le commendement
De Abram, mon ami.

AGAR, *chamberiére*

Seurement,
Ma treschiére dame et maistresse.
8430 J'acompliray a grant liesse
Vostre voulenté et plaisir.

SARRAY

Acomplissez tout son desir,
Obtemperez a sa demande;
Se quelque chose vous commande,
8435 Gardez vous bien de l'escondire.

AGAR

En rien ne vous vouldray desdire,
Mais, a vostre vueil, me submectre
Au plaisir de mon loyal maistre;
Je feray son commendement.

8421 C : *qu'en*. — 8427 C : *faciez*. — 8428 B C : *Abraham*. — 8431 C : *volunté*. — 8435 C : *De l'esconduyre gardez vous bien*. — 8436 C : *Desdire ne vous vouldray en rien*. — 8439 *Je m.* dans A B C.

Agar, *chamberiére* [2]
La haulte majesté parfaicte 8440
De Dieu regnant divinement
M'a regardé piteusement
De son oeil de misericorde.
Sarray
Et qui a il ? Que on le recorde,
Agar ; dictes lay hardiement. 8445
Agar
Je ne l'ose dire.
Sarray
Comment ?
Avez vous fait quelque meffait ?
Agar
Nenny, ma dame.
Sarray
En effect,
De me celer rien c'est simplesse.
Agar
Je suis ençainte, ma maistresse ; 8450
Je ne le vous puis plus celler.
Sarray
C'est Dieu qui nous veult consoller
Et nous oster dehors d'esmoy.
Quant mon mary n'a sceu de moy
Avoir lignée, j'ay bien voulu, 8455
Affin que ne luy fut tollu
Le droit de engendrer, qu'il allast

C : *Des reproches Sarra et de sa chamberiére Agar.* — [2] B. *Pause. Icy prent Abraham Agar et la maine en sa chambre. et puis dit Agar ;* — C : *Icy se monstre Agar comme ensaincte et dict en ceste maniére.* — 8440 C : *perfaicte.*— 8443 A : *oeil misericorde.* — 8444 C : *qu'on.* — 8456 C : *qu'il.*

A toy et te communicast,
Te faisant quasi ma compaigne.

AGAR

8460 Au moins ne suis je pas brehaigne
Comme vous.

SARRAY

Si Dieu t'a fait grace
De retourner vers toy sa face,
Veulx tu devenir orguilleuse?

AGAR

Estes vous desja despiteuse
8465 Pour ce que suis grosse d'enfant?
Par le treshault Dieu triumphant,
Pas n'y a tant de bien en vous;
Vostre mary tant bon, tant doulx,
Vous n'aymez point de bon couraige.

SARRAY

8470 Te appartient il me dire oultraige,
Et je t'ay si long temps nourrie?
Jamais je ne fus si marrie
Que je suis, ne si couroucée.

AGAR

Se monseigneur vous a lessée
8475 Pour me prendre, il n'a que raison,
Car en bien petite saison
J'ay conceu de lui, Dieu mercy,
Mais vous n'avez pas fait ainsi,
Qui vous est reproche et grant honte,
8480 Car quoy? Dieu ne tient de vous compte;
Par ce moyen vous le voyez.

SARRAY

Abram, quelque part que soyez,
Se je puis je vous trouveray!

8480 A : *Car quoy que;* — C : *Par quoy.* — 8482 B C :
Abraham.

Et tout au long lui compteray
L'injure que vous m'avez dicte. 8485
Agar
Je croy qu'estes de Dieu maudicte ;
57 d Je ne le vous vueil point celler.

Sarray
Hellas! bien me doy desoller,
Crier, soupirer et hault brayre!
Luy fait mon mary cecy faire? 8490
Je ne sçay. Hellas! il peut estre
Que en subjection me veult mettre
Et la retenir comme dame.
Mais touteffoys je suis sa femme ;
Je ne croy pas qu'il me habandonne, 8495
Car il est si saincte personne
Que les commendemens de Dieu
Observe et garde en chacun lieu ;
Sa voulenté j'é bien congnue.
Aucune fois l'homme se mue, 8500
Quant du faulx ange il est tempté.
Je luy ay de ma voulenté
Baillé Agar pour reposer
Avec lui ; de me deposer
De sa maison il auroit tort. 8505
O quel dueil! O quel desconfort
Est en mon cueur enrassiné!
S'il est contre moy indigné,
Jamais au cueur je n'auray joye.

8484 C : *vous compteray.* — 8485 C : *que m'a Agar dicte.*— 8487 *Le m. dans* A B. — 8489 A : *soupier.* — 8494 C : *Toutesfois si suis je.* — 8500 B : *Aucunesfois.*— 8502 C : *volunté.*

8510 Il me tarde que je le voye
Pour tout ce cas luy racompter.

ABRAM [1]
Il est temps de me transporter
Vers Sarray, la bonne dame,
Qui vit sans reproche et diffame,
8515 Servant Dieu, nostre createur.
SARRAY
Mon amy, Dieu vous doint honneur,
Sancté et parfaicte liesse !
ABRAM [1]
Dame remplie de toute humblesse,
Dieu vous gard de mal et couroux !
SARRAY
8520 Las ! mon amy permectez vous
Que Agar desormès me desprise ?
Pourtant, se en mon lieu je l'é mise
Affin que enfant peult concevoir,
Pour ce que je n'en puis avoir,
8525 Se doit elle mocquer de moy ?
Se n'est pas bien gardé la loy,
Mon amy, se luy faictes faire.
ABRAM [1]
M'amye, quant est de cest affaire,
Je n'en suis nullement coupable
8530 Et vueil qu'elle soit serviable
Comme el estoit au temps passé ; 58 a
Encor plus, s'el a offencé,
Je vueil que, sans remission,
Vous en facez pugnicion

8510 C : *que ne le voye*. — [1] C : *Abraham*. — 8513 C : *Sarra*. —
8517 C : *perfaicte*. — 8529 A : *nullement*. — 8531 A : *il*. — 8534
C : *faciez*.

Toute telle qu'il vous plaira. 8535
         Sarray
Jamais elle ne me dira
Injure qu'el ne s'en repente !
         Abraham [1]
El est chamberiére et servante,
C'est raison que de vous endure ;
S'elle vous dit quelque laidure, 8540
Si la pugnissez asprement.
         Sarray
Je vous remercye humblement,
Homme de vertus ennoby ;
Mise cuidoye estre en oubly ;
Mais j'aperçoy bien le contraire. 8545
A Dieu. Ne vous vueille desplaire,
Mon amy gracieux et doulx.
         Abraham
Je m'en vois tantost après vous
Et la, par maniére d'esbat,
J'apaiseray tout ce debat, 8550
A l'aide du doulx createur.

         Agar
Il m'est advis que monseigneur
Abraham me doit mieulx aymer
Que Sarray et estimer,
Que je suis femme naturelle. 8555
Non obstant que soye son ancelle
Et serviteure, touteffois
Tenir subjecte ne me doys,
Ainsi que je me suis tenue,
Puis que monseigneur m'a congneue 8560

8537 C : *que ne*. — [1] C : *Abraham*. — 8550 C : *Je appaiseray*. —
8554 C : *Que Sarra et aussi*.

Et hanté naturellement.
Voyre, de son consentement,
Je me tiendray encontre d'elle,
S'el me dit mot fiére et rebelle,
8565 Puis que je suis grosse d'enfant.
Sarray
Vous vous rebellés maintenant,
Agar, a l'encontre de moy;
Mais je vous prometz par ma foy
Que ung jour vous en repentirez.
Agar
8570 Et qu'esse que vous me ferez?
Je ne vous crains ne ne vous doubte.
Sarray
Ha! quelque chose que me couste,
Je te monstreray qui je suis,
Premier qu'i soit nuit, se je puis.
8575 Te monstre tu maintenant fiére?

Abraham
Qu'esse cy, nostre chambriére?
Voullez vous a vostre maistresse
Arguer? Esse par finesse
Que dessus elle entreprenez?
8580 Je ne veuil pas que dominez
Par dessus elle; c'est ma femme,
Qui doit estre maistresse et dame,
Et vous sa simple serviteure.
Sarray
Si veulx faire avec moy demeure,
8585 De tous pointz tu m'obeyras;

8564 C: *S'elle... fier.* — 8568 *Je m.* dans A C. — 8575 *Te m.* dans A; — C: *Monstre tu maintenant si fiére.* — 8583 A: *servante;* — C: *Et vous sa servante en toute heure.*

Touteffois que me desplairas,
Je tay puniray par rigueur.

AGAR
Que feray je pour le milleur?
Fault il que le vueil acomplisse
De Sarray et obeisse 8590
A son vouloir? Rien n'en feray,
Mais toute grosse m'en fuyray,
Puis qu'il fault que je me despite,
Par devers le païs d'Egypte,
Dont suis née; je m'y en voys, 8595
Non obstant que je ne cognois
Pour y aller chemin ne sente;
Mais on dit que mauvaise atente
Ne vault pas une bonne fuyte.

ABRAHAM
Agar me semble mal instruyte 8600
De se rebeller contre vous.
SARRAY
Par mon ame, mon amy doulx,
Vous luy avez trop fait d'honneur,
Quant vous, qui estes son seigneur,
L'avez congnue humainement. 8605
ABRAHAM
C'est de vostre consentement,
Dictes? Ne m'en reprochez rien.
SARRAY
Mon amy, je le congnois bien;
Ne vous troublez pour cest affaire;

8588 B C : *meilleur*. — 8590 C : *Sarra*. — 8607 B : *reprouchez;*
A B C : *en rien.*

8610 Il vault mieulx qu'il soit fait que affaire ;
Au moins plus ne serez mescreu
Que humain lignaige escreu
Ne soit par vous.

Abraham
Il est ainsi,
Sarray ; je suis, Dieu mercy,
8615 Joieux de cest acroissement.

L'Ange s'apparest a Agar.[1]
Ou vas tu si hastivement,
Agar ? De fuyr es hastive.
Agar
Saiche que je suis fugitive
Devant la face de ma dame,
8620 Et suis si troublée en mon ame
Que ne sçay quelle part je suis.
Reposée me suis près du puis,
Que tu vois, toute souppirante
Et d'avoir d'eaue desirante,
8625 Pour me rafrechir ung petit.
L'Ange
De fuyr n'ayes plus appetit ;
Reprens la voye, plus ne sejourne,
Et devers ta dame retourne ;
De luy obeyr tousjours pense.
8630 Je multipliray ta semence
Tant que on ne la pourra compter.
Ençainte es, point n'en fault doubter ;
Dedans bref temps enfanteras
Ung enfant, que tu nommeras,
8635 Par le vouloir Dieu, Ismael ;

8612 C : *bien creu*. — 8614 C : *Sarra*. — [1] *Icy l'Ange*. — 8627
A B : *setourne*. — 8631 C : *qu'on*.

Cestuy enfant sera cruel
Et sera sa main contre tous
Et tous contre lui.

AGAR
   Dieulx tresdoulx,
De ta parole suis pourveue.
Tu es le hault Dieu qui m'a veue   8640
Et visité; par quoy feray
Ton plaisir et obeyray
A ma dame et bonne maistresse,
Car je congnois que c'est simplesse
A moy luy faire quelque tort.   8645

  L'Ange s'apparest a Abraham.
Je suis Dieu tout puissant et fort,
Qui vueil desormès, en effect,
Abram, que soiez homme parfait,
Et si mettray mon aliance
Entre moy et toy sans doubtance   8650
Et si tresmerveilleusement
Te multipliray.
  ABRAM [1]
   Las! comment
Oseray je ta face digne
Regarder, puissance divine?
Force m'est de tomber par terre.   8655
  L'ANGE
Je ne te demande pas guerre,
Mais te vueil faire convenant
A ceste heure et dès maintenant;

8637 A : *mains.* — 8648 A C: *Abraham;* -- C: *perfaict.* —
[1] C : *Abraham.*

Par quoy doys estre consolé,
8660 Car pére seras appellé
De moult de gens. Tu changeras
Ton nom; plus nommé ne seras
Abram, mais porteras le nom
D'Abraham. De toy roys viendront;
8665 Avec moy convenance auront
Et alliance permanable.

ABRAHAM

D'ouyr voix si tresadmirable
Esbahy suis aucunement;
Mais je croy veritablement
8670 Que c'est la voix du createur.

L'ANGE

Je, qui suis ton maistre et seigneur,
Vueil a tes generacions
Convenances et pactions
D'amour, et, en ce tesmoignaige,
8675 Vueil desormès que ton lignaige
Soit circoncis. Tu le prendras,
Huit jours passez, et coupperas
Leur membre en signe de alliance
Que auray a eulx et congnoissance,
8680 Car le masle, qui ne sera
Circoncis, on le privera
De mon peuple.

ABRAHAM

J'acompliray
Ton vouloir et obeyray
A ta voulenté; c'est raison,
8685 Quant ma priére et oraison
N'est de ton oreille interdicte.

L'ANGE

Ta femme ne sera plus dicte

8674 Ce m. dans B. — 6884 C : volunté.

Sarray, mais tant seulement
Sarra, et si croys fermement
Que d'elle je te donneray 8690
Ung enfant, que beneyray,
Car roys, princes, seigneurs viendront
De luy, et grant peuple sauldront
D'iceulx, car il seront puissans.

ABRAHAM

Comment d'ung homme de cent ans 8695
Naistra il ung enfant, chier sire ?
Las ! je ne sçay que je doys dire
Et Sarra, qui en a nonante,
Sera elle encore puissante
De concevoir ? 8700

L'ANGE
Certes ouy.

ABRAHAM
Mon cueur je sens si resjouy,
Quant je pense sur cest affaire,
Que je ne sçay que je doy faire,
Fors louer Dieu tresvertuable.
Je m'en voys en mon tabernacle, 8705
La ou la chair me coupperay
Du membre, et circunciray
Tous enfans masles, c'est raison,
Qui habitent en ma maison,
Comme Dieu le m'a commandé. 8710

LE PREMIER SODOMITE
Quant j'ay bien partout regardé,
Il n'est que vivre a sa plaisance.

LE SECOND [1] SODOMITE
Ce point j'é tousjours concedé ;

8701 *Je m.* dans A. — 8704 A : *Fors que.* — [1] B : *Le II*.

Assez suis de ton alliance.
Le premier Sodomite
8715 Vivons sans loy, sans ordonnance.
Le second [1] Sodomite
Vivons sans rigle et sans compas ;
N'ayons plus en Dieu d'esperance ;
Faisons publiquement noz cas.
Le Premier [2]
Je ne demande que debas.
Le Second [1]
8720 Si ne fais je, je vous asseure.
Le Premier
Nous prenons singuliers esbas
D'acomplir l'euvre de luxure.
Le Second
Nous y allons contre nature
En plusieurs diverses façons,
8725 Et pechons avec les garçons
Plus tost que avecques les fillettes.
Le Premier [2]
Nos euvres sont si manifestes
Que chacun en a congnoissance.
Le Second [1]
Oultre plus, d'orgueil et bobance
8730 Nous en sommes maistres passez.
Le Premier [2]
D'argent nous en avons assez
Et trop ; cela nous admonneste
D'acomplir le peché de inceste ;
Se nous est passe temps joyeux.
Le Second [1]
8735 Nous sommes si luxurieux
Que, par nos façons inutiles,
Aymons mieulx les garçons que filles,

---

[1] B : *Le IIe Sodomite*. — [2] B : *Le Ier Sodomite*.

Supposé qu'il soit deffendu.
Le Premier
Deffendu ? C'est mal entendu.
Veulent ou non les malcontens, 8740
Nous y passerons nostre temps,
Car a cela prenons plaisance.

Justice
Vengeance, vengeance, vengeance
Vengeance dessus ses infames !
Qu'ilz soient pugnis en corps et ames ; 8745
Deservy ont damnacion.
Misericorde
Ne faictes pas pugnicion
Selon ce qu'ilz ont offencé.
Justice
Leur mauldict vouloir incensé
Les met en erreur vehemente ; 8750
Leur nature ne se contente
D'avoir le sexe feminin,
Mais se joignent au masculin,
Qui est ung peché diffamable,
Plus infait que celui du Dyable, 8755
Qui trangressa vostre vouloir.
Misericorde
Justice, vous devez sçavoir
Que la chair est fresle et debile
Et l'homme aussi de soy fragile ;
Cela aucun petit l'excuse. 8760
Justice
Sur ce point vous estes confuse
Et n'y sauriés arguement
Mettre, qui servist nullement
A les sauver.

Dieu
Sans tenir plet,
8765 Leur peché si fort me desplest,
Veu qu'il n'y a raison ne rime,
Qu'ilz descendront tous en abisme,
Tant que leur sexe finera.
Misericorde
Helas ! hault juge, perira
8770 Loth avec toute sa sequelle ?
Dieu
Annuncer la dure nouvelle
Luy feray, affin qu'il s'en parte
Hors de la cité et s'escarte,
Car la fouldre du ciel viendra,
8775 Qui les cinq cités confondra
Et la ou sont leurs beaux demaines,
Une eaue venimeuse sourdra,
Qui jamais rien vif ne prendra
Pour les creatures humaines,
8780 Car les faultes sont si villaines,
Si horribles, si inhumaines
Qu'on ne les sçaroit condampner,
Selon raison, a mendres peines
Que de les confondre et damner.
Justice
8785 Vueillés donc sentence donner,
Selon ce qu'ilz ont offencé.
Misericorde
Peuple, vueilles toy retourner
Vitement, sans plus sejourner,
Ains que l'arrest soit prononcé !
Dieu
8790 Premiérement sera nuncé

8770 B : *et toute*. — 8774 C : *descendra*. — 8782 B C : *sauroit*.
— 8783 A B : *mendre*.

XVI COMMENT ABRAHAM VIT TROIS ANGES [1]

A Abraham et a Sarra
Conjointement qu'el portera
Enfant par generacion,
Dont moult elle s'esbahira ;
Ce de Jhesus figurera   8795
La digne annunciacion,
Ou, par grant stupefaction,
La vierge qui parler orra
L'Ange en salutacion,
Parlant de l'incarnacion,   8800
Moult esbahie se trouvera.
Abraham troys anges voirra,
Des quelz ung seul adorera,
Voyant spirituellement
Celuy Dieu qui l'homme fera   8805
Et les humains rachatera
De la chartre de dampnement.

Il fault que les Anges soient tous prestz pour se monstre [2] a Abraham mais qu'il soit assis.

ABRAHAM
Tous mes enfants entiérement
J'ay circonciz, loué soit Dieu ;
Reposer me voys en ce lieu,   8810
Gardant du tabernacle l'uys ;
Autre chose faire ne puis,
Si non a repos me tenir.

Dieu, qu'esse que je voys venir ?
Ce sont trois hommes vertueux ; 8815

---

[1] A C aj. : *et en adora ung seul ;* — B : *et en adora ung.* — 8792 C : *que portera.* — 8802 C : *verra.* — 8806 B C : *rachetera.* — [2] B : *monstrer.*

Aller me fault au devant de eulx,
Pour humblement les honnorer.
L'un voy que je doy adorer;
C'est mon vray Dieu, je l'ay congneu.

Il¹ se agenoulle.

8820 O sire, bien soyes tu venu
En terre visiter les lieux !
Se j'ay trouvé devant tes yeulx,
Par ta misericorde, grace,
Je te supplie, point ne passe
8825 Le tabernacle a ton servant,
Qu'il ne te plaise ou paravant
I prendre ta refection.

L'ANGE

Va faire preparacion
Pour nous, ainsi que tu entens,
8830 Abraham ; nous sommes contens
D'obtemperer a ta requeste.

ABRAHAM

Sarra, vitement qu'on apreste
Tout cella qui est convenable !
M'amye, qu'on mette la table,
8835 Puis qu'il a pleu a mon seigneur
De me faire ennuyt cest honneur,
Qui est grant et incomparable.

Ils sont assis et fault qu'il ayt ung arbre garny de fruyt.

SARRA

Soubz ce bel arbre delectable,
S'il vous plest, vous reposerez
8840 Et vous refectionnerez
Des biens les quelz Dieu nous envoye.

¹ C : *Icy.* — 8826 C : *au.*

Abraham

Or doy je bien avoir grant joye,
Quant a Dieu plaist que je le voye
Une foys en mon tabernacle.
Icy est venu par miracle, 8845
Comme couvert de humanité,
Prefigurant par charité
Que humanité rachatera
En habit de mortalité,
Donc sa deité couvrira. 8840

L'Ange

Sa, Abraham, ou est Sarra,
Ta femme?

Abraham

    Sire, la voicy
Ou tabernacle.

L'Ange

        Entens cecy.
A tel jour qu'il est maintenant,
Dedans ung an prochain venant, 8855
Ta femme ung beau fils ayra.

Sarra

Qu'esse cy? Que Dieu me fera
Enfanter, qui suis si hors d'aage?
Que je puisse porter lignage?
C'est ung grant esbahyssement, 8860
Car monsigneur pareillement
Est vyel et a moy plus ne vient,
Ce que a femme de droit convient.
Je ne sçaye que cecy veult dire.

L'Ange

Ne ay je pas ouy Sarra rire? 8865
Pour quoy esse? Fait elle doubte

Seul m. dans B. — 8846 C : d'humanité. — 8848 C : racheptera.
— 8856 A : Ta femme Sarra; — C : aura.

Que Dieu ne ait pas puissance toute
Et que sa voulenté ne face ?
SARRA
Helas ! sire, sauf vostre grace,
8870 Pardonnez moy ; je n'ay pas rys.
L'ANGE
Si as, Sarra, et, pour ce rys,
Celuy enfant que porteras
Isaac, filz de rys, nommeras ;
Plus ne t'en dy, mais sans doubter,
8875 Soyes bien seure d'enfanter,
Comme je te ay dit en ce lieu.
SARRA
Soit fait le plaisir de mon Dieu !
Du contraire ne vueil parler.
L'ANGE
Abraham, il nous fault aller
8880 Vers Sodome ; viens nous conduyre
Ung peu de temps.
ABRAHAM
            Voulentiers, sire ;
Tresbien vous serez convoyez.
L'ANGE
A Dieu, Sarra.
SARRA
           A Dieu soyez,
Sire, et vostre compaignie !

8885 Mais puis je bien avoir lignye
Encore ? Il seroit fort estrange ;
Si croy je que ce soit ung Ange,
Qui me l'est venu annuncer.
Pour vray, je ne sçay que penser

---

¹ B : *De Abraham et de Sarra*. — 8868 C : *volunté*. — 8881 C *voluntiers*.

　　　　Si non croyre en Dieu fermement, 8890
　　　　Qui peult tout generallement,
　　　　Et ne luy est rien difficille.

　　　　　　　Abraham
60 b　Tantost seron près de la ville
　　　　De Sodome
　　　　　　　L'Ange
　　　　　　Voire, Abraham.
　　　　Voycy pour eulx ung divers an, 8895
　　　　Veu ce qui leur est advenir.
　　　　Je ne me puis plus contenir,
　　　　Que a Abraham tout ne desclaire,
　　　　Qui sera de plusieurs gens pére,
　　　　Et seront en lui beneyes 8900
　　　　De la terre toutes lignyes.
　　　　Je sçay bien que a tout son lignaige
　　　　Qu'il commandera comme saige
　　　　Servir Dieu et vivre sans vice,
　　　　Garder equité et justice, 8905
　　　　Affin que Dieu pour luy amaine
　　　　A la pouvre nature humaine
　　　　Tout ce de quoy il a parlé.
　　　　Plus ne luy sera rien cellé.

　　　　Anges, vous vous divertirés 8910
　　　　Et aux Sodomites irés
　　　　Executer nostre sentence,
　　　　Et faictes faire diligence
　　　　De habandonner toute la place.
　　　　　　Ceraphin *commence*
　　　　Ange du conseil, plain de grace, 8915
　　　　Vray fils de Dieu, puis qu'il vous plaist,

8897 *Me* m. dans C. — 8900 C : *benyes.*

Executer allon l'arrest
Du parlement irrevocable.
           URYEL *commence*
Region du pais miserable,
Ou sont cinq tant belles cités,
Terre fertille, delectable,
Ou biens croissent de tous costez,
Fault il pour vos iniquitez
Que le createur de ce monde
Si grandement vous despitez
Que c'est force qu'il vous confonde ?
           CERAPHIN
Cité n'y aura qui ne fonde,
Et sourdra une eau villenable,
Qui couvrira tout en la ronde,
Appellée la Mer du Dyable.
           L'ANGE
Abraham, il est veritable
Que le peché des Sodomites
Et des quatres cités petites
A crié contre moy vengence.
Force est qu'elles soient destruistes,
Confondues, perdues, mauldictes,
Sans jamais avoir recouvrance.
           ABRAHAM
O haulte et divine puissance,
Est il aucune penitence
Pour la quelle leur pardonnez ?
           L'ANGE
Nenny, car trop sont obstinez ;
Force est qu'ilz soient confondus ;
Assez les avons attendus.
Justice ne peult endurer,

---

1 B ne donne pas la suite du titre ; — C : *De Abraham et de l'Ange.* — 8937 A : *quelque recouvrance.* — 8941 A : *soit.*

Ne plus longuement differer 8945
Que tous ne les face confondre.
Abraham
Comment, sire, ferez vous fondre
Le bon et les mauvais ensemble?
Pas ne seroit droit, ce me semble;
Trop seroit justice cuysante. 8950
L'Ange
Se en Sodome il y a cinquante
Bons ou milieu de la cité,
Le demourant est respité;
Ce leur fera grace donner.
Abraham
Plaise vous de me pardonner, 8955
Sire, qui escouté m'avez
Avecques vous sans sermonner
Et en rien ne me reprouvez.
Ce quarante cinq en trouvez
Justes, aultres faisans desroys, 8960
Pour ceulx la seront ils sauvez?
L'Ange
Je l'acorde.
Abraham
Encore une foys
En rabessant demander voys.
Sire, si quarante y estoient,
Qui bons et loyaulx trouvez soient, 8965
Pour ceulx la que feriez vous?
L'Ange
Encor pardonneroys je à tous
Et aurois de leur fait mercy.
Abraham
Et pour trante?

8947 A B: *Comme.*

L'Ange
Pour trente aussi.
Abraham
8970 Et pour vingt.
L'Ange
Je les sauveroye.
Abraham
Et pour dix, sire ? 60 d
L'Ange
Tout ainsi,
Quant dix justes j'en trouveroye.

Icy s'esvanouyssent les Anges et ne sçait Abraham qu'ilz deviennent.

Abraham
Plus que demander ne sçaroye ;
Je cuyde qu'il n'y en ayt nulz.
8975 Qu'esse cy ? Que sont devenus
Ceulx a qui maintenant parloye ?
Ce sont Anges, c'est chose vraye,
Qui sont apparus en ce lieu
Et mesme le vray filz de Dieu,
8980 Qui veult premonstrer par figure
Qu'il doit prendre humaine nature ;
Je le presuppose en ce point.
Homme sembloit de pourtraiture ;
C'estoit il, je n'en doubte point.

Loth
8985 Pierra, avez vous mis a point

---

[1] B : *Comment Abraham vit trois anges et en adora ung.* — 8973
B C : *sçauroye*. — 8982 C : *suppose*.

Les lis pour les passans logier,
Affin, s'il passe ung voyager,
Qu'il soit reçeu honnestement?
PIERRA *commence* [1]
Ouy; j'ay des lis largement;
Viennent tant comme a Dieu plaira, 8990
Voulentiers on les logera
Au mains mal que nous pourrons faire.
LOTH
Vers la porte me vueil retraire
Voir se personne arrivera,
Qui, se peust estre, ne sçayra 8995
Ou aller logis demander.
PIERRA
C'est bien dit; allés regarder
Et, si vient rien, si l'amenez;
Mais ne vueillés guérez tarder;
Le vespre vient, tost revenez. 9000

CERAPHIN
O gens a la mort condamnez,
Present est venu vostre fin!
URIEL
A la mort sont habandonnez
Par le grant parlement divin.

LOTH
Je voy icy, sus ce chemin, 9005
Deux enfants mout fort gracieux;
Je m'en voys au devant, affin
Que puisse parler avec eulx.

Commence m. dans B. — 8991 C : *voluntiers*. — 8993 B : *me vois*. — 8995 C : *sçaura*. — 9006 A : *mont*.

Il semble deux Anges des cieulx.
9010 Qui les amaine ceste part ?
Mes beaux jouvenceaux, Dieu vous gart !
Qui vous amaine ce cartier ?
Ceraphin
D'y venir nous avons mestier ;
Point ne sçariés encor pour quoy.
Loth
9015 Vous vendrés loger avec moy,
S'il vous plaist, et je vous en prie,
Combien que le lieu ne soit mye
De trop grande magnificence.
Uriel
Loth, nous prendron la patience
9020 Ou milleu de celle cité.
Loth
Sauf vostre grace, en verité,
Vous viendrés dedens ma maison,
Car il pourroit adversité
Vous venir ; ce n'est pas raison.
Ceraphin
9025 Or bien donc, que nous y voison
Et que par vous soion pourveuz !
Loth
J'ay des bien de Dieu a foueson ;
Nous ne seron point despourveuz.

Le premier Sodomite
Qui sont ces enfans que j'ay veuz
9030 Venir en la maison de Loth ?
Le second¹ Sodomite
Sus, sus ! Il ne fault dire mot,

9015 BC : *viendrés*. — 9025 C : *Or bien donc allons de ce pas* —
9027 C : *J'ai des biens ; je n'y fauldray pas.* — ¹ B : *Le II*ᵉ.

Se nous les voulons bien ravir.
Le premier Sodomite
Secrétement se fault chevyr ;
C'est droictement ce qu'il nous fault.
Le second Sodomite
La maison fault prendre d'assault 9035
Et l'asaillir tout a l'entour.
Le premier Sodomite
S'il ne les baille par amour,
Il luy fault monstrer qu'il a tort.
Le second Sodomitte
Point ne fault jouer d'autre tour
A Loth que le livrer a mort. 9040
Le premier Sodomite
Son huys est clos.
Le second Sodomite
      Il doubte fort,
Mais toutesfois, vaille qui vaille,
Bien sera resveillé, s'i dort,
Se les jouvenceaux ne nous baille.
Le premier Sodomite
Allon luy livrer la bataille 9045
En sa maison de toutes pars
Et que a tuer on ne le faille,
S'il ne baille les petis gars.
Le second Sodomite
Prenon javellines et dars ;
Du premier sault l'uys abaton. 9050
Le premier Sodomite
Or ne soyons pas si coquars
D'y aller sans nostre baston.
Le second Sodomite
Si fault il parler a bas ton,

C : *en fault*. — ¹ B C : *Le II*ᵉ. — 9050 A B : *luy* ; — C : *batons*. — 9052 C : *sans aucuns bastons*.

Qu'ilz ne tiennent la maison forte.
Le premier Sodomite
9055 Holla !
Loth
Qui est la ?
Le premier Sodomite
Ouvre la porte
Vitement et le vien sçavoir.
Loth
Qu'i a il ?
Le premier Sodomite
Nous voullons avoir
Ces enfans que ceans as mis.
Loth
Non aurés ; je leur ay promis
9060 Les garder a mon asseurance.
Le second [1] Sodomite
Améne les tost et te avance,
Ou il y aura du debat.
Le premier Sodomite
Rien ne fera, s'on ne le bat.
Sus, sus ! il se fault abregier.
Loth
9065 Les enfans sont en mon dangier ;
Je les garderay par ma foy.
Le second [1] Sodomite [2]
Et vien ça, villain estrangier ;
Reculles tu ? Dy nous pour quoy.
Le premier Sodomite
Sans plus dire, despeche toy ;
9070 Incontinent trousse tes quillez.
Loth
Or je vous diray, j'ay deux filles,

---

[1] B : *Le IIe* ; — C : *Le IIe second*. — [2] A C, par une erreur dente, ajoutent ici : *Fin*. — 9070 A : *Iicontinent*.

Autant vierges que onc femmes furent,
Car jamais homme ne congnurent;
Se vous les voullez violler,
Prenez les et laissiés aller 9075
Les enfans que ceans je tien.
Le segond¹ Sodomite
En effect nous n'en ferons rien;
Les enfans nous serons rendus.

Pierra
Las! enfans, vous estes perdus.
Ses villains bougres, ors, infames 9080
Vous veullent prendre comme femmes.
Vella Loth qui combat a eulx
Et veult ses filles toutes deux
Bailler pour vous lesser aller.
Ceraphin
Villains, pencés de reculler! 9085
Loth, entrés en vostre maison.

Le premier Sodomite *Fin*.
Que, Dyable, esse que nous faison?
Ou est l'uys? Aucun ne s'i boute.
Le segond¹ Sodomite *Fin* ²
Ou est l'uys? Je ne le voy goutte;
Il y a de l'abusement. 9090
Le premier Sodomite *Fin* ²
Recullon ung peu; je me doubte
Qu'il n'y ait de l'enchantement.

9072 C: *que femmes.* — ¹ B C: *Le IIe.* — 9082 C: *Voyla.* —
² *Fin* m. dans C. — 9092 A: *l'anchetement.*

Uriel

Loth, il te fault ligiérement,
Toy et les tiens, hors la cité
9095 Partir, car c'est necessité.
Nous sommes mesagiers de Dieu,
Qui venon destruyre le lieu.
Despeche toy, pren le chemin,
Car tu voyrras, a ce matin,
9100 Confondre tous les Sodomites.

Pierra

Las! est vray cela que vous dictes?
Qu'esse que faire l'en pourra?

Ceraphin

Despechiez vous, dame Pierra;
Il ne fault plus icy tarder
9105 Et si gardés de regarder
Desriére vous en cheminant.

Pierra

Faut il partir?

Uriel

Tout maintenant,
Se ne voullés avoir reproche.
Despechés vous; le temps se approche
9110 Que ung jugement vendra soudain.

Ceraphin

Fuyez contre mont ceste roche,
Loth; a coup baillés sa la main.

Il les prent par la main et les chasse, puis vient le feu tout soudain.

9099 C : *verras*. — 9101 A : *voue*. — 9102 C : *l'on*. — 9110 C : *viendra*.

Loth

O Dieu puissant et souverain,
Je voy le souleil qui se matte
Et que la fortune se haste ; 9115
Nous sommes partis bien a point.

Icy fondent les cinq cités.

Ceraphin

Allés et ne regardés point
Derriére vous aucunement.

Pierra

Estonnée suis tellement
Que je ne puis aller avant ; 9120
Mais que je soye icy devant,
Ung petit je me arresteray
Et aucun pou regarderay
Ce qui sera desriére nous.

Loth

Pierra, m'amye, hastez vous, 9125
Car je voy les flambes esparses ;
Toutes les cités seront arses,
Se Dieu n'en prent quelque mercy.

Pierra   *Fin* [1]

Il me fault arrester icy,
Et deveroye estre gastée. 9130

Elle regarde et demeure pierre de sel.

Loth

Ceste femme est arrestée,
Mais je ne feray pas ainsi ;
Morte est ou a le cueur transsi
Quant derriére elle a retardé.
J'ay doubte qu'el n'ayt regardé 9135

9114 C : *soleil*. — 9123 C : *peu*. — [1] *Fin* m. dans C. — 9134 B : *regardé*. — 9135 A : *elle*.

Desriére elle la chose estrange,
Contre l'enseignement de l'Ange,
Et qu'el n'ayt eu quelque fortune.
En effect, elle en a aucune,
9140 Mais je n'y retourneray pas ;
Plus tost m'en yray pas a pas
En quelque lieu me retirer.
Dieu me doint trouver bon trespas,
La ou je puisse demourer !

ABRAHAM

9145 Dieu m'avoit bien dit que endurer
Ne povoit plus la villenye
Et les pechés de Sodomye ;
Bien sont pugnis diversement ;
La flamble du ciel est partie,
9150 Qui a en chacune partie
Tout bruslé generallement.
Desplaisant en suis grandement ;
Encore principallement
De mon nepveu Loth ; on ne sçait
9155 Se perdu en la flamme soit,
Ou se Dieu l'a point adverty
Que devant le fait fust party.
S'il est eschappé de la place,
Dieu luy doint, par sa saincte grace,
9160 Trouver lieu qui soit convenable !

SARRA
Abraham, chose veritable,

---

[1] B : *L'Enfantement Sarra*. — 9138 A : *elle*. — 9150 A m. dans A B C.

Je suis d'enfant tout vif ençainte;
Pour tout certain ce n'est pas fainte;
L'Ange ne me disoit pas fable.
Abraham
O Dieu pitoyable,
Qui tant amyable
Te monstres vers nous,
Tant benin, tant doulx
Et tant favorable,
Prince insuperable,
Juge incomparable,
Hault roy triumphant,
Du don de l'enfant
Qu'a conceu Sarra.
Mais qu'il soit vivant,
Comme vray servant,
Ton plaisir fera.
Elle enfentera,
Et nourry sera
L'enfant, s'il te plaist;
Bien le devera,
Qui figurera
Cela que dit est.
Sarra
Le terme sera tantost prest,
Abraham, que doy acoucher.
Abraham
A joye vous en doint despescher
Le Dieu, qui en nostre viel aage
Nous a donné cest advantaige.
Sarra, mès que l'enfant soit né,
Que le hault Dieu nous a donné,
Nourrir le fauldra et instruire
A Dieu servir.

9188 C : ceste.

Sarra
Il est vray, sire,
Mais il fault attendre le temps.

Abraham
Agar, ainsi comme j'entens,
9195 Vela vostre dame Sarra
Qui en bref terme enfantera;
Faictes luy comme bonne ancelle,
M'amye, et pensez bien d'elle;
Vous en aurez bien et honneur.

Agar
9200 Ainsi feray je, mon seigneur,
Mais, ou nom de Dieu, je vous prie
Pourtant, s'elle apporte lignye,
Que ne regettez en arriére
De moy, vostre humble chamberiére,
9205 Ismael, que engendré avez.

Abraham
De cela doubter ne devez
Que l'enfant tousjours mien ne tienne,
Quelque lignage qui me vienne;
Il est mien; je l'ay engendré,
9210 Et pourtant je l'entretiendré
Comme mien; n'en faictes pas doubte.

Agar
Las! je crains qu'on ne le deboute,
Quant ma dame enfanté ayra.

Abraham
Non fera, m'amie, non fera;
9215 Point de peur n'en devez avoir.

9195 C : *Voyla*. — 9201 C : *au*. — 9209 C : *en vous l'engendray*. — 9211 C : *Certainement et n'en faictes pas doubte*. — 9213 C : *aura*. — 9215 C : *paour*. — 9221 C : *volunté*.

Allez, faictes vostre devoir
Et de cela ne dictes rien.
####### AGAR
Sire, j'en penseray tresbien,
Mès que son terme soit venu ;
Puis que le cas est advenu, 9220
C'est par divine voulenté.

####### SARRA
Pleust a Dieu que j'eusse enfanté !
Je crains mon travail estre fort.
####### AGAR
Madame, prenez reconfort ;
La douleur tost se passera. 9225
Se Dieu plaist, il vous aydera,
Combien que c'est ung grant danger.
####### SARRA
Je sens bien mon terme abreger
Et de mon traveil les undées,
Qui en mon corps sont habondées. 9230
S'il fault que meure en enfantant
Et que ne voye point l'enfant,
D'autre chose n'auray regret.

Il fault ung lit de camp[1], *ou Sarra enfantera.*

62 c ####### AGAR
Tirez vous en vostre segret,
Ma dame, se le mal vous touche, 9235
Et vous mettez sus vostre couche,
Car plus aise vous y serez.

9224 A : *prnez*. — 9229 B : *travail*. — 9232 C : *Et que ne voye point l'enfant, tant*. — [1] A : *cam*. — 6234 C : *secret*. — 9237 C : *en serez*.

Sarra

Bien, m'amye, vous me ayderez,
Car je craing la douleur terrible.

Agar

9240   En tout ce qui sera possible,
Ma dame, servie serez,
Mais il fault que vous endurez
Ung peu de mal qui vous vienra.

Abraham

Il me semble advis que Sarra
9245   Travaille; Dieu, par sa puissance,
Luy envoye bonne delivrance !
J'ay grant desir que l'enfant voye,
Qu'elle en soit delivrée a joye,
Et de corps en bonne santé.

Il fault ung enfant nouveau né.

Agar

9250   Sire, ma dame a enfanté
Ung beau filz ; qu'en voullez vous faire ?

Abraham

M'amye, il est necessaire
Que, a huit jours d'icy, circuncis
Il soit et son prepuce incis,
9255   Selon la divine ordonnance.
Que on baille a l'enfant sa substance,
Comme vous en sçavez la sorte,
Puis, a ce jour, qu'on le m'apporte

9238 A : *ma.* — 9240 C : *qu'il.* — 9243 C : *viendra.* — 9245 A :
Travail!. — 9258 C : *me l'apporte.*

     Pour le circuncir ; puis, après,
     Nourry sera et par exprès   9260
     Instruit en la divine foy.
        AGAR
     C'est ung bel enfant par ma foy,
     Le plus beau qu'on sçaroit des yeulx
     Voir en ce monde.
        ABRAHAM
           Tant vault mieulx,
     Car, s'il est de belle figure,   9265
     J'espoir qu'il soit bon de nature.
     Allez et bien le gouvernez.

        AGAR
     Ismael, mon enfant, venez
     Voir vostre frére par lignage,
     Issu de loyal mariage ;   9270
     Se jamais il n'eust esté né,
     L'honneur vous estoit assigné
62 d   De patriarche après le pére.
        ISMAEL
     Vous dictes vray, Agar, ma mére ;
     De ce droit j'eusse esté doué,   9275
     Mais touteffois, Dieu soit loué
     Que ainsi soit ; quant c'est son plaisir,
     Je n'en auray nul desplaisir.
     Mais que Sarra, la souveraine
     Par sus vous, ne m'en ayt en haine,   9280
     Je suis bien content de a gré prendre
     Et de estre serviteur au mendre,

9263 B C : *sçauroit*. — 9266, 9267 C :
   Espoir ay qu'il soit de nature
   Bon ; or bien le gouvernez.
— 9269 C : *de lignage.* — 9271 C : *il eust.* — 9275 C : *je cusse.*

Pourveu qu'on ne me face tort.
Agar
Tousjours auras quelque support
9285 Du pére, qui me l'a promis;
Tu es l'un de ses grans amys
Et, ainsi comme il appartient,
Pour son vray enfant te retient,
Non pas en mariage né.
Ismael
9290 C'est droit que l'honneur soit donné
Aux enfans qui sont legitimes;
Ilz sont sus les autres sublimes
Selon droit et selon la loy;
La cause est patente pour quoy
9295 Ils doivent avoir cest honneur.

Sarra
Agar, ou est vostre seigneur?
Cest enfant a huit jour passez;
Il luy fault porter; c'est assez
Pour le temps de le circuncire.
Agar
9300 G'i voys, ma dame.

Tenez, sire;
Vostre fils a passé huit jours
Pour le circuncire.
Abraham
C'est le cours
A ce faire de Dieu prefix.
Agar, baillés moy ce beau filz,
9305 Le quel selon la loy divine
Je circonciray, pour le signe

---

1 B : *Abram*. — 9287 C : *appertient*.

Porter de federacion.
AGAR
Faictes la circoncision
Ainsi, sire, qu'il vous plaira.

Icy Abraham circunsist Ysaac

Le vray filz de Dieu le sera, 9310
Qui la loy de Dieu ordonnée
En soy mesmes acomplira,
63 a   Tout ainsi comme i l'a donnée.
AGAR
Trop seroye mal fortunée
Qu'on chassast mon enfant et moy 9315
Pour cestuy Ysaac que je voy,
Né selon l'ordre maritale.
Mal me fera s'on me ravalle,
Et me seroit grant villennye
Que du tout fusse forbanye 9320
Des grans honneurs que j'ay passez.
ABRAHAM
Tenez, Agar, pour Dieu, pensez
De cest enfant, qui est tant bel,
Il croistra, et puis Ismael,
Son frére, l'acompaignera. 9325
AGAR
Sire, bien gouverné sera
L'enfant; n'en faictes nulle doubte.
ISMAEL
J'ay grant peur qu'on ne me deboute
Pour Ysaac; j'ay grant soucy
Que une fois n'en advienne ainsi. 9330
La povreté me seroit grande ;
Au hault Dieu je me recommande,
Qui tousjours m'a tenu en grace ;

9328 C : *paour.*

Au moins que pas on ne me face
9335 Tout le pire que l'en pourra.

Sarra

Or suis je la povre Sarra,
Qui jamais ne considera
Avoir enfant en ces vielz ans,
Mais mon cueur se resjouyra.
9340 Dieu mercy, plus on ne dira
Que je n'aye eu des enfans,
Vieille je suis et doulleureuse,
Mais, par euvre miraculeuse,
A quatre vingts dix ans passés
9345 J'ay conceu, comme bien eureuse,
Le fruit donc je seray joyeuse.
Je n'ay eu que ung filz, c'est assez.
J'ay mon premier filz enfanté
Par la divine voulenté,
9350 Qui a corroboré nature,
Dont mon honneur sera monté,
Et plus en la communité
N'auray de brehaine l'injure.

Agar

On dit bien vray que nourriture
9355 Passe aage, et aussi fait elle,
Et qu'il soit vray, la chose est telle
Par Ysaac, qui est devenu
Ja grant, par estre entretenu
De nourriture convenable.
9360 Bel enfant est et amyable ;

9342 B C : *douloureuse*. — 9349 C : *volunté*. — 9353 B : *brahaigne*.

Par tant, ne suis pas esbahye
Se pour sa beauté honnorable
Et sa contenance amyable
La mére se tient resjouye.

9361 C : *point*. — 9363 C : *agreable*. — 9364 C : *s'en*.

FIN DU PREMIER VOLUME

TABLE DES DIVISIONS

Introduction.. 1

I. — La Creacion des Anges; le Trebuchement de Lucifer; la Creacion d'Adam et d'Ève................ 1
II. — La Transgression d'Adam et d'Ève................ 41
III. — Du Procès de Paradis............................ 54
IV. — Des Sacrifices Cayn et Abel..................... 75
V. — De la Mort d'Abel et de la Malediction Cayn..... 103
VI. — De la Mort de Ève............................... 124
VII. — De la Mort d'Adam.............................. 142
VIII. — De Lameth qui tua Cayn........................ 164
IX. — Des Causes du deluge et d'Enoch qui fut ravy... 191
X. — Du Deluge....................................... 217
XI. — De Noé et de son Sacrifice; de la Malediction Cham. 240
XII. — De la Tour Babel............................... 259
XIII. — Des Caldiens qui adorent le feu et de la Mort Aram. 273
XIV. — De Abram qui s'en va en Egipte................. 285
XV. — De la Guerre de Cordelamor contre les Sodomites et de la Proesse d'Abram................ 315
XVI. — De Abraham et Sarray; comment les cinq cités fondirent................................. 338

Le Puy. — Imprimerie M.-P. Marchessou, boulevard Saint-Laurent, 23.

www.ingramcontent.com/pod-product-compliance
Lightning Source LLC
Chambersburg PA
CBHW072126220426
43664CB00013B/2142